# VOYAGES

*IMAGINAIRES,*

ROMANESQUES, MERVEILLEUX,
ALLÉGORIQUES, AMUSANS,
COMIQUES ET CRITIQUES.

*SUIVIS DES*

## SONGES ET VISIONS,

*ET DES*

## ROMANS CABALISTIQUES.

## CE VOLUME CONTIENT:

L'HISTOIRE DES SÉVARAMBES, peuples qui habitent une partie du troisième continent, communément appellé la *terre australe*, &c.

# VOYAGES
## IMAGINAIRES,
## SONGES, VISIONS,
### ET
## ROMANS CABALISTIQUES.

*Ornés de Figures.*

## TOME CINQUIÈME.

Première division de la première classe, contenant les Voyages Imaginaires *romanesques*.

## A AMSTERDAM;
*Et se trouve à* PARIS,
RUE ET HOTEL SERPENTE.

M.DCC.LXXXVII.

# HISTOIRE
## DES
## SEVARAMBES,

PEUPLES qui habitent une partie du troisième continent, communément appellé *la terre australe*:

*Contenant une relation du gouvernement, des mœurs, de la religion, & du langage de cette nation, inconnue jusqu'à présent aux peuples de l'Europe.*

# AVERTISSEMENT
## DE L'ÉDITEUR.

L'HISTOIRE des Sévarambes tient un rang distingué parmi les voyages imaginaires : le plan en est sagement conçu ; & cet ouvrage, qui réunit le triple avantage d'instruire, d'amuser, & d'intéresser, ne pouvoit manquer d'avoir un succès complet : en effet, on place l'histoire des Sévarambes parmi nos meilleurs romans philosophiques & moraux : il en a été fait plusieurs éditions, & on l'a traduit en plusieurs langues.

Le but de l'auteur a été de nous retracer dans les Sévarambes, un peuple de sages ; non qu'il ait imaginé des hommes différens des autres, & dépouillés de passions. La nature n'a rien

## AVERTISSEMENT

fait de particulier pour les Sévarambes ; ils sont nés avec le germe de tous les vices que nous apportons dans le monde ; mais ce germe, étouffé dans sa naissance par la sage disposition des loix, ne peut prendre racine dans le cœur de ces peuples. C'est donc à la forme du gouvernement des Sévarambes qu'ils doivent leurs vertus ; & l'auteur, qui est de législateur des peuples qu'il a créés, leur dicte des loix, dont l'effet est d'adoucir leurs mœurs, de diriger leurs passions, de manière à les contraindre à aimer la vertu, & à la pratiquer. On peut croire que cette forme de gouvernement est toute nouvelle, & contient des systême d'une politique bisarre & impraticable, en conséquence qu'elle n'a pas trouvé partout des approbateurs. L'ouvrage en a contracté une sorte de sécheresse, dont l'auteur lui-même s'est apperçu, & qu'il a su corriger, en entremêlant ses détails politiques de plusieurs épisodes très-intéressans.

# DE L'ÉDITEUR.

L'article de la religion se sent plus que les autres de la singularité des opinions de l'auteur, & lui a suscité des traverses. Non-seulement son ouvrage a été proscrit en France, mais aussi dans les autres royaumes de l'Europe, où on l'avoit fait connoître par la voie de la traduction. Cette réclamation générale a été moins excitée par le plan de la religion des Sévarambes, que par le tableau que l'auteur y oppose de la religion des Stroukarambes, peuples qui occupoient autrefois le pays des Sévarambes. Peut-être a-t-on cru voir quelque analogie entre l'imposteur Stroukaras, & ce que nous avons de plus respectable : on a cru appercevoir quelque ressemblance entre les miracles consignés dans nos livres sacrés, & les faux prodiges de ce chef de secte. Si l'auteur a eu cette coupable intention, & qu'il se soit permis des allusions aussi répréhensibles, il a bien mérité les peines qui ont été la suite de son impru-

x Avertissement de l'Éditeur.

dente témérité ; nous observons même que ces hardiesses, si propres à révolter ceux qui respectent la religion, n'apportent, d'ailleurs, aucun agrément à l'ouvrage, qu'elles y sont hors-d'œuvre, & nous les avons supprimées, sans craindre qu'aucun de nos lecteurs puisse les regretter.

Nous ne connoissons point l'auteur de l'histoire des Sévarambes. On l'attribue, dans les mélanges tirés d'une grande bibliothèque, à M. Alletz. Nous n'avons aucuns renseignemens sur cet auteur, & nous ignorons si c'est le même M. Alletz qui est auteur de l'histoire des singes, & d'une multitude d'autres ouvrages, qui sont tombés dans l'oubli.

# INTRODUCTION
## A L'HISTOIRE DES SÉVARAMBES.

Ceux qui ont lu la république de Platon, l'Eutopie de Thomas Morus, ou la nouvelle Atlantis du chancelier Bacon, qui ne font que des imaginations ingénieuses de ces auteurs, croiront, peut-être, que les relations des pays nouvellement découverts, où l'on trouve quelque chose de merveilleux, sont de ce genre. Il ne faut point condamner la sage précaution de ceux qui ne croient pas aisément toutes choses, pourvu que la modération la borne; mais ce seroit une aussi grande obstination de rejetter, sans examen, ce qui paroît extraordinaire, qu'un manque de jugement, de recevoir pour véritables, tous les contes que l'on fait souvent des pays éloignés.

Mille exemples fameux confirment ce que l'on vient de dire, & plusieurs choses ont autrefois passé pour des vérités constantes, que les siècles suivans ont clairement découvert n'être que des mensonges ingénieux. Plusieurs choses ont aussi passé long-tems pour fabuleuses, qui, dans la suite des tems, se sont établies comme des vérités si constantes, que celui qui oseroit les révoquer en doute, passeroit pour un ignorant, un stupide, & un ridicule.

Ne peut-on pas dire que ce fut par une crasse ignorance, que Virgilius, évêque de Cologne, courut risque de perdre la vie, pour avoir dit qu'il y avoit des antipodes; c'est avec aussi peu de raison, que Christophe Colomb passa pour un visionnaire en Angleterre, puis en Portugal, lorsqu'il rapporta qu'il y avoit des terres vers les parties occidentales de l'occident. Ceux qui depuis ont fait le tour du monde, ont clairement vu que Virgilius avoit dit vrai, & la découverte de l'Amérique a justifié la relation de Colomb; de sorte que l'on n'en doute pas aujourd'hui, non plus que des histoires du Pérou, du Mexique, & de la Chine, que l'on prit d'abord pour des romans.

Ces pays éloignés, & plusieurs autres qu'on a découverts depuis, ont été ignorés pendant plusieurs siècles des peuples de l'Europe, & pour la plûpart ne sont encore guère bien connus. Nos voyageurs se contentent de voir seulement les paties voisines du rivage de la mer, où ils font leur négoce, & ne se soucient guère des lieux où leurs navires ne peuvent aller. Car, comme ce sont presque tous des gens de mer, qui voyagent par la seule vûe de l'intérêt, souvent ils passent devant des îles, & même près des continens, sans se soucier de les remarquer, si ce n'est qu'autant qu'il leur est nécessaire de les éviter. De-là vient que généralement toutes les lumières que nous avons sur ces terres, sont dues au hasard; n'y ayant presque personne qui ait la curiosité, ou les moyens nécessaires pour faire de ces longs voyages, sans autre dessein, que celui de découvrir des pays inconnus, & de se rendre capable d'en faire de bonnes & de fidelles relations.

Il seroit à souhaiter qu'une heureuse paix donnât aux princes le loisir de s'occuper de pareilles découvertes, & de faire travailler à une chose si louable & si utile, par laquelle ils pourroient, sans une grande dépense, procurer un bien inestimable au monde, faire honneur à leur patrie, & s'acquérir une gloire immortelle. En effet, s'ils vouloient employer une partie de leur superflu, à l'entretien de quelques gens habiles & bons observateurs, & les envoyer sur les lieux, pour y observer toutes les choses dignes de remarques, & pour en faire des relations fidelles, ils acquerroient une gloire solide, qui rendroit leur mémoire recommandable à la postérité, qui, peut-être même, seroit accompagnée de beaucoup d'autres avantages, capables de récompenser, avec usure, la dépense qu'ils auroient faite dans une si louable entreprise. Il ne faut point douter que les relations que feroient des gens destinés à cela, & qui auroient été élevés à l'étude des sciences & des mathématiques, ne fussent beaucoup plus exactes que celles des marchands & des matelots, la plupart gens ignorans, qui n'ont ni le tems, ni la commodité de faire ces remarques, & qui, communément, demeurent long-tems dans des pays, sans observer autre chose que ce qui regarde leur trafic.

C'est ce qui paroît principalement dans la conduite des Hollandois; ils ont beaucoup de terres dans les Indes orientales; ils voyagent encore en mille autres endroits, où leur négoce les appelle; & cependant nous n'avons que quelques relations courtes & imparfaites des pays mêmes où ils sont établis, où proche desquels leurs vaisseaux passent tous les jours. Les îles de la Sonde, & sur-tout celle de Bornéo, qu'on décrit dans les cartes, comme l'une des plus grandes du monde, & qui est sur le chemin de Java au Japon, n'est presque point connue. Plusieurs ont cinglé le long des côtes du troisième continent, qu'on appelle communément, *les terres australes inconnues*, mais personne n'a pris la peine de les aller visiter pour les décrire. Il est vrai qu'on en voit les rivages dépeints sur les cartes, mais si imparfaitement, qu'on n'en peut tirer que des lumières fort confuses. Personne ne doute qu'il n'y ait un tel continent, puisque plusieurs l'ont vu, & même y ont fait descente ; mais comme ils n'ont osé s'avancer dans le pays, n'y étant portés le plus souvent que contre leur gré, ils n'en ont pu donner que des descriptions fort légères.

Cette histoire, que nous donnons au public, suppléera beaucoup à ce défaut. Elle est écrite d'une manière si simple, que personne, à ce que j'espère, ne doutera de la vérité de ce qu'elle contient ; on remarquera aisément qu'elle a tous les caractères d'une histoire véritable.

L'auteur de cette histoire, nommé le capitaine SIDEN, après avoir demeuré quinze ou seize ans dans le pays, dont il donne ici la relation, en sortit de la manière, & par les moyens qu'il raconte lui-même, & vint, enfin, à Smirne, ville de Natolie, où il s'embarqua sur un navire de la flotte hollandoise, qui étoit prête à revenir en Europe. Cette flotte étoit la même que les Anglois attaquèrent dans la Manche, ce qui fut un commencement de la guerre, qui suivit incontinent après. Tout le monde sait que les Hollandois se défendirent très-bien, & qu'il y eut beaucoup de gens tués & blessés des deux côtés.

Le capitaine Siden, entr'autres, fut blessé à mort dans cette occasion, & ne vécut que quelques heures après sa blessure. Il y avoit alors, dans le même vaisseau, un médecin qui étoit venu avec lui, & avec qui il avoit fait connoissance avant de partir : comme ils étoient l'un & l'autre habiles & savans, ils eurent de grandes conversations pendant leur voyage, qui produisirent entr'eux une estime & une amitié réciproque, jusque-là que le capitaine Siden, qui faisoit un secret de ses

aventures

aventures à tout le reste des hommes, parce qu'il ne vouloit pas qu'un autre que lui pût les publier en Europe, les raconta presque toutes au médecin, en commençant depuis son départ de Hollande, jusqu'à son arrivée à Smirne. Mais comme Dieu ne lui permit pas de vivre assez long-tems pour les publier lui-même, quand il se vit près de la mort, il donna toutes ses hardes à son ami, & lui recommanda ses papiers en ces termes.

« Mon cher ami, puisque Dieu veut que je ne vive pas autant de tems que j'aurois pu le faire selon le cours de la nature, je me soumets à sa divine volonté, sans murmure, & je suis prêt de remettre mon ame entre ses mains, parce qu'il est mon créateur & mon Dieu, qu'il a le droit de me la redemander, & d'en disposer à son plaisir. J'espère que, selon sa miséricorde infinie, il me pardonnera mes péchés, & me fera participant de sa gloire éternelle. Je suis sur mon départ, & je ne vous verrai plus; mais puisqu'il me reste encore quelques momens de vie, je veux m'en servir pour vous dire, que je meurs vôtre ami, & que pour preuve de mon amitié, je vous donne tout ce que je possède dans le vaisseau.

*Tome V.* b

Vous y trouverez un grand coffre, où toutes mes hardes sont enfermées, avec quelque argent & quelques joyaux. Toutes ces choses ne sont pas d'un grand prix ; mais telles qu'elles sont, je vous les donne de tout mon cœur : outre ces hardes, cet argent & ces pierreries, vous y trouverez un grand trésor, c'est l'histoire de tout ce qui m'est arrivé depuis que je suis parti de Hollande, pour aller aux Indes, comme je vous l'ai souvent raconté. Cette histoire est dans une grande confusion ; elle est presque toute écrite sur des feuilles détachées, & en diverses langues, qui auront besoin d'être expliquées, & d'être mises dans leur ordre naturel, selon le dessein que j'en avois fait moi-même : mais puisque Dieu ne me permet pas de l'exécuter, je vous en laisse le soin ; & je vous assure, avec toute la sincérité d'une personne mourante, que dans tous mes écrits il n'y a rien qui ne soit très-véritable ; ce que peut-être le tems & l'expérience feront connoître quelque jour. »

Ce furent les dernières paroles de l'auteur, qui, peu d'heures après, rendit son ame à Dieu, avec une constance & une résignation exemplaires ; & qui, selon le témoignage du médecin, son héritier, étoit un homme bien fait, de beaucoup d'esprit, & dont toutes les manières étoient sages, très-honnêtes & sincères.

Après sa mort, le médecin examina ses papiers, & trouva qu'ils étoient écrits en latin, en françois, en italien, & en provençal, ce qui le mit dans un grand embarras, parce qu'il n'entendoit pas toutes ces langues, & qu'il ne vouloit pas confier ces mémoires à des mains étrangères. Ces difficultés, & plusieurs affaires qui l'ont occupé depuis, ont été cause qu'il a négligé jusqu'ici cette histoire : mais étant venu de Hollande en Angleterre, depuis la conclusion de la paix entre ces deux nations, il me fit l'honneur, il y a quelque tems, de me laisser ses papiers, pour les arranger, & les traduire en une seule langue. Je les examinai avec soin, & je trouvai la matière qu'ils contiennent, si extraordinaire & si merveilleuse, que je n'eus point de repos avant de l'avoir réduite dans l'ordre & dans la clarté dont elle avoit besoin ; me servant, en cela, de l'aide & du conseil de celui qui me les avoit mis entre les mains.

Au reste, il y a beaucoup d'autres preuves

qui appuient la vérité de cette relation. Diverses personnes de Hollande, peu de tems après la mort du capitaine Siden, assurèrent le médecin, qu'il avoit fait son héritier, qu'environ le tems marqué au commencement de cette histoire, il étoit parti du Texel un navire neuf, nommé le Dragon d'or, freté pour Batavia, chargé d'argent, de passagers, & d'autres choses, & qu'on croyoit qu'il avoit fait naufrage, parce que depuis on n'en avoit jamais eu de nouvelles.

Depuis que j'ai les papiers entre les mains, & avant de rien écrire, j'allai moi-même voir M. Van-dam, avocat de la compagnie des Indes, & l'un des commissaires envoyés par les états de Hollande, pour faire le traité de commerce avec l'Angleterre. Je lui demandai des nouvelles de ce vaisseau, & il me confirma tout ce qu'on en avoit dit en Hollande à mon ami. Mais le témoignage qui établit le plus fortement la vérité de cette histoire, se tire d'une lettre écrite par un flamand à un gentilhomme françois, touchant le vaisseau nommé le Dragon d'or. Cette lettre m'a été mise entre les mains par le gentilhomme qui la reçut, & je crois qu'il sera bon de l'insérer ici, après avoir dit sur quel sujet elle fut écrite.

Ce gentilhomme m'a dit qu'étant un jour à la promenade avec l'auteur de la lettre, & venant à parler des Indes, où il avoit demeuré long-tems, il lui dit, qu'une fois il avoit été poussé par le mauvais tems sur le rivage de la terre australe, en grand danger d'y périr; mais que par l'assistance divine, il en étoit heureusement échappé. Un an ou deux après ce récit, notre gentilhomme se trouvant dans une compagnie où l'on parloit de ces terres inconnues, il raconta l'histoire qu'il avoit apprise du flamand. Il n'eut pas plutôt achevé son récit, qu'un gentilhomme de Savoie lui fit plusieurs questions sur ce sujet, avec beaucoup d'empressement : & parce qu'il ne pouvoit répondre à toutes ces demandes, que suivant ce qu'il en avoit ouï dire, le savoyard le pria d'en écrire au flamand, pour tirer de lui toutes les lumières qu'il pourroit dans cette affaire. Il ajouta que son empressement venoit de l'intérêt qu'il avoit dans ce vaisseau, qu'un de ses parens s'y étoit embarqué, & qu'on n'avoit pu en savoir aucune nouvelle, quelque recherche qu'on eût pu faire : qu'il avoit laissé chez lui une terre, après avoir vendu la plupart de tous ses autres biens, & que ses parens étoient en procès touchant la succession de cette terre, après avoir attendu son retour pendant plusieurs années. Ce fut donc à la prière du savoyard que le françois écrivit au flamand, & en reçut la réponse suivante en françois. Je l'ai mise ici mot à mot, sans vouloir y rien changer.

« Selon votre desir, Monsieur, & pour la satisfaction de votre ami, je vous dirai que quand j'étois à Batavia, l'an 1659, un marinier flamand, nommé Prince, entendant que j'avois été à la côte de la terre australe, me raconta que, quelques années auparavant, il y fit naufrage dans un navire neuf, parti de Hollande, nommé le Dragon verd ou d'or, qui portoit quantité d'argent destiné pour Batavia, & près de quatre cens personnes, qui toutes, ou la plupart, s'étoient sauvées à la dite terre, & tenus sous la même discipline du maître, comme ils étoient à bord, & s'étant retranchés, avoient sauvé, entr'autres, la plupart des vivres. Ils firent du débris du naufrage, une pinasse, jettant le sort pour huit hommes, dont ledit marinier étoit un, pour aller à Batavia avertir le général de la compagnie hollandoise de leur désastre, afin qu'il y envoyât quelque navire, pour retirer ceux qui avoient échoués. Cette pinasse, après bien de la peine, étant arrivée à Batavia, le général en fit aussitôt partir une frégate, qui étant arrivée sur cette côte, envoya sa chaloupe & ses gens à terre, au lieu & à la hauteur qu'on lui avoit prescrits; mais il n'y trouvèrent personne, ni aucun signe qu'il y en eût jamais eu. Ils rangèrent la côte en divers autres lieux, où ils perdirent leur chaloupe, & quelques gens, par le mauvais tems auquel cette côte est sujette; & ainsi retournèrent à Batavia sans effet. Le général y renvoya une seconde frégate, qui retourna aussi sans succès.

On parle diversement; on dit qu'au dedans du pays, il y a des peuples de grande taille, qui n'ont rien de barbare, & qui mènent ceux qu'ils peuvent attraper avec eux dans leur pays. Je fus prêt pour aller à la hauteur d'environ vingt-sept dégrés; mais comme un calme soudain, qui nous prit durant la nuit, nous sauva du naufrage, aussi une prompte tempête me fit changer de résolution, m'estimant heureux de regagner la mer. Voilà tout ce que je puis vous dire : votre ami pourra savoir plus de particularités de ce navire le Dragon, de ceux de ladite compagnie en Hollande. C'étoit le général Maët Suycker, qui étoit alors, & qui est encore à présent général à Batavia ; mais je n'ai ce récit que du marinier. La terre du pays est rougeâtre, stérile, la côte comme enchantée par les tempêtes, quand on veut aller à terre ; c'est pourquoi ces frégates perdirent leur chaloupe & leurs biens, & ne pouvant ainsi aborder, il croit qu'ils n'ont pu trouver le véritable lieu ; je crois que c'étoit à vingt-trois dégrés, l'an 1656 ou 1657. Je suis, Monsieur,

Votre très-humble serviteur,
THOMAS SKINNER.

A Bruges, ce 28 Octobre 1672.

Le lecteur pourra comparer cette lettre avec la relation de l'auteur, & juger, après cette comparaison, si dans des matières si peu connues, on peut avoir un témoignage plus fort que celui-ci, pour établir la vérité de cette histoire.

**HISTOIRE**

# HISTOIRE DES SEVARAMBES.

## PREMIÈRE PARTIE.

Ma plus forte paſſion dès mes plus jeunes années, fut celle de voyager. Cette inclination naturelle ſe fortifiant avec le tems, je ſentois croître tous les jours le violent deſir que j'avois de voir d'autres pays que celui de ma naiſſance. Je prenois un plaiſir incroyable à lire des livres de voyage, des relations de pays étrangers, & à tout ce que l'on diſoit des nouvelles découvertes. Mais l'autorité de mes parens, qui me deſtinoient à la robe, & le manque de moyens néceſſaires pour entreprendre des voyages de long cours, furent de grands obſtacles à mes deſirs; j'éprouvai pourtant que rien ne peut s'oppoſer avec ſuccès au penchant qui nous entraîne vers notre deſtinée. A peine étois-je entré dans ma quinzième année, que je fus à l'armée en Italie, revêtu d'un emploi, qui m'y retint près de deux ans, avant que je pusse retourner dans mon pays, où je ne fus pas plutôt arrivé, que je me vis obligé de marcher en Catalogne, avec un commandement plus considérable que celui que j'avois auparavant. J'y fis la guerre pendant trois ans, & je n'aurois pas quitté le service, si la mort imprévue de mon père ne m'eût rappellé, pour prendre possession du bien qu'il m'avoit laissé, & pour obéir aux ordres de ma mère, qui en mon absence ne pouvoit se consoler d'une si grande perte. Ces considérations m'obligèrent à retourner dans mon pays, où les instances de ma mère me firent quitter l'épée pour la robe : il fallut s'appliquer à l'étude du droit, & j'y fis d'assez grands progrès en quatre ou cinq années de tems, pour pouvoir prendre le grade de docteur. Je fus aussi reçu avocat en la cour souveraine de mon pays, degré par où il faut passer pour monter aux dignités plus élevées. Après ma réception, je m'exerçai à faire des déclamations, dont j'inventois les sujets ; & puis j'en choisis de véritables, pour les plaider avec éclat. Comme je ne me négligeois point, je m'acquittai assez bien de toutes ces choses pour y acquérir quelque gloire. Je me plaisois dans ces sortes d'exercices, où les jeunes gens aiment à faire briller leur esprit & leur éloquence, sans s'occuper de leur fortune. Mais lorsqu'il me fallut descendre à la pratique du palais, je la trouvai si épineuse, & si aride, qu'en peu de tems j'en fus entièrement dégoûté. J'aimois naturellement la douceur & les plaisirs de la vie, avec la franchise & l'honnêteté, & j'étois si peu propre pour cet emploi, que j'eus un empressement extraordinaire à l'abandonner. Dans le tems que je pensois aux moyens de m'en délivrer, ma mère mourut : sa mort me mit en état de pouvoir disposer de moi-même & de mon bien ; & d'ailleurs j'en eus un déplaisir si grand, que toutes choses me devenant insupportables, je ne délibérai pas beaucoup à quitter mon pays pour un long-temps. Je mis ordre à mes affaires pour exécuter ce dessein. Je me défis de tout mon bien, à une terre près, que je me réservai pour retraite en cas de nécessité, la laissant entre les mains d'un fidèle ami, qui m'en a toujours rendu bon compte, tant qu'il a pu savoir de mes nouvelles.

Après cela, je commençai à parcourir presque toutes les provinces du royaume de France, & m'étant arrêté à la fameuse ville de Paris, ce séjour me parut si charmant, qu'insensiblement j'y restai près de deux années sans m'en éloigner ;

mais mon premier desir de voyager venant à se rallumer, par une occasion que j'eus d'aller en Allemagne, je ne pus y faire un plus long séjour. Je vis donc toute l'Allemagne, la cour de l'empereur, & celle des princes de l'Empire ; delà je passai en Suède & en Dannemark, & puis dans les Pays-Bas, où je finis tous mes voyages d'Europe, & où je me reposai jusqu'en 1655, que je m'embarquai pour aller aux indes orientales.

J'entrepris ce pénible voyage, pour satisfaire la curiosité naturelle, & la forte inclination que j'avois toujours eue de voir un pays dont j'avois oui dire tant de merveilles. J'y fus encore engagé par les pressantes sollicitations d'un ami, qui avoit du bien à Batavia, & qui devoit s'embarquer pour aller en ce pays-là ; je dois encore avouer de bonne foi, que l'espoir du profit contribua à m'y déterminer : ces raisons furent si puissantes sur mon esprit, que m'étant préparé pour ce voyage, je m'embarquai avec mon ami sur le navire nommé le Dragon d'or, nouvellement construit & équipé pour Batavia. Ce navire étoit d'environ six cens tonneaux, & de trente-deux pièces de canon, portant près de quatre cens hommes, tant matelots que passagers, & de grandes sommes d'argent, où mon ami, nommé Van-de-Nuits, avoit beaucoup d'intérêt.

Nous levâmes l'ancre du Texel le 12e jour d'avril 1655, & avec un vent frais d'est, nous cinglâmes à travers le canal, entre la France & l'Angleterre, avec toute la diligence & le succès que nous pouvions desirer, ce qui dura jusqu'à la grande mer. Delà nous poursuivîmes notre voyage jusqu'aux Canaries, éprouvant quelquefois l'inconstance & la variété des vents ; mais nous n'eûmes nulle tempête. Nous prîmes dans ces îles les provisions que nous pûmes trouver, & dont nous pouvions avoir besoin; & nous suivîmes notre route vers les îles du Cap-Verd, que nous apperçûmes d'assez loin, & dont nous approchâmes sans peine, & sans aucune aventure particulière. Il est vrai que nous vîmes plusieurs monstres marins, des poissons volans, de nouvelles constellations, & d'autres choses de cette nature ; mais parce qu'elles sont ordinaires, qu'elles ont été décrites, & que depuis plusieurs années elles ont perdu la grace de la nouveauté, je ne crois pas en devoir parler, ne voulant pas grossir ce livre de narrations inutiles, qui ne feroient que lasser la patience du lecteur & la mienne. Il suffira donc de dire que nous poursuivîmes heureusement notre voyage jusqu'au troisième degré de latitude méridionale, où nous arrivâmes le 2e jour du mois d'août de la même année 1655. Mais la mer qui jusqu'ici nous avoit été très-favorable, commença à nous faire sentir les effets de son inconstance ordinaire. Environ sur les trois heures après midi, le ciel changea sa douceur & sa sérénité précédente en nuages épais, en éclairs & en tonnerres, qui furent les avant-coureurs des vents orageux, de la pluie mêlée de grêle, & de la tempête qui succédèrent peu après. Aux approches de cette tourmente, les visages de nos matelots devinrent pâles & abattus ; car bien qu'ils eussent le loisir d'amarrer leurs voiles, d'attacher fortement leurs canons, & de ranger toutes choses comme ils trouvèrent à propos ; néanmoins, prévoyant le terrible ouragan qui arriva, ils ne pouvoient qu'en redouter la violence. La mer commença d'être agitée, & les vents parcoururent tous les points de la boussole en moins de deux heures. Notre vaisseau fut poussé, tantôt d'un côté, tantôt d'un autre, tantôt en haut, & tantôt en bas, de la plus horrible manière du monde : un vent nous poussoit en avant, & un autre en arrière ; nos mâts, nos vergues & nos cordages furent rompus & déchirés, & l'orage fut si violent, que la plupart de nos mariniers étant malades, pouvoient à peine ouïr & encore moins obéir au commandement. Cependant nos passagers étoient tous enfermés sous le pont, & mon ami & moi nous étions couchés au pied du grand mât, extrêmement abattus, & nous repentant tous deux, lui de son avare desir de gagner, & moi de ma folle curiosité. Nous souhaitâmes mille fois d'être en Hollande, & mille fois nous désespérâmes de revoir jamais, ni ce pays, ni aucune autre terre; car dans cet état, toute sorte de pays nous auroit semblé bon. Cependant nos matelots ne s'endormoient pas, & sans négliger aucune des choses qui pouvoient contribuer à notre salut, ils mettoient en usage toute leur industrie & toutes leurs forces, les uns étoient occupés au gouvernail, les autres aux pompes, & par-tout où la nécessité les appelloit; de sorte que Dieu bénissant leurs efforts, ils sauvèrent le navire de la violence de l'ouragan, qui se convertit enfin en un vent particulier, & qui se rendant maître de tous les autres, nous poussa vers le sud avec tant de force, qu'il nous fut impossible de ne pas courir ce bord. Nous fûmes contraints de céder à l'impétuosité de ce vent, & d'aller malgré nous par tous les endroits où il nous portoit. Après deux jours de course, le vent changea un peu, & nous écarta vers le sud-est pendant l'espace de trois jours, au travers de brouillards si épais, qu'à peine pouvions-nous voir les objets à cinq ou six pas de distance. Le sixième jour, le vent se relâcha un peu ; mais il continua toujours ves le sud-est jusqu'à minuit. A la fin nous sentîmes tout à coup un grand calme, comme si notre vaisseau fût tombé dans un étang ou mer morte, ce qui nous surprit extrêmement : deux ou trois heures après le tems s'éclaircit, & nous commençâmes à voir plusieurs étoiles; mais nous ne pûmes faire aucune bonne observation par leur moyen. Nous jugions en général que nous n'étions pas loin de Batavia, & que nous étions pour le moins à cent lieues de la terre australe ; mais nous trouvâmes quelque tems après, que nous nous étions fort trompés dans nos conjectures. Le septième jour nous continuâmes dans ce calme, & nous eûmes le tems de nous reposer & d'examiner toutes les parties de notre navire ; nous trouvâmes qu'il n'étoit presque point endommagé ; car il étoit si fortement bâti, qu'il soutint toute la rage des flots sans faire aucune voie d'eau qui pût l'incommoder. Le huitième jour il se leva un vent modéré, qui nous poussa vers l'est, à notre grande joie ; car outre qu'il nous portoit vers notre but, il nous délivroit de la crainte d'un plus long calme. Vers la nuit du même jour, le ciel devint obscur, l'air se remplit de brouillards, & le vent devint violent, ce qui nous fit craindre une autre tempête. Le brouillard continua tout le jour suivant, qui étoit le neuvième, & le vent ne souffloit que par secousses & par boutades, ce qui nous mettoit en très grand danger. Sur le minuit le vent changea, devint plus fort, & nous poussa de nouveau vers le sud-est avec grande impétuosité; le brouillard s'épaississoit de plus en plus. Sur le minuit le vent étant fort haut, & notre vaisseau courant avec beaucoup de rapidité, il heurta tout d'un coup contre un banc de sable, lorsque nous le craignions le moins, & il y demeura si fort attaché, qu'il s'y tenoit sans mouvement, comme s'il eût été cloué. Ce fut alors que nous crûmes être absolument perdus, & que nous attendions à tout moment de voir notre vaisseau se briser en mille pièces, par la violence des vents & des flots. Ainsi l'art & l'industrie des hommes étant inutiles, nous eûmes recours à Dieu, pour le prier que par sa miséricorde infinie, il exauçât nos vœux, & qu'il nous fît rencontrer le salut, où nous n'attendions que notre perte. Le matin étant venu, & le soleil ayant dissipé l'épaisseur des brouillards, nous trouvâmes que notre vaisseau tenoit à un banc de sable proche du rivage d'une île, ou d'un continent que nous ne connoissions pas. Cette découverte changea notre désespoir en espérance; car quoique cette terre nous fût inconnue,

& que nous ignorassions si nous y trouverions quelque soulagement à nos maux, toute sorte de terre étoient agréables à des gens, qui durant plusieurs jours avoient été si misérablement ballottés sur les eaux entre la mort & la vie. Sur le midi, le tems devint fort clair & fort chaud; le soleil ayant dissipé les brouillards, & le vent perdant beaucoup de sa violence, les flots perdirent aussi beaucoup de leur agitation.

Environ les trois heures après midi, la mer se retirant du rivage, laissa notre navire sur un sable limonneux, où il sembloit être enchâssé dans un endroit qui n'avoit pas plus de cinq pieds d'eau. Ce lieu n'étoit qu'à une portée de mousquet d'un rivage assez haut, mais pourtant accessible, où nous résolûmes de prendre terre, & d'y transporter ce que nous avions dans le vaisseau. Nous descendîmes notre chaloupe, pour cet effet, dans laquelle nous mîmes douze de nos plus braves hommes, bien armés, que nous envoyâmes à terre pour découvrir le pays, & pour choisir un lieu proche du rivage où nous pussions camper, sans nous éloigner de de notre vaisseau. Ils n'eurent pas plutôt pris terre, qu'ils examinèrent soigneusement le pays du sommet d'un tertre élevé, qui n'étoit pas loin du rivage: mais ils ne virent ni maisons, ni hameaux, ni rien qui leur pût persuader que le pays fût habité; la terre étant sablonneuse, stérile, & couverte seulement de buissons & de quelques arbrisseaux sauvages. Ils ne purent découvrir ni ruisseau ni rivière dans les lieux qu'ils voyoient alentour; & n'ayant pas le tems ce jour-là de chercher plus loin, ils revinrent à nous trois heures après leur descente, ne jugeant pas à propos de se hasarder plus avant dans un pays inconnu. Le jour suivant ils retournèrent à terre, avec ordre de nous renvoyer la chaloupe & le canot, pour transporter peu-à-peu nos gens hors du vaisseau. Nous résolûmes aussi de mettre à terre ce que nous avions de plus précieux, & sur-tout, ce qui nous restoit de munitions, qui, par la grace de Dieu, n'étoient point gâtées. Tous ces ordres furent exécutés avec tant de soin & de diligence, que le jour d'après notre naufrage nous prîmes terre avec la meilleure partie de nos provisions les plus nécessaires. Ceux qui étoient descendus les premiers posèrent le camp sur un terrein élevé, près de la mer, vis-à-vis de notre vaisseau, & environ le quarantième degré de latitude méridionale, selon nos meilleures observations. Ce terrein les couvroit du côté de la terre, & les cachoit aux yeux de ceux qui auroient pu venir du côté de la mer: de sorte que nos sentinelles pouvant du haut du terrein découvrir bien loin aux environs, ce lieu étoit pour nous sûr & commode. Ce fut là que peu-à-peu nous transportâmes tout notre monde, nos provisions & nos marchandises; laissant dix de nos hommes dans le vaisseau, jusqu'à ce que nous pussions le remorquer quand la mer seroit haute; ou si la chose n'étoit pas possible, prendre d'autres mesures. Nous ne fûmes pas plutôt à terre, que nous assemblâmes le conseil, pour penser aux moyens de nous conserver les uns les autres. On résolut qu'on garderoit sur la terre la même discipline qu'on avoit observée sur mer, jusqu'à ce qu'on trouvât à propos de la changer. Ensuite il fut ordonné que nous ferions une prière générale pour rendre graces à Dieu de la bonté qu'il nous avoit montrée, en sauvant nos biens d'une manière toute particulière; & pour implorer son assistance dans un lieu tout à fait inconnu, où nous pouvions tomber entre les mains de quelque peuple barbare, ou mourir de faim faute de provisions, si par sa miséricorde il ne pourvoyoit à notre subsistance, comme il avoit fait auparavant.

Après ces ordres & cette humiliation, les officiers divisèrent leur monde en trois parties égales; deux devoient incessamment travailler au camp, le retrancher tout alentour, pour nous mettre à couvert des invasions soudaines;

l'autre partie fut employée à découvrir le pays, pour nous fournir de bois, & des autres provisions qui s'en pourroient tirer. Ceux qui avoient la garde du vaisseau eurent ordre de voir en quel état il étoit, & de tâcher à le rendre utile. Après une exacte recherche, ils trouvèrent que la quille en étoit rompue par le choc violent avec lequel il avoit donné contre le sable, & qu'il tenoit si fort dans le limon, qu'il étoit impossible de l'en retirer, quand même il n'auroit point été rompu. Ils ajoutèrent, qu'à leur avis, le meilleur étoit de le mettre en pièces, & de bâtir de ses débris une ou deux pinasses, pour les envoyer à Batavia. Ce conseil fut approuvé, & l'on choisit les hommes les plus propres pour l'exécuter.

Ceux que l'on avoit envoyé à la découverte du pays n'osant pas se hasarder fort avant, de crainte de quelque accident, se retirèrent de bonne heure au camp, se proposant, lorsqu'il seroit mieux fortifié, & qu'on y auroit posé du canon, de se hasarder plus librement dans la plaine. Cependant ils nous avoient apporté du bois, & une espèce de mûres sauvages, dont ils avoient trouvé quantité sur les arbrisseaux & sur les buissons. Quelques-uns s'étendant le long du rivage, trouvèrent en abondance des huîtres, & d'autres coquillages, qui économisèrent beaucoup la provision de notre vaisseau, qui ne pouvoit durer que deux mois selon les rations ordinaires, & le calcul exact que nous en avions fait. Cette considération nous fit songer aux moyens de l'épargner du mieux que nous pourrions, pour la faire durer plus long-temps; & comme cela ne se pouvoit faire qu'en ajoutant d'autres vivres, en retranchant ceux-là, nous eûmes soin de préparer nos filets & nos hameçons pour la pêche, après avoir observé que la mer étoit fort poissonneuse en quelques endroits. Notre pêche fut si heureuse, qu'on se nourrissoit en partie de poisson, de coquillages, & des mûres dont nous avons déjà parlé. C'est pourquoi nous retranchâmes les portions de vivres du vaisseau, & les réduisîmes à huit onces par jour. Nous n'avions pas encore trouvé d'eau douce, & c'étoit la chose dont nous avions le plus de besoin; car quoique nous eussions creusé un puits dans la tranchée qui nous fournissoit de l'eau abondamment, comme elle étoit salée, à cause du voisinage de la mer, elle étoit mal saine & fort désagréable.

Nos aventuriers, qui faisoient tous les jours quelque nouvelle découverte, s'étant avancés près de dix milles autour du camp, sans y trouver aucun vestige d'homme ni de bête, se hasardoient toujours de plus en plus: ils ne virent aucune créature vivante dans cette grande plaine sablonneuse, hors quelques serpens, une espèce de rat, presque aussi gros qu'un lapin, & des oiseaux semblables aux pigeons sauvages, mais un peu plus gros, qui se nourrissoient de mûres. Ils en tuèrent quelques-uns avec leurs fusils, & les apportèrent au camp, où après en avoir goûté, l'on trouva qu'ils étoient très-bons à manger, & sur-tout les oiseaux. Ces nouvelles découvertes nous firent un peu relâcher de nos fortifications; nous nous contentâmes de faire une petite tranchée autour de notre camp, jettant la terre en dedans, & nous crûmes que c'étoit une assez bonne défense dans un lieu où nous n'avions point trouvé d'habitans. Nous garnîmes de canons les endroits les plus commodes, & n'appréhendant plus les hommes ni les bêtes, nous ne craignîmes que la faim, & les injures de l'air, dont nous ne connoissions pas encore la température, bien qu'il eût paru fort sain depuis que nous étions sur cette côte, où nous avions déjà demeuré quatorze jours avant que notre pinasse fût achevée. Quelques jours après elle fut prête à mettre en mer, avec la provision de huit hommes pour six semaines, qui étoit tout ce que nous pouvions en donner. Quand il fut question de choisir huit hommes pour aller à Batavia, nos matelots disputoient pour savoir qui devoit entreprendre ce voyage car il y en avoit peu qui voulussent se commettre au hasard de cette navigation, & pourtant il étoit nécessaire que quelques-uns l'entreprissent. On résolut qu'un certain nombre des meilleurs matelots seroient choisis de toute la troupe, & qu'ils jetteroient au sort entre eux pour décider le différend; ce qui fut exécuté. Le sort tomba sur le maître même, sur un matelot appellé Prince, & sur six autres, dont j'ai oublié les noms. Lorsqu'ils virent que la fortune vouloit qu'ils fissent le voyage, ils obéirent sans résistance; & après être convenus ensemble du signal que nous leur donnerions pour nous retrouver, si jamais ils revenoient avec du secours, ils prirent congé de nous, & s'en allèrent au bord de leur pinasse. Un vent de terre, dont ils se servirent pour se mettre en mer, les poussa tout-à-fait hors de notre vue, & nous fîmes ensuite des vœux & des prières pour demander à Dieu leur retour, en la seule miséricorde duquel nous mettions toute notre confiance.

Le même jour nous tînmes conseil pour nous déterminer à quelle sorte de gouvernement nous devions nous attacher, qui fût le plus propre & le plus convenable à notre condition présente; car quelques-uns de nos officiers étant partis dans la pinasse, notre discipline

pline de mer en étoit un peu changée, & par de bonnes considérations, nous ne trouvions pas qu'elle fût propre sur terre. On proposa plusieurs moyens, qui ne furent pas sans opposition : mais enfin, après plusieurs contestations, il fut résolu que nous observerions une discipline militaire, sous l'autorité d'un général, & de quelques autres officiers inférieurs, qui tous ensemble devoient composer un souverain conseil de guerre, qui auroit l'autorité de régler & de conduire absolument toutes choses. Quand il fallut choisir un chef parmi toute la compagnie, chacun tournoit les yeux du côté de Van-de-Nuits, mon ami, & ils vouloient tous lui déférer cet honneur, parce que c'étoit la personne la plus considérable d'entre eux, & qui avoit le plus d'intérêt dans le vaisseau ; mais il s'en excusa modestement, disant qu'il étoit trop jeune & trop peu expérimenté dans les armes, pour s'acquitter dignement d'un emploi de cette nature ; qu'en une telle occasion il falloit choisir un homme plus expérimenté que lui, qui n'avoit jamais fait la guerre, ni exercé de charge publique. Alors remarquant du trouble & de l'embarras sur le visage des assistans, il leur dit ; « qu'il leur rendoit mille graces de l'estime & de l'affection qu'ils avoient pour lui ; qu'il voudroit mériter le commandement qu'on lui offroit ;

Tome V. B

mais que, puisqu'il n'avoit pas cette capacité, & qu'il ne pouvoit raisonnablement leur servir de général, il les prioit de lui donner la liberté de leur recommander une personne très-capable de cette charge, qui avoit eu du commandement en Europe dans deux armées différentes, & voyagé durant plusieurs années, ce qui devoit infailliblement lui avoir acquis de grandes lumières dans la politique ; il ajouta qu'ils le connoissoient tous, & qu'il osoit même avancer qu'ils avoient déjà de l'estime pour lui, quoiqu'il ne leur fût pas aussi connu qu'à lui-même, qui par une longue habitude pouvoit juger de sa conduite & de sa probité. La personne dont je vous parle, dit-il, me montrant de la main, est le capitaine Siden, au commandement & à l'autorité de qui je me soumettrai volontiers, s'il vous plaît de le choisir pour notre général. »

Ce discours imprévu, & les regards des assistans, qui se tournèrent tous sur moi, me causèrent quelque embarras ; mais, en étant bientôt revenu, je répondis : que la recommandation de M. de Nuits procédoit plutôt de l'amitié qu'il avoit pour moi, que d'aucune connoissance qu'il eût de mon savoir, ou de mon mérite ; que j'étois un étranger, né dans un pays fort éloigné de la Hollande, & que je croyois qu'il y avoit des gens dans la troupe beaucoup plus capables de ce commandement que moi; que je souhaitois donc qu'on m'en dispensât, aimant mieux obéir aux supérieurs qu'ils choisiroient, que de leur commander.

Je n'eus pas plutôt cessé de parler, qu'un certain Swart, homme fort hardi & fort agissant, & qui m'avoit toujours suivi dans toutes les découvertes que nous avions faites dans le pays, prenant brusquement la parole, me dit : « Monsieur, toutes ces excuses ne vous serviront de rien ; & si le conseil de M. de Nuits & le mien sont suivis, vous serez malgré vous notre général ; car outre ce qu'il a rapporté de votre mérite, toute la compagnie sait, & moi particulièrement, que depuis que nous sommes sur ces côtes, vous avez paru l'homme de la troupe le plus prudent & le plus actif pour le bien & pour le salut de toute la compagnie. Quand il n'y auroit que cette raison, vous méritez déjà de commander : mais d'ailleurs nous sommes tous négocians, ou mariniers, qui n'entendons ni la guerre ni la discipline, & vous pouvez nous l'enseigner. Vous avez seul les qualités requises pour un tel emploi, & vous êtes seul capable de nous commander. Je déclare donc que je ne me soumettrai au commandement de qui que ce soit qu'au vôtre. »

Le discours que cet homme prononça avec

un certain air fier & brusque, fit tant d'impression sur l'esprit de la compagnie, déjà disposée à me choisir pour chef, que tous d'une voix se mirent à crier : il faut que le capitaine Siden soit notre général.

Quand je vis que je ne pouvois m'en défendre, je leur fis signe de me donner audience, & je leur parlai de cette sorte.

« Messieurs, puisque vous me forcez de prendre le commandement, je l'accepte avec reconnoissance, & je souhaite de tout mon cœur que ce soit à votre avantage. Mais afin que toutes choses se fassent en bon ordre, & puissent être vigoureusement exécutées, je vous demande quelques privilèges ; s'il vous plaît de me les accorder, je ferai tous mes efforts pour vous garder, & pour vous tenir dans la discipline que je jugerai la plus propre pour votre conservation.

La première chose que je vous demande, c'est que chacun de vous en particulier, & tous en général, s'obligent par serment de m'obéir & au conseil, sous peine d'être condamné à tous les châtimens que nous trouverons à propos de lui faire souffrir.

La seconde, que j'aurai le pouvoir de régler la milice dans l'ordre qui me semblera le meilleur, & de choisir les principaux officiers, qui ne pourront exercer aucune charge, s'ils ne la tiennent de moi.

La troisième, que dans le conseil ma voix vaudra trois suffrages.

Et la dernière, que moi ou mon lieutenant aurons une voix négative dans toutes les délibérations publiques. »

Tous ces avantages me furent accordés, & je fus en même-tems salué de tous en qualité de général. Pour première marque de mon autorité, l'on me dressa au milieu du camp une tente plus grande que toutes les autres, où je couchai cette même nuit, prenant Van-de-Nuits avec moi, & me servant de son conseil en diverses choses.

Le jour suivant je fis assembler tout notre monde, & je fis en leur présence Van-de-Nuits surintendant de toutes les marchandises & des provisions que nous avions déjà, ou que nous pourrions avoir. Je fis Swart grand-maître de l'artillerie, des armes & des munitions de guerre. Je fis Maurice, matelot expert & intelligent, amiral de notre flotte, qui devoit consister en une chaloupe, un canot & une autre pinasse, que nous faisions des ruines de notre vaisseau. Nous avions parmi nous un anglois nommé Moreton, qui avoit été sergent au Pays-Bas, je le fis capitaine de la première compa-

B iij

gnie ; de Haës, homme sobre & vigilant, eut la seconde. Un certain Vansluts eut la troisiéme, & un autre, nommé de Bosh, eut la quatrième. Je nommai le Brun, major général, & tous eurent la liberté de choisir leurs officiers inferieurs, qui devoient avoir mon approbation.

J'avois deux valets, dont l'un nommé d'Evèze, avoit été mon sergent en Catalogne. Il étoit homme de cœur & d'entendement, sobre & fidèle, & il m'avoit toujours servi depuis que j'avois quitté la guerre ; je le fis mon lieutenant ; & je fis mon autre valet, nommé Turfi, mon secretaire.

Les officiers étant ainsi choisis, nous fîmes le dénombrement de tout notre monde, & nous trouvâmes que nous avions en tout trois cens sept hommes, trois garçons, & soixante-quatorze femmes, tous en bonne santé. Car quoique plusieurs fussent malades quand ils descendirent du vaisseau, ils se portèrent tous bien huit jours après ; preuve que l'air du pays étoit fort sain. Je divisai tout ce monde en quatre parties, & je donnai à Maurice vingt-six matelots & les trois garçons pour équiper la flotte. Swart eut trente hommes pour son artillerie. Je divisai deux cens hommes en quatre compagnies égales, & le reste des hommes & des femmes devoit obéir à Van-de-Nuits. Nous avions deux trompettes, qui, outre leur emploi, faisoient ordinairement la prière dans le vaisseau, à la mode de la Hollande. Van-de-Nuits en eut un, & je pris l'autre pour moi, les confirmant dans toutes leurs charges. Nos affaires étant ainsi réglées, sur le soir je fis assembler les officiers supérieurs, & leur dis, qu'avant que nos provisions fussent consommées, il falloit aller par mer & par terre en chercher de nouvelles, & tâcher de découvrir quelque lieu plus commode que celui de notre camp, où dans peu de tems toutes choses viendroient à nous manquer, où même nous n'avions pas pu trouver de bonne eau ; qu'il falloit, selon mon sentiment, envoyer divers partis armés, pour découvrir le pays, & pour aller plus loin qu'on n'étoit encore allé. Ils consentirent aisément à ma proposition, & dirent qu'ils étoient prêts d'obéir à mes ordres. Je commandai donc à Maurice d'armer sa chaloupe & son canot, d'aller lui-même tout le long du rivage vers la droite du camp, & d'envoyer le canot vers la gauche. J'ordonnai à Moreton de tirer vingt hommes de sa compagnie, & de marcher aussi vers la gauche tout le long du rivage, sans s'éloigner du canot. De Haës eut ordre de tirer trente hommes de la sienne, & de s'avancer au milieu du pays. Pour moi, je pris quarante hommes des deux autres compagnies, & je laissai mon lieutenant dans le camp, pour y commander en mon absence. Nous prîmes tous pour trois jours de munitions de guerre & de bouche, & nous étant armés d'épées, de piques, de bâtons & de mousquets, je commandai à mes gens de se tenir prêts pour le lendemain de bon matin, & de venir recevoir mes ordres, à quoi ils obéirent tous le jour suivant, qui étoit le vingtième depuis notre descente.

Ils furent prêts dès la pointe du jour, & vinrent me trouver comme je le leur avois ordonné. Je ne changeai rien aux ordres du jour précédent; j'y ajoutai seulement, que s'ils rencontroient quelque chose de considérable, ils en fissent porter aussitôt la nouvelle au camp. Je dis encore à Moreton de ne pas s'éloigner du canot, & de le joindre tous les soirs sur le rivage avant le soleil couché, comme j'avois résolu de faire moi-même avec Maurice.

Ces ordres ne furent pas plutôt donnés, que chaque parti se mit en campagne, plein d'espérance & de joie. Je marchai avec mes gens en ordre militaire, les divisant en trois corps: l'avant-garde étoit composée de six mousquetaires & d'un caporal; le corps de bataille de douze soldats & d'un sergent; & je menois moi-même l'arrière-garde. Nous allions à une portée de mousquet les uns des autres, aussi près du rivage que nous pouvions, de crainte de perdre de vue notre chaloupe. La mer étoit fort calme, & le temps tranquille, mais assez chaud. Sur le midi, Maurice s'approcha du rivage, & vint à nous; nous prîmes ensemble des rafraîchissemens, & nous nous reposâmes pendant deux heures. Le terrein sur lequel nous marchâmes pendant dix ou douze milles, étoit semblable à celui qui étoit autour du camp, sans source ni ruisseau, tout étant plein de pierres & de sable, & rien n'y croissoit que des buissons. Nous marchâmes cinq milles plus loin, & la terre commença d'être inégale, & de s'élever en petites butes. A deux milles plus loin nous trouvâmes un ruisseau d'eau douce qui se jettoit dans la mer, ce qui ne nous donna pas peu de joie, sur-tout quand nous découvrîmes qu'un peu plus haut, le long de ses bords, il y avoit quelques arbres touffus fort épais & fort verds. Nous nous arrêtâmes en cet endroit, faisant signe à notre chaloupe de venir à nous, ce qu'elle fit à la faveur de la marée, qui la porta dans le ruisseau. Ils descendirent à environ un mille au-dessus de l'embouchure, jusqu'aux arbres verds, où nous les attendions, & où nous posâmes notre camp pour cette nuit. Maurice nous apporta beaucoup de poissons, des huîtres & d'autres coquillages, dont nous fîmes un bon souper. Nous posâmes une bonne garde aux endroits où nous la jugeâmes nécessaire; nous couvrîmes aussi notre feu avec des branches vertes, que nous mîmes en terre tout alentour, afin qu'il ne fût pas apperçu de loin dans l'obscurité de la nuit. Le lendemain je renvoyai trois de mes hommes vers le camp, pour les avertir de la commodité du lieu où nous avions couché, & pour leur dire que nous avions dessein d'aller plus avant. Pour découvrir le pays un peu plus loin le long des bords du ruisseau, j'y envoyai cinq de mes hommes, avec ordre de revenir dans deux heures, ce qu'ils firent exactement, & nous rapportèrent que le pays d'en haut étoit un peu plus montagneux que celui par où nous avions passé, mais qu'il étoit aussi stérile & aussi sec. Après ce rapport nous fîmes descendre notre chaloupe vers la mer, quand nous nous en fûmes servis pour passer de l'autre côté du ruisseau, qui n'étoit guéable qu'à deux ou trois milles plus haut; nous allâmes tout le long du rivage, sans nous écarter de notre chaloupe que le moins que nous pouvions, & nous remarquâmes que la terre s'élevoit toujours de plus en plus. Quand nous eûmes encore avancé cinq ou six milles, nous arrivâmes sur le sommet d'une assez haute montagne, d'où nous apperçûmes qu'à trois ou quatre milles par-delà, il y avoit un bois de haute-futaie, sur un terrein élevé qui s'avançoit fort vers la mer : nous eûmes bien de la joie de voir ce bois, & nous résolûmes d'y aller, après nous être un peu reposés, nous marchâmes de ce côté là, traversant une plaine sablonneuse, qui sépare la montagne & le bois. En deux heures de tems nous arrivâmes au pied de ce terrein élevé, & delà nous montâmes dans la forêt, où nous trouvâmes des arbres fort hauts, mais clair-semés, & qui n'avoient pas beaucoup de petit bois au-dessous, ce qui en rendoit le passage fort aisé. Je serrai là mes gens, & les fis marcher plus près l'un de l'autre, doublant l'avant-garde, afin qu'elle fût plus capable de résister, si elle étoit attaquée par des hommes ou par des bêtes farouches. En traversant le bois, nous coupâmes des branches & des rameaux, que nous répandîmes sur notre route, pour la pouvoir reconnoître à notre retour. Nous marchâmes pendant trois milles au travers du bois, jusqu'à ce que nous fûmes arrivés à l'autre côté, où nous apperçûmes la mer, & quelques arbres au-delà d'un golfe qu'elle faisoit en cet endroit, qui étoit entre deux grands caps ou promontoires fort avancés dans la mer. Cet endroit étant fort agréable, & ayant une belle vue deſſus, & au-delà du golfe, nous ſouhaitâmes d'avoir été jettés plus proche de ces lieux que nous n'étions. Notre chaloupe étoit de l'autre côté du bois, & nous avions été contraints de l'y laiſſer, parce qu'elle auroit eu un trop grand détour à faire pour venir à nous. J'envoyai dix de mes hommes ſur le bord de l'eau, où ils trouvèrent une grande quantité d'huîtres & de coquillages; ce qui nous réjouit. J'en envoyai dix autres vers la pointe du cap, & tout autant vers le bas du bois pour chercher de l'eau douce. Ceux qui allèrent vers la pointe du cap, marchèrent deux milles ſans en trouver; mais enfin le penchant de la terre les mena dans une eſpèce de vallée couverte d'arbres épais & verds, au fond de laquelle couloit un ruiſſeau d'eau douce, qui alloit ſe précipiter dans le golfe. Ils s'arrêtèrent dans cet agréable vallon, d'où ils envoyèrent trois de leurs compagnons, pour m'en avertir un quart d'heure après leur arrivée. Ceux qui avoient pris le chemin oppoſé vinrent à nous, & nous dirent qu'ils avoient marché fort avant dans le bois, qui, ſelon ce qu'ils en avoient pu juger, s'élargiſſoit du côté de la terre; qu'ils avoient trouvé une troupe de cerfs proche d'un petit ruiſſeau, & qu'ils en avoient tué deux. Ils avoient coupé ces deux cerfs en quatre pieces, qu'ils avoient portées sur leur dos, pour nous en régaler. Je dépêchai cinq de mes hommes vers Maurice, pour l'avertir de cette bonne fortune, & pour lui dire de venir auſſi vîte qu'il pourroit vers la pointe du cap, où quelqu'un de nous iroit à ſa rencontre avec de nouveaux ordres. Je leur commandai, quand ils auroient parlé à Maurice, d'aller vers le camp, pour y annoncer notre bonne fortune, & dire à nos gens, que je ne tarderois pas de les aller trouver. Je leur fis auſſi porter un quartier de venaiſon; enſuite je marchai avec tous mes hommes vers le petit vallon, où nous étions attendus. Je trouvai le lieu ſi agréable & ſi commode, que je réſolus d'y camper, non-ſeulement cette nuit, mais d'y tranſporter le vieux camp, le plutôt qu'il nous ſeroit poſſible : mes gens firent du feu, & rôtirent leur venaiſon. J'en envoyai cinq vers la pointe du cap pour rencontrer Maurice; ils s'avancèrent deux milles plus loin juſqu'au bout du promontoire, & ſe tinrent ſur le lieu le plus élevé. Ils n'y eurent pas demeuré un quart-d'heure, qu'ils virent venir la chaloupe avec toute la diligence poſſible. Elle les aborda un peu avant le ſoleil couché ; & lorſqu'ils l'eurent tirée à terre, ils vinrent tous enſemble vers le nouveau camp, où ils arrivèrent à minuit. Ils nous trouvèrent fort gais, les uns autour du feu, occupés à faire rôtir la viande, & les autres couchés sur des lits de mousse & de feuilles seches, qu'ils avoient amassées sous les arbres.

Nous passâmes cette nuit avec beaucoup de douceur & de tranquillité; & le lendemain je me levai de bon matin, & commandai à Maurice & à sa troupe de se préparer pour aller au vieux camp, où j'avois dessein de retourner par eau, avec deux de mes hommes seulement, outre l'équipage de la chaloupe. Je laissai le commandement des autres à l'un de mes officiers, avec ordre de ne point sortir du vallon, qu'il n'eût de mes nouvelles, lui promettant que je serois de retour dans moins de trois ou quatre jours; que cependant ils trouveroient de quoi subsister par la chasse, par la pêche, & par les coquillages, dont tout le rivage étoit abondant. Ces ordres étant donnés, nous allâmes au lieu où l'on avoit laissé la chaloupe, & nous arrivâmes le même jour au vieux camp, un vent agréable favorisant notre voyage; nous prîmes terre au coucher du soleil, & nous fûmes reçus avec une très-grande joie. Ceux que je leur avois envoyés, pour les avertir de notre découverte, leur avoient parlé du nouveau camp, & tous me demandoient d'y aller. Je leur répondis que j'avois dessein d'y retourner avec toute la diligence possible, ce lieu étant le plus commode de tous ceux que nous avions vus.

Moreton & de Haës étoient arrivés deux ou trois heures avant moi, & me vinrent rendre compte de leurs voyages. Le premier me dit, qu'il avoit marché quinze ou seize milles sur la gauche du camp, dans un pays sec & sablonneux, sans y trouver la moindre source, ni aucun ruisseau; que la nuit étant venue, ils s'étoient mis sur le rivage, & y avoient couché tous ensemble, selon l'ordre que je leur en avois donné; que le lendemain ils avoient poursuivi leur voyage vers le couchant, de la même manière que le jour précédent, à travers un pays pierreux, sans y trouver une goutte d'eau, jusqu'à l'heure de midi, qu'ils avoient rencontré une assez grande rivière, où ils s'étoient arrêtés pour y attendre leur canot: qu'ils avoient observé que la marée entroit dans cette rivière avec beaucoup de bruit & d'impétuosité, & que l'eau en étoit salée à l'endroit où ils étoient arrivés, parce qu'ils n'étoient pas fort loin de la mer, ce qui les avoit obligés de monter plus haut pour y trouver de l'eau douce, qu'ils en avoient eu dans un ruisseau qui se précipitoit dans la rivière; que delà s'avançant dans le pays, ils avoient été attaqués par deux grands crocodiles, qui étoient sortis de la rivière pour les dévorer; mais que s'en étant apperçus avant qu'ils fussent assez près pour cela, ils leur avoient tiré quelques coups de mousquet, dont le bruit avoit si fort épouvanté ces monstres, qu'ils avoient reculé : que voyant le danger qu'il y avoit le long de cette rivière, tant à cause de ces crocodiles, que de quelques autres bêtes farouches qu'on pouvoit y rencontrer, & n'ayant pas de vivres pour aller plus loin dans le pays, où ils ne trouvoient que des coquillages sur le bord de la mer, ils avoient cru ne devoir pas aller plus avant; & qu'ainsi ils avoient repris le chemin par où ils étoient venus, ne voulant pas demeurer plus de trois jours, selon l'ordre que je leur en avois donné.

De Haës dit qu'il avoit fait vingt milles le premier jour dans une plaine sablonneuse; que la nuit, ils étoient arrivés à une petite montagne couverte de bruyère, où ils avoient couché; que le matin suivant au lever du soleil, ils avoient apperçu un grand brouillard à cinq ou six milles au-delà, qui se dissipant à mesure qu'ils avançoient de ce côté-là, leur avoit découvert un grand étang d'eau dormante, qui ne pouvoit pas avoir moins de dix milles de diametre; que s'en étant approchés, ils y avoient vu quantité de roseaux & de joncs,

qui

qui croissoient le long du rivage, & servoient de retraite à un nombre infini de canards & d'autres oiseaux aquatiques, qui y font un bruit épouvantable ; qu'ils avoient marché long-temps autour de ce lac sans pouvoir approcher de l'eau, à cause des marais bourbeux qui l'environnent, où l'on ne peut marcher sans danger de s'y enfoncer ; & qu'enfin ils étoient arrivés sur un terrain sablonneux près d'une montagne, un peu plus haute que celle où ils avoient couché la nuit précédente ; qu'ils avoient monté jusqu'au sommet, d'où ils avoient vu, fort loin tout alentour, un grand pays de landes, & plus avant vers le midi une ceinture de hautes montagnes, droites comme une muraille, & qui s'étendoient de l'orient à l'occident, aussi avant que leur vue pouvoit s'étendre ; & qu'après cela, craignant de manquer de vivres, ils étoient retournés au camp le troisième jour. Par ces relations, nous trouvâmes que nous avions été beaucoup plus heureux que ces deux capitaines ; ce qui augmenta le desir qu'on avoit d'aller au nouveau camp, où nous avions rencontré des commodités qu'on ne trouvoit pas ailleurs. Le jour suivant j'assemblai le conseil, & j'y proposai d'aller camper au vallon verd, où j'avois laissé mes gens. Ma proposition fut d'abord reçue avec applaudissement : nous résolûmes d'y aller peu-à-peu, commençant par y transporter les choses les plus nécessaires & les plus faciles. La nouvelle pinasse que nous construisions devoit être achevée dans peu de jours, & pouvoit servir à transporter nos canons, nos barriques, & autres choses pesantes. Cependant nous nous servîmes de la chaloupe & du canot pour transporter nos vivres, & nous envoyâmes plusieurs de nos gens par terre, avec des haches, des cloux, des bêches, & d'autres instrumens que nous avions sauvés. Le major fut avec le premier parti, & mon lieutenant avec le dernier. Ensuite comme je vis que la pinasse étoit prête, je l'envoyai chargée de bagage, & je fis moi-même le chemin par terre.

J'ai oublié de dire que Maurice dans le second voyage doubla le cap sans aucun danger, à cause du calme de la mer, qui fut tranquille & sans orage durant plus de six semaines après notre descente. L'air étoit si tempéré, que nous ne sentions ni froid ni chaud, hormis sur le midi que le soleil étoit assez ardent, & le devenoit de plus en plus, à mesure qu'il s'approchoit de nous, & qu'il ramenoit le printemps, qui commence en ce pays-là au mois d'août, lorsque l'été nous abandonne en Europe. Maurice donc me dit, qu'en doublant le cap, il avoit trouvé plusieurs petites îles dans la mer fort proches les unes des autres, qui s'étendoient jusqu'à une grande île opposée, qui défendoit le golfe de la fureur des flots; qu'il croyoit que la baie étoit un havre excellent, mais qu'il craignoit que l'accès n'en fût difficile aux grands vaisseaux, à cause du grand nombre d'écueils & de rochers qu'il y avoit entre le cap & cette grande île ou promontoire, qui séparoit la baie de l'océan. Je lui répondis, que quand nous aurions transporté tout notre monde & notre bagage au nouveau camp, & que nous y serions bien établis, nous aurions assez de tems pour découvrir toutes ces îles, & qu'il en auroit le soin. En moins de douze jours après la découverte du vallon, nous eûmes transporté tout notre monde du vieux camp au nouveau, que Van-de-Nuits, & quelques autres officiers avoient nommé Siden-Berg. Cela se fit en mon absence dans deux ou trois jours; & ce nom fut si souvent répété, que dans la suite il fut impossible de le changer.

Mes gens, par mon ordre, & de leur propre mouvement, firent diverses bonnes huttes le long du ruisseau, sur une terre qui avoit près d'un mille de longueur, & qui aboutissoit à la baie du côté d'orient. Nous avions quantité de bois sur les lieux: nos pêcheurs prirent un si grand nombre de poissons dans la baie, que nous ne savions qu'en faire, faute de sel pour les conserver : mais Maurice nous en fournit bientôt ; car étant allé sur quelques-uns des rochers voisins, il en trouva assez pour nous en fournir tant que nous en pouvions avoir besoin, quand même nous aurions demeuré vingt ans en ces lieux. Ce sel se fait naturellement de l'eau de la mer, qui dans les grandes tempêtes étant jettée sur ces rochers, & y trouvant quelques concavités, les remplit, & se durcit ensuite par la chaleur du soleil. Nous envoyions tous les jours des partis dans les bois pour découvrir & pour chasser les cerfs, dont on faisoit grand carnage. Nous voyions des oiseaux aquatiques qui voloient dans la baie ; ce qui nous fit juger qu'ils faisoient leur retraite dans quelqu'endroit qui nous étoit inconnu, & nous ne fûmes pas trompés : car Maurice se hasardant tous les jours plus avant dans le golfe & vers les îles, découvrit un lieu plein de joncs & de roseaux, où la plupart de ces oiseaux faisoient leur retraite. Il trouva aussi une île ou grand banc de sable, où plusieurs tortues vertes venoient pondre leurs œufs, & d'où nous pouvions tirer une grande partie de notre subsistance. Enfin nous trouvâmes tant de choses pour nous aider dans notre besoin, que nous étions assurés de ne pas manquer de vivres, quand nous aurions demeuré mille ans en ce pays. Le défaut de poudre étoit le plus grand de nos soins; car bien que nous en eussions une assez bonne quantité, nous voyions pourtant que ce que nous avions ne pourroit pas durer long-temps. Nous prévoyions aussi que nos habits, notre linge, nos armes, & nos instrumens ne seroient pas de longue durée, & que si la pinasse que nous avions envoyée à Batavia venoit à se perdre, nous n'en tirerions aucun secours. Mais nous avions déjà tant de preuves de la miséricorde de Dieu, que nous espérions qu'il ne nous abandonneroit pas à l'avenir.

Cependant le printemps s'avançoit, & nous ramassions tous les jours des provisions, qui nous épargnoient celles du vaisseau, & principalement quelques tonneaux de pois & d'autres légumes que nous avions apportés d'Europe. Je m'avisai d'en faire semer, après en avoir parlé à quelques-uns de mes officiers, qui approuvèrent mon dessein. Pour cet effet nous abattîmes plusieurs arbres au-dessus de notre camp, & nous brûlâmes tout ce bois, pour consumer les herbes & les racines, qui pouvoient nuire à notre semence. Nous fîmes ensuite divers sillons dans la terre, & y plantâmes nos pois, les couvrant de terre, les arrosant par fois de l'eau du ruisseau, & recommandant le tout à celui qui donne l'accroissement à toutes choses.

Quelques-uns de nos chasseurs étant allés fort avant dans la forêt, tuèrent beaucoup de cerfs, & ne pouvant pas tout emporter, ils en pendirent deux sur un grand arbre épais, dans le dessein de les aller prendre le jour suivant. Sept d'entr'eux retournèrent en ce lieu, & ils virent sur l'arbre un tigre qui rongeoit l'un de ces cerfs, ils furent fort surpris de le voir, & se cachèrent derrière quelque arbre, jusqu'à ce que deux d'entr'eux ayant bandé leurs fusils chargés à balle, le couchèrent en joue & tirant tous deux à la fois, le firent tomber à terre, blessé à mort. Il fit un cri hideux & épouvantable en tombant, & mourut un moment après, étant blessé au travers du corps en deux endroits. Ils le dépouillèrent de sa belle peau mouchetée; ensuite ils descendirent leurs cerfs de l'arbre, & les portèrent au camp comme en triomphe. Mais quoique leur bon succès me réjouît, cette aventure me donna de nouvelles craintes, car je jugeai bien que, puisqu'on avoit trouvé ce terrible animal dans la forêt, il devoit y en avoir d'autres, qui pourroient venir jusqu'à notre camp, & se jetter sur notre monde. Je proposai mes craintes dans le conseil; il y fut résolu qu'on feroit une forte palissade alentour de nos huttes. Nous y mîmes la main le jour suivant, & en dix jours, nous fûmes à couvert des attaques des bêtes farouches, qui auroient pu nous surprendre pendant la nuit. Nos chasseurs devinrent plus circonspects qu'auparavant, & n'osoient plus s'écarter seuls de crainte de rencontrer quelqu'un de ces animaux.

Il y avoit déjà sept semaines que nous étions sur cette côte, & nous n'avions eu ni bruit ni querelles, parce que nous avions toujours été en crainte & en danger. Mais dès que nous nous crûmes en sûreté, & que nous n'appréhendâmes plus ni la faim, ni la soif; quand toute choses nous parurent en abondance; dans le temps que nous mangions tous les jours de la chair & du poisson frais; que nous ne travaillions plus comme auparavant, l'amour & les querelles commencèrent à troubler notre monde. Nous avions parmi nous plusieurs femmes, dont je n'ai presque point parlé, faute d'occasion de le faire; mais il me semble qu'il est temps d'en dire quelque chose. Quelques-unes d'elles étoient de pauvres femmes, que l'indigence & l'espérance d'avancer leur fortune avoient engagées d'aller aux Indes. D'autres y avoient ou leurs maris, ou des parens; mais la plupart avoient été tirées des lieux de débauche, ou avoient été séduites par des gens qui les avoient achetées pour peu d'argent. Ces femmes eurent de la complaisance pour les hommes, qui commencèrent aussi de leur parler d'amour. Il y eut bientôt des commerces liés; & comme nous étions tous dans un petit camp, où l'on faisoit bonne garde, il leur étoit difficile de se rencontrer sans être découverts. Cela causoit souvent des jalousies & des querelles, qui ne se terminoient que par des coups. Il est vrai que craignant la sévérité de nos loix, ils se cachoient le mieux qu'ils pouvoient. D'ailleurs mes occupations ordinaires, & la négligence des autres officiers étoient cause que je n'étois averti que rarement de ces sortes de désordres. En voici un qui fit plus de bruit.

Deux jeunes hommes avoient un commerce secret avec une femme, & chacun d'eux croyoit en jouir seul. Il arriva que la femme promit à l'un des deux de le recevoir pendant la nuit, ce qu'elle fit; mais l'autre venant peu de temps après, & lui demandant une pareille faveur, elle le renvoya sur des prétextes assez légers. Ce refus le chagrina, & comme il étoit naturellement jaloux, il soupçonna quelque chose de la vérité & il résolut de si bien observer sa maîtresse, qu'il découvriroit la cause de sa rigueur. En effet, il l'observa si bien, qu'il la surprit avec son galant; ce qui le mit en une si grande colère, qu'il tira son épée, la leur enfonça dans le corps, & se retira sans être apperçu de qui que ce soit. Ces amans ne purent retenir leurs cris; on accourut, & ils furent trouvés par la sentinelle, & puis par toute la garde, qui ayant tiré l'épée hors de leurs corps, & hors de la terre, où elle étoit entrée plus d'un pied, firent venir le chirurgien pour mettre l'appareil à leurs blessures; il le fit, & ensuite il me vint rendre compte de l'état auquel il les avoit laissés. Le lendemain j'assemblai le conseil, & nous ne pûmes jamais découvrir l'auteur de cet assassinat. Nous demandâmes au jeune blessé s'il n'avoit point d'ennemi qu'il pût soupçonner; il nous répondit que, comme il n'avoit offensé ni désobligé personne de la troupe, il ne sçavoit qui accuser. Nous interrogeâmes la femme; mais quoiqu'elle soupçonnât son autre amant, elle fut assez généreuse pour ne pas l'accuser, sçachant que c'étoit par un transport d'amour qu'il s'étoit ainsi vengé d'elle. Comme nous vîmes qu'il ne nous étoit pas possible de rien découvrir, nous fîmes mettre tout notre monde sous les armes; nous les appellâmes tous par leur nom, & nous crûmes avoir découvert le coupable, parce que nous en trouvâmes un qui n'avoit point d'épée. Nous lui demandâmes pourquoi il venoit dans les rangs sans épée. A quoi il répondit hardiment, qu'il n'en avoit point. N'en avez-vous jamais eu, lui dis-je, depuis que vous êtes avec nous? Pardonnez-moi, repliqua-t-il, mais je l'ai prêtée à l'un de mes camarades, dont je ne sai pas le nom, qui en l'empruntant me dit qu'il avoit ordre d'aller sur la chaloupe. Alors lui présentant l'épée, qu'on avoit trouvée dans les corps des blessés, nous lui demandâmes si ce n'étoit pas la sienne? Il répondit qu'oui, & que c'étoit la même qu'il avoit prêtée à son camarade. D'où vient donc, lui dis-je, assez fièrement, a-t-elle été trouvée dans les corps de ces malheureux? Ne faites point de jugement à mon désavantage, me dit-il, & permettez-moi, s'il vous plaît, de vous dire qu'il y a beaucoup plus d'apparence que celui à qui j'ai prêté mon épée a fait le coup, puisqu'il est parti ce matin, & qu'il ne me l'a demandée que pour rejetter le soupçon sur moi. Je lui fis encore quelque autre question, & je lui demandai pourquoi il ne savoit pas le nom de cet homme qui étoit son camarade. Il me répondit sans s'étonner, que cela n'étoit pas étrange, & qu'il n'y avoit personne dans la troupe, qui sût le nom de tous ceux qu'il connoissoit, & qu'il voyoit tous les jours. Celui à qui j'ai prêté mon épée, ajouta-t-il, n'est pas plus mon camarade que les autres,

& même je ne le vois pas auſſi ſouvent, parce qu'il eſt preſque toujours en mer. Ainſi quoique je le connoiſſe de vue, & que j'aie même ſouvent parlé avec lui, je ne me ſuis jamais aviſé de lui demander ſon nom.

Toutes ces réponſes promptes & ſubtiles étoient plutôt un témoignage de ſon eſprit, que de ſon innocence ; mais parce que nous n'avions point de preuves convaincantes contre lui, nous remîmes le jugement de cette affaire juſques au retour de la chaloupe, qui en effet étoit partie le matin, & qui ne revint que quelques jours après. Cependant nous nous contentâmes de le tenir en priſon.

Il arriva par haſard, que quelques hommes de l'équipage étant ſur les îles de Sable, où ils tournoient des tortues, eurent envie d'aller ſe baigner dans la mer ; comme ils ſe baignoient, quelques-uns des meilleurs nageurs s'avancèrent ſi avant, qu'une Lamie (1) les ayant ſentis, dévora l'un des plus avancés, & fit tant de peur aux autres, qu'ils firent tous leurs efforts pour ſe ſauver à terre, laiſſant ce miſérable à la merci du monſtre, qui l'eut bientôt englouti. Le priſonnier ſut tout le détail de cette affaire, avant que nous le fiſſions venir à un ſecond interrogatoire, & ſe ſervant adroitement de cette occaſion, il ſoutint fortement

---
(1) Eſpèce de requin.

que celui qui avoit été dévoré étoit le même à qui il avoit prêté son épée, & il le décrivit si bien, que personne ne put trouver à redire au portrait qu'il nous en fit. Ainsi comme nous ne pouvions le convaincre, & que les blessés n'étoient plus en danger de mourir, nous nous contentâmes de le tenir encore quelque tems dans les fers, & puis nous le mîmes en liberté. On sut dans la suite le dénoûment de cette aventure telle que je viens de la rapporter.

Cet accident donna lieu à de nouvelles loix; nous considérâmes que tant que nous aurions des femmes parmi nous, elles seroient cause de quelques troubles, si nous n'y mettions ordre de bonne-heure, & si nous ne permettions à nos hommes de s'en servir d'une manière reglée; mais le mal étoit que n'ayant que soixante-quatorze femmes, & étant plus de trois cens hommes, il n'étoit pas possible de donner une femme à chacun. Nous consultâmes long-tems pour trouver un expédient raisonnable; enfin il fut résolu, que chaque principal officier auroit une femme pour lui, & que chacun d'eux en choisiroit une selon son rang; nous distribuâmes les autres en diverses classes selon le rang des personnes, & réglâmes si bien la chose, que les officiers inférieurs pouvoient habiter avec une femme deux nuits de chaque semaine, les gens du commun une, & quelques-uns une fois seulement en dix jours, ayant égard à l'âge & à la dignité de chacun.

Nous séparâmes du reste, les hommes qui avoient passé cinquante ans, & quatre femmes qui alloient trouver leurs maris à Batavia, & qui se piquèrent de constance. Elles étoient toujours ensemble, & n'avoient point de commerce avec les autres; mais quand elles eurent vu que celles dont elles fuyoient la conversation, avoient des amis dont on approuvoit la conduite, & que le secours qu'on attendoit de Batavia ne venoit point, elles parurent mélancoliques, & se repentirent du choix qu'elles avoient fait. Elles témoignèrent leur chagrin en tant de différentes manières, que nous fûmes obligés de leur donner des maris comme aux autres. L'expérience nous fit voir en cette rencontre que la pluralité des hommes est contraire à la génération; car peu de celle qui avoient plusieurs maris devinrent grosses; & au contraire, presque toutes celles qui n'en avoient qu'un, le furent. Aussi la poligamie des femmes a été souvent pratiquée, & elle l'est encore aujourd'hui parmi quelques nations: mais je n'ai pas encore lu que celle de plusieurs maris ait jamais été en usage.

Cependant comme le tems étoit déjà venu, auquel il falloit donner le signal, dont on étoit demeuré d'accord avec les huit hommes, qui étoient allés à Batavia, j'ordonnai à quelques-uns de mes gens, de couper dans la forêt quelque arbre haut & droit pour le planter à la pointe du Cap, & y attacher une voile blanche, la plus grande que nous eussions: ce qui fut exécuté. Je commandai aussi qu'on y fît grand feu toutes les nuits, afin que les navires envoyés à notre secours pussent le découvrir dans les ténébres. Nous espérions que la pinasse seroit arrivée à Batavia, & que le général ne manqueroit pas de nous envoyer du secours; mais il semble que Dieu en avoit ordonné autrement; car le tems qui depuis leur départ avoit été fort beau, se changea tellement en pluies & en orages, qu'on ne voyoit presque point de jour sans tempête; quoique notre baie fût assez à l'abri de l'agitation des flots, à cause du promontoire & des îles qui la séparoient de la mer, & qui la mettoient à couvert des vents. Il plut presque tous les jours durant trois semaines, & le soleil luisoit aussi tous les jours; de sorte que c'étoit un mélange perpétuel de bon & de mauvais tems. Notre prévoyance nous fut utile d'avoir salé &

séché de la viande & du poisson, dans des tonneaux vuides que nous avions tirés du vaisseau. Le tems se remit un peu, mais non pas si beau, qu'il n'y eût une fois ou deux la semaine de la pluie, du vent, des tourmentes, & des calmes soudains, qui nous firent perdre tout espoir de jamais recevoir du secours de Batavia, quand même nos hommes y seroient arrivés. Cette pensée nous fit résoudre à songer à nous, sans compter en aucune manière sur le secours de nos amis; mais seulement sur la providence divine, & sur notre propre industrie. Le tems devint fort chaud, & depuis la pluie, toutes choses croissoient à vue d'œil; nos pois aussi croissoient & selon toute apparence nous devions en avoir une fort grande récolte, ce qui nous fit penser à défricher encore d'autre terre, pour y en semer de nouveaux. Il y avoit une infinité de poissons & d'oiseaux dans la baie; & lorsqu'elle étoit calme, nous en prenions autant que nous voulions; mais nos filets commençans à s'user, nous fûmes contraints de déchirer quelques cables pour en faire de nouveaux, qui quoique grossiers & mal faits, ne laissoient pas de nous servir dans la nécessité.

Nos chasseurs avoient fait tant de bruit

dans le bois, qu'ils avoient épouvanté tous les cerfs, & il n'en venoit prefque plus à neuf ou dix milles de nous : cela les fit réfoudre à prendre une autre voie, & d'aller par eau à l'autre côté de la baie où nous voyions des bois par-tout. Maurice eut ordre premièrement d'aller découvrir le pays, ce qu'il fit, & nous rapporta qu'il y avoit de grands bois compofés d'arbres de diverfes efpèces, & une petite rivière affez profonde, qui fe déchargeoit dans la baie. Il dit qu'il s'étoit avancé quatre ou cinq milles fur cette rivière, & qu'il n'avoit vu que des arbres, & quelques marais fur fes bords, mais qu'il croyoit qu'on y trouveroit de la chaffe, ce que nous crûmes auffi : il ajouta, qu'il feroit à propos d'y envoyer des gens. Cinquante de nos hommes ayant pris des provifions pour une femaine, fe mirent dans la pinaffe & dans la chaloupe, & fe firent porter de l'autre côté de l'eau, fur la rivière dont Maurice nous avoit parlé. Ils y firent leur defcente, choifirent un lieu commode pour s'y huter, & retenant la chaloupe, ils nous renvoyèrent la pinaffe. Le même jour quelques-uns d'entr'eux s'étant avancés dans le bois, ils y trouvèrent plufieurs cerfs, dont ils firent un grand carnage; ils y trouvèrent auffi de certains animaux femblables

blables à des cochons, mais plus gros & plus lourds, ils alloient en grandes troupes, & vivoient des fruits & des racines du bois. Ils en tuèrent, & en trouvèrent la chair beaucoup meilleure que celle des pourceaux qu'on mange en Europe.

Maurice voulant reconnoître la grande isle ou promontoire qui couvroit la baie, & la séparoit de la mer, y aborda avec vingt hommes : la première terre qu'il découvrit étoit du côté de la baie, & n'étoit couverte que de pierres & de rochers; mais quand il eut passé un peu au-delà du côté de la mer, il trouva que c'étoit une île, dont le terroir marécageux, & alors desséché par la chaleur de l'été, faisoit un très-beau pâturage. Ils y apperçurent un grand nombre de cerfs & du gibier, qui se laissoit approcher de fort près. Ensuite s'avançant à l'orient de l'île, ils trouvèrent qu'elle étoit divisée du continent par un canal étroit, que les cerfs passoient à la nage pour venir paître dans le marais. L'île pouvoit avoir en tout douze milles de diamètre, sa figure étant presque ronde; ces nouvelles découvertes étant si heureuses, nous donnoient bien de la joie, & une nouvelle assurance que nous ne manquerions jamais de vivres, quand nous serions dix fois plus que nous n'étions.

Maurice étant devenu plus hardi & plus glorieux de ses bons succès, & des applaudissemens qu'on lui donnoit, ne trouvoit rien de difficile, & ne songeoit qu'à faire de nouvelles découvertes. Comme il étoit homme de bien, sage & agissant, & qu'il avoit toujours réussi dans ses entreprises, je lui fus toujours favorable dans ses desseins. Il me dit un jour; qu'il avoit observé que la baie s'étendoit fort en long vers le sud-est, qu'il croyoit que de ce côté venoit une grande rivière, qui se jettoit dans la baie, & qu'il seroit bon de la découvrir. Comme il y avoit de l'apparence à ce qu'il disoit, & que je voulois lui faire plaisir, je lui permis de prendre la pinasse, avec tel nombre de personnes qu'il voudroit, & des vivres pour une semaine.

Après cette permission il eut bientôt préparé toutes choses, & se résolut à aller aussi loin qu'il le pourroit pour découvrir le pays; nous lui souhaitâmes un bon succès, & un heureux retour, & fîmes nos autres affaires dans l'espérance de le revoir bientôt; cependant nos pois étoient presque murs, & neuf ou dix jours après le départ de Maurice, nous en eûmes une récolte prodigieuse, chaque mesure en rendant plus de cent, chose presqu'incroyable; nous en attendions une seconde récolte, qui ne promettoit pas moins que la première ; nous les séchâmes soigneusement, & les mîmes dans des tonneaux, comme nous faisions de tout ce qui se pouvoit garder jusqu'à l'hiver, nous contentant de manger ce qui ne pouvoit pas être conservé.

Il y avoit déjà plus de trois mois que nous étions à Siden-Berg, sans avoir reçu de nouvelles de Batavia, ce qui nous fit croire que notre pinasse étoit périe, & nous résolûmes de n'y plus songer : mais notre plus grand chagrin étoit de voir que Maurice étoit parti depuis plus de dix jours, & que le temps qu'il avoit pris pour son voyage étant expiré, nous ne savions ce qu'il étoit devenu ; nous étions bien en peine, ne sachant à quoi nous résoudre : nous n'osions envoyer la chaloupe de peur de la perdre ; car sans ce secours nous aurions eu beaucoup de peine à subsister. Nos chasseurs avoient fait une espèce de nouveau camp de l'autre côté de la baie, pour la commodité de la chasse, & sans nos bateaux nous ne pouvions avoir de commerce avec eux.

Toutes ces réflexions causèrent une tristesse & une affliction générale par-tout le camp, où nous fûmes à déplorer nos pertes durant plus de quinze jours sans recevoir aucune nouvelle de Maurice ; nous ne savions quel jugement

D ij

en faire, sachant que n'y ayant point eu d'orage depuis son départ, il ne pouvoit être perdu par la tempête; nous ne pouvions aussi croire qu'il fût tombé entre les mains des pirates ou d'autres ennemis, ayant raison de nous persuader par notre propre expérience, qu'il n'y avoit point d'hommes dans le pays, & que les bêtes ne pouvoient l'attaquer sur la mer où il étoit. Comme nous flottions ainsi entre l'espérance & la crainte, durant un jour calme, nous vîmes paroître la pinasse de Maurice accompagnée de deux autres vaisseaux, qui s'avançoient avec elle vers Siden-Berg; nous la regardions avec étonnement, ne pouvant concevoir où il avoit trouvé ces deux autres vaisseaux, ni quelles gens ce pouvoit être, nous apperçûmes encore dix voiles qui les suivoient de loin. Cette flotte mit tout notre camp dans une extrême consternation; nous courûmes tous aux armes, nous préparâmes nos canons pour notre défense, & nous envoyâmes du monde sur le rivage, pour observer les mouvemens de cette flotte, & pour s'opposer à leur descente. Cependant ils s'approchoient toujours de nous quoique lentement, parce qu'ils n'avoient pas beaucoup de vent : mais enfin, ils arrivèrent tous à la portée du mousquet du rivage, où ils jettèrent l'ancre en fort

H.<sup>re</sup> des Sevarambes. Tom. 5 pag. 33

P. Marillier inv.    1787    R. L'Evaux sculp

bon ordre, pendant que la pinasse de Maurice s'approcha si près de nous, que nous pouvions facilement le voir lui & ses gens, & leur parler. Il nous exhorta à n'avoir point de peur, mais à lui envoyer le canot avec trois hommes seulement, pour les porter à terre. Après quelque consultation nous le lui envoyâmes, & il se jetta dedans avec un de ses hommes; après cela, il y reçut un grand homme vêtu d'une robe noire, portant un chapeau sur la tête, & un drapeau blanc à la main en signe de paix. Il vint à terre avec Maurice: & quelques-uns de mes officiers & moi qui n'étions pas loin, allâmes à sa rencontre. Maurice nous dit, en peu de paroles, que cet homme étoit envoyé de la part du gouverneur d'une ville, où ils avoient reçu mille civilités, située environ soixante milles au-dessus de la baie, ce qui l'obligeoit à nous prier de le traiter honnêtement, & avec beaucoup de respect. Après cet avis nous fûmes lui faire la révérence, il nous reçut avec beaucoup de douceur & de gravité, & levant la main droite vers le ciel, il nous dit en assez bon hollandois: *Le Dieu Éternel vous bénisse, le soleil son grand ministre & notre Roi glorieux luise doucement sur vous, & cette terre notre patrie, vous soit heureuse & fortunée.*

Après cette salutation, qui nous sembla fort extraordinaire, Maurice lui ayant dit que j'étois le général, il me tendit la main, que je baisai fort humblement. Il m'embrassa ensuite, & me baisa au front, & puis il souhaita d'aller à notre camp, où nous le reçûmes du mieux qu'il nous fût possible. Il regarda nos hutes & nos palissades, & admirant nos travaux, il nous parla de cette sorte, en m'adressant la parole.

J'ai su l'histoire de votre malheur; & sachant quel est votre mérite & votre vertu; je n'ai pas fait difficulté de commettre ma personne entre vos mains; je crois qu'elle y sera en sûreté & que dans quelque tems vous ne refuserez pas de commettre la vôtre entre les miennes, quand vous aurez appris qui je suis; mais pour ne pas vous tenir long-tems dans l'incertitude, & pour vous laisser entendre le récit que Maurice doit vous faire de ses aventures, je vais me reposer un peu pendant que vous lui donnerez audience, & que vous satisferez votre curiosité. Nous ne lui répondîmes que par une profonde révérence, & le laissant dans ma hute, nous courûmes à celle de Van-de-Nuits où Maurice nous attendoit avec impatience; nous n'y fûmes pas plutôt entrés que nous lui demandâmes compte de son voyage. Après m'avoir demandé permission de parler, il nous fit ce récit en m'adressant la parole.

Il y a environ trois semaines que je partis de Siden-Berg dans le dessein de faire de nouvelles découvertes dans la baie. Le premier jour nous singlâmes vers le sud-est, environ vingt milles & au-dessus, & nous ne vîmes d'un & d'autre côté que de grands bois, éloignés de cinq ou six milles les uns des autres. Sur le soir, nous mouillâmes l'ancre à un mille de la rive droite du fleuve, & nous y passâmes toute la nuit. Le lendemain nous en partîmes avec vent & marée, montant toujours vers le sud-est ; environ cinq milles au-dessus, nous trouvâmes que la rivière se rétrécissoit, & n'avoit-là que deux milles de large. Nous montâmes toujours, quoiqu'avec un peu plus de difficulté, jusqu'à ce que nous fûmes arrivés en un endroit où l'eau s'étendoit extrêmement, & faisoit un grand lac, du milieu duquel à peine pouvions-nous voir le rivage d'alentour ; nous y voyions seulement dix ou douze petites îles en divers endroits, la plupart ombragées d'arbres élevés, fort verds & fort agréables. Le vent s'étoit alors changé, & le lac étoit si calme, que nous pouvions à peine y remarquer un léger mouvement : mais comme il étoit d'une grande étendue, nous allions d'un

& d'autre côté au gré du vent, sans dessein d'aborder plutôt sur la droite que sur la gauche du rivage. Il est vrai que quand nous le pouvions commodément, nous tirions vers le sud-est.

Sur le soir, il se leva un petit vent frais, qui nous poussa vers le sud-est; & quand la nuit fut venue, nous mouillâmes l'ancre entre deux ou trois de ces petites îles éloignées l'une de l'autre, d'environ deux ou trois milles, avec dessein de les aller visiter le jour suivant. Nous passâmes-là toute la nuit, sans aucune crainte, ne croyant pas qu'il y eût des habitans dans ces îles : mais nous nous trompions fort; car dès qu'il fut grand jour, nous vîmes autour de nous dix ou douze vaisseaux pleins d'hommes armés, qui nous environnoient de telle sorte, que nous ne pouvions éviter de tomber entre leurs mains. Nous en fûmes bien effrayés, dans la pensée que nous serions tous pris ou tués; car nous n'avions que deux voies à prendre, l'une de combattre, & l'autre de nous rendre à des gens inconnus, qui étoient en droit de nous traiter comme il leur plairoit. Cette dernière considération prévalut, & nous fit résoudre à nous défendre jusqu'au dernier moment; de sorte que nous courûmes aux armes, car nous ne pouvions prendre la fuite ; le tems étoit extrêmement calme, & ceux que nous voyions autour de nous avoient diverses chaloupes bien équipées de rameurs, que nous voyions venir droit à nous. Quand ils furent à la portée du mousquet de notre pinasse, ils s'arrêtèrent tous, hormis un petit vaisseau, où nous vîmes un homme tenant un drapeau à la main, qu'il nous montroit en signe de paix & d'amitié ; nou demeurâmes sous les armes, & le laissâmes approcher, voyant bien qu'il n'étoit pas assez fort pour nous attaquer seul. Quand ils furent à la portée du pistolet, celui qui avoit le drapeau faisant une profonde révérence, nous parla en espagnol, & nous dit de n'avoir point de peur, & qu'on ne nous feroit aucun mal. Un de mes gens qui entendoit cette langue, nous expliqua ce qu'il avoit dit, & lui demanda pourquoi on nous environnoit de cette sorte ; il répondit que c'étoit la coutume du pays, & qu'on ne nous feroit point de mal. Il voulut savoir d'où nous étions ; & ayant appris que nous étions des Pays-bas, il nous en témoigna de la joie, & souhaita d'être reçu avec encore un autre dans notre pinasse, où il s'offrit de demeurer en ôtage, jusqu'à ce que toutes choses fussent mieux réglées. Comme sa demande étoit juste, nous lui accordâmes tout ce qu'il voulut, & il vint dans notre pinasse avec un de ſes gens ſeulement. C'étoit un homme très-bien fait, vêtu d'une robe rouge, qui lui pendoit juſqu'au milieu des jambes, avec un bonnet & une ceinture de la même couleur; celui qui l'accompagnoit étoit vêtu de la même manière, tous deux âgés d'environ quarante ans. Il ne fut pas plutôt ſur notre pinaſſe qu'il demanda en hollandois, le commandant, & ayant appris que c'étoit moi, il s'avança d'une manière très-civile, il m'embraſſa, & me dit qu'il ſe réjouiſſoit de nous voir dans le pays; mais qu'il ne ſavoit pas comment nous avions pu y aborder dans un auſſi petit bâtiment qu'étoit le nôtre; je répondis que nous y étions venus dans un plus grand, mais qu'il étoit échoué ſur les côtes & que du débris nous avions fait cette pinaſſe. Alors il me demanda ſi tout notre monde étoit ſauvé; je lui dis, que nous étions les ſeuls, & que tout le reſte y étoit péri; car je crus qu'il ne falloit pas lui parler de vous, ni du reſte de notre troupe que nous n'euſſions vu de quelle manière ils nous traiteroient. Il nous témoigna qu'il étoit touché de notre perte, & qu'il prenoit beaucoup de part à notre affliction; enſuite, il me fit pluſieurs queſtions au ſujet de notre voyage, de notre malheur, & de l'état préſent de l'Europe; à quoi je répondis tout ce que je trouvai à propos. Il parut fort satisfait de mes réponses, & il me dit que nous étions venus dans un pays où nous trouverions plus de secours & plus de civilité, que dans le nôtre propre, & que nous ne manquerions d'aucune des choses qui peuvent rendre heureux les hommes modérés. Nous lui rendîmes graces, & le priâmes de nous dire le nom du pays où nous étions; il nous dit que le pays s'appelloit en leur langage Sporoumbe, les habitans Sporouï, & qu'il étoit sujet à un pays plus grand & plus heureux, situé au-delà des monts qui s'appelloit Sévarambe, & les habitans *Sevarambi*, dont les principaux demeuroient dans une grande ville, appellé Sévarinde, & que nous n'étions qu'à treize ou quatorze milles d'une autre ville, mais beaucoup moindre, nommée Sporounde, où il avoit dessein de nous mener; ce compliment nous surprit, & notre visage lui faisant connoître notre crainte, il tâcha de la dissiper par ce discours. Je vous ai déjà protesté, nous dit-il, que vous ne devez rien craindre, je vous le redis encore, & je vous assure que vous n'aurez aucun mal si vous ne vous l'attirez par votre défiance & par votre opiniâtreté. Vous êtes si peu de monde dans ce petit bâtiment, que vous n'êtes nullement en état de vous défendre contre nos vaisseaux, remplis de bons hommes, qui ne savent pas moins comment il faut se battre que vous; vous trouverez qu'ils ne sont pas si barbares que vous pourriez vous l'imaginer; & peut-être avouerez-vous qu'ils ne manquent ni d'honneur, ni de charité, ni de bonne-foi. Après cela ils se retirèrent à l'un des bouts de la pinasse, comme pour nous donner la commodité de nous déterminer à ce que nous voulions faire. Nous résolûmes de suivre le conseil qu'on nous avoit donné; & de nous fier à la Providence divine; celui qui nous avoit parlé s'avança vers nous, & nous demanda ce que nous avions résolu; nous avons résolu, lui dis-je, de vous obéir en toutes choses, & nous nous croyons heureux d'être sous votre protection; nous sommes de pauvres malheureux, plutôt des objets de pitié que de colère, & nous espérons de trouver avec vous le secours & la consolation que vous nous offrez avec tant de bonté, paroissant touchés de notre misère ; vous y trouverez tout cela, dit-il, & de plus vous verrez en ce pays des merveilles qu'on ne voit point ailleurs. Cependant, il fit signe à ceux de sa chaloupe de s'approcher; ce qu'ils firent, & ils nous apportèrent du pain, du vin, des dattes, des raisins, des figues, & de diverses sortes de noix sèches, dont nous fîmes un bon repas. Celui qui nous avoit entretenus, me dit que son nom étoit Carchida, & celui de son compagnon Benoscar. Il voulut aussi savoir le mien, que je lui dis; après cela je le priai de me dire, comment il savoit parler hollandois, dans un pays si éloigné de la Hollande; je vous satisferai une autrefois, répondit-il, songeons à notre voyage de Sporounde, afin que nous y puissions arriver aujourd'hui avant la nuit. Il commanda de faire avancer une chaloupe, qui n'étoit pas loin de nous, à laquelle on attacha notre pinasse & ils nous tirèrent vers le sud-est, l'autre vaisseau nous suivant à la rame; nous abandonnâmes les petites îles, & nous nous éloignâmes de leur flotte, qui ne quitta point son poste qu'elle ne nous eût perdu de vue; nous voguâmes jusqu'à deux heures après-midi, à travers ce grand lac salé, qui ressemble plus à une mer qu'à un lac; peu après nous eûmes un vent favorable, qui dans deux heures de tems nous poussa hors du lac dans une grande rivière, dont nous trouvâmes l'eau douce, & qui nous parut bordée d'un pays des deux côtés. Nous n'eûmes pas fait deux milles sur cette rivière que nous arrivâmes à un lieu assez étroit, ou l'eau est resserrée par deux murailles épaisses, que les gens du pays ont bâties pour empêcher les débordemens du fleuve ; nous apperçûmes le long de ces murailles des bâtimens de pierre, & de brique mêlées enfemble, & bâtis comme de grands châteaux de figure quarrée ; nous montâmes deux milles plus haut, côtoyant toujours ces murailles, & voyant toujours de de ces bâtimens quarrés, jufqu'à ce que nous fûmes arrivés à la ville de Sporounde : elle eft fituée fur le confluent de deux grandes rivières, dans une grande plaine, où l'on voit des champs femés de bled, des prairies, des vignes, des jardins, & des boccages très-agréables. La petite chaloupe qui nous fuivoit au commencement, nous avoit devancés pour aller avertir ceux de la ville ; ce qui fit que quand nous débarquâmes fur le quai, qui eft grand & magnifique, nous trouvâmes beaucoup de peuple qui s'y étoit affemblé pour nous voir defcendre. Carchida qui mit pied à terre le premier, fut reçu par des hommes graves & majeftueux, vêtus de noir, avec lefquels ayant parlé quelque tems, il fit figne à Benofcar de nous mettre à terre ; celui-ci nous dit en peu de mots ce que nous avions à faire, & nous commanda de le fuivre. En arrivant fur le quai, où ces meffieurs nous attendoient, en nous inclinant trois fois jufqu'à terre, nous nous approchâmes d'eux. Ils se baissèrent aussi un peu en nous saluant; & le plus apparent de la troupe me prenant entre ses bras, m'embrassa avec bonté, me baisa au milieu du front, & me dit: soyez tous les bien-venus à Sporounde; de-là, ils nous menèrent dans la ville & nous firent passer par une porte grande & magnifique, où aboutissoit une belle rue entre-coupée de plusieurs autres rues toutes semblables. Enfin on nous mena dans une très-belle maison, dont la porte étoit très-belle, & dont les appartemens étoient disposés à la manière des cloîtres, entourez de tous côtés de galleries fort larges, & ayant au milieu un parterre à compartimens de gazon verd. De cette cour, on nous fit passer dans une grande salle basse où nous demeurâmes quelque tems debout avec les messieurs qui nous avoient reçus au port, qui nous avoient accompagnés, & qui nous firent diverses questions, conformes à celles que Carchida nous avoit déjà faites. Peu de tems après on nous mena dans une autre salle, où nous trouvâmes des tables couvertes de viande, & servies à peu-près à la manière d'Europe. Alors Sermodas, qui est celui qui est venu présentement avec nous, me demanda si j'avois bon appétit; je lui répondis, qu'il y avoit si long-tems que nous n'avions vu un tel souper, que je ne croyois pas qu'aucun de nous dût manquer d'appétit; il sourit, & me prenant par la main, il me fit asseoir près de lui au haut bout de la table. Les autres s'assirent aussi, & Carchida avec Benoscar menèrent mes gens à une autre table: on nous régala d'un souper fort propre, après on nous fit monter dans une grande chambre, où nous trouvâmes plusieurs lits sur des treteaux de fer, où l'on dit à mes gens de se coucher deux à deux. Pour moi j'eus une chambre en particulier, où Sermodas & les autres m'accompagnèrent, & puis m'ayant souhaité le bon soir, ils se retirèrent. Un moment après Carchida revint, pour me dire qu'il falloit nous préparer à visiter le lendemain Albicormas, gouverneur de Sporounde. Il me dit qu'il nous donneroit les instructions nécessaires pour cette visite, & il me souhaita le bon soir.

Le lendemain environ les six heures du matin, nous entendîmes sonner une grosse cloche; une heure après, Carchida & Benoscar entrèrent dans ma chambre, & me demandèrent si j'avois bien reposé, & si j'avois besoin de quelque chose. Je voulus me lever d'abord; mais ils me dirent que je ne devois pas sortir du lit qu'on ne m'eût apporté des habits, & que j'en aurois

dans

dans un moment. Benoscar sortit, & il revint peu après avec des domestiques qui m'apportèrent du linge, & des habits tissus de laine & de coton à la mode du pays; il en vint encore d'autres avec une cuve pleine d'eau tiède, où Carchida me dit qu'il falloit me laver tout le corps, avant de prendre mes habits neufs; il sortit en attendant avec tous les autres, & ne me laissa qu'un valet pour me servir. Je me levai donc, & pris le linge & les habits qu'on m'avoit apportés; je mis par-dessus une robe de diverses couleurs, que je liai avec une ceinture, & je me laissai ajuster comme il plut au valet qu'on m'avoit donné pour me servir. Carchida étant revenu peu après, me dit qu'il falloit que j'allasse avec mes gens trouver Albicormas, & qu'on n'y attendoit que moi; il m'apprit ensuite de quelle manière je devois faire cette visite de cérémonie, & nous descendîmes dans la cour, où je trouvai tous mes gens vêtus de neuf à peu près comme moi. Avec eux étoit Benoscar qui leur apprenoit de quelle manière ils devoient se comporter; nous fûmes quelque tems debout dans cette cour, nous regardant l'un l'autre, jusqu'à ce que Sermodas entra avec sa suite; il me demanda si nous étions prêts à le suivre au conseil; je répondis que oui: alors, il me prit par la main, & me

*Tome V.*

fit marcher à sa main gauche. Carchida se mit à la tête de mes gens, qu'on faisoit marcher deux à deux comme des soldats, & Benoscar menoit l'arrière-garde. Dans cet ordre nous traversâmes quelques rues, jusques dans une grande place, qui est au milieu de la ville; je vis dans le milieu de cette place un palais magnifique, de figure quarrée, bâti de pierre de taille blanche & de marbre qui paroissoit noir, si propre & si poli, que nous crûmes que l'ouvrier ne faisoit que de l'achever, quoiqu'il fût bâti depuis long-tems. La porte de ce palais étoit ornée de plusieurs statues de bronze; & nous trouvâmes de chaque côté deux rangs de mousquetaires, couverts de robes bleues. Nous vîmes dans la première cour, des halebardiers en robe rouge, rangés en haie, & dès que nous fûmes entrés, nous entendîmes des trompettes & d'autres instrumens de guerre, qui faisoient un bruit assez agréable; delà nous passâmes dans une autre cour de marbre noir, ornée de belles statues de marbre blanc; il y avoit au milieu de cette cour plus de cent hommes, vêtus de robes noires, & d'un âge plus avancé que ceux que nous avions vus en entrant. Nous fûmes là quelque tems à les regarder, jusqu'à ce que deux hommes habillés comme ces derniers, avec une écharpe de couleur d'or sur l'épaule, dirent à Sermodas de nous faire avancer. Nous montâmes dans le même ordre que nous étions venus jusques dans une grande salle peinte & dorée, où nous nous arrêtâmes encore quelque tems. De-là on nous fit passer dans une seconde salle encore plus belle que la première, & puis dans une troisième qui les surpassoit toutes deux en richesse & en beauté; nous apperçûmes au bout de cette dernière un trône médiocrement élevé, & à chaque côté divers sièges un peu plus bas; nous vîmes sur ce trône un homme vêtu de pourpre, qui avoit l'air majestueux; & sur les autres sièges des hommes vénérables, vêtus comme ceux qui nous étoient venus prendre dans la cour: on nous dit que le premier étoit Albicormas, & les autres les principaux officiers de la ville, qui gouvernoient avec lui tout le pays de Sporounde. En entrant nous fîmes une révérence au milieu de la salle; ensuite nous en fîmes une autre plus profonde que la première: mais quand nous fûmes arrivés au pied d'un balustre, qui étoit proche du trône, & qui le séparoit du parterre, nous nous inclinâmes encore plus bas qu'auparavant. Alors tous les conseillers se levèrent, & nous ayant salués par une petite inclination de corps, ils se remirent à leur place; mais Albicormas se contenta de nous faire signe de la tête. Ensuite Sermodas me prit par la main, me mena près du balustre, & faisant une profonde révérence au gouverneur, il lui raconta en son langage, tout ce qu'il avoit appris de nos aventures. Il me sembla que cette langue avoit quelque chose de semblable dans la prononciation à la grecque & à la latine, & qu'elle étoit douce & majestueuse. Quand Sermodas eut achevé de parler, on fit venir Carchida, qui fit au conseil une relation plus étendue que n'avoit fait le premier, disant de quelle manière nous étions venus dans le lac, qu'ils appellent *Sporascumpso*, & comment nous avions été découverts & pris. Ce fut de la manière que je vais vous dire, selon le rapport que l'on m'en fit peu de jours après. Le jour que nous arrivâmes dans le lac, étoit un jour de fête solemnelle partout le pays, & les insulaires étant occupés à la célébrer, il n'y avoit personne sur l'eau, c'est pourquoi nous n'y pûmes voir aucun vaisseau, quoiqu'il y en ait ordinairement plusieurs qui vont à la pêche; mais quoique nous ne vissions personne, nous ne laissâmes pas d'être découverts par ceux des îles, qui ne voulurent pas se montrer d'abord, craignant de nous épouvanter : mais durant la nuit ils envoyèrent des vaisseaux pour nous prendre le matin, & pour s'assurer si bien de nous, que nous ne pussions pas fuir; car ces peuples font ordinairement bonne garde sur leurs frontières, parce qu'ils craignent que les étrangers ne viennent corrompre, par leur mauvais exemple, leur innocence & leur tranquillité, en introduisant leurs vices parmi eux.

Dès que Carchida eut achevé de parler, Albicormas se leva, & nous dit en son langage, que Sermodas nous expliqua, que nous serions bien reçus dans le pays, que nous y trouverions toute sorte de douceurs, & que nous demeurerions à Sporounde, jusqu'à ce qu'il eût reçu des nouvelles de Sevarminas, vice-roi du soleil, qui demeuroit dans la ville de Sevarinde, où il dépêcheroit un courier ce jour même, pour l'avertir de notre arrivée, & pour lui demander ses ordres; que cependant nous ne manquerions de rien, & qu'on nous fourniroit tout ce dont nous aurions besoin, pourvu que nous eussions soin de suivre les avis de Sermodas & de ses officiers. Je vous exhorte à la modération & à l'honnêteté, ajouta-t-il, puis il nous congédia.

Je remarquai qu'Albicormas étoit un peu bossu, & que plusieurs de ses conseillers avoient le même défaut; à cela près, il étoit bien fait & de bonne mine. Nous sûmes ensuite qu'on trouvoit parmi les habitans de cette ville diverses personnes, qui avoient des défauts naturels, outre un très-grand nombre de personnes bien faites, parce que ceux de Sevarinde y envoyent tous les gens contrefaits, qui naissent parmi eux, n'en voulant point souffrir de semblables dans leur ville ; nous sûmes aussi que le mot *dosperou*, signifioit en leur langage, une personne défectueuse de corps ou d'esprit, & Sporounde la ville ou le séjour des personnes de cette sorte.

Après qu'Albicormas nous eut congédiés, nous retournâmes dans notre logis, où nous trouvâmes que le dîner nous attendoit. Nous demeurâmes dans la maison tout l'après-midi, & sur le soir Sermodas & Carchida, nous vinrent prendre pour nous faire voir la ville, où le peuple sortoit de tous côtés pour nous regarder. C'est la ville la plus régulière que j'aie vue de ma vie ; elle a de grands bâtimens quarrés, tous d'une même façon, & qui contiennent plus de mille personnes chacun ; il y en a soixante-seize en toute la ville, qui a plus de quatre milles de circuit. J'ai déjà dit qu'elle est située entre deux grandes rivières, qui font naturellement une péninsule ; mais l'industrie de ce peuple en a fait une île parfaite, en tirant un canal d'une rivière à l'autre, environ deux milles au-dessus de la ville. Ce canal est bordé de deux grandes murailles, entre lesquelles on voit dix ou douze ponts qui les lient ensemble, & qui sont tous de bois, hormis celui du milieu qui est fort large, & fortement bâti de pierres de taille : on nous fit voir ce canal & le pays d'alentour deux ou trois jours après notre première audience. Dans la nuit, environ deux heures après le souper, on nous mena dans une grande salle, où nous trouvâmes quinze jeunes femmes qui nous y attendoient. Elles étoient pour la plupart de belle taille, potelées & vêtues de robes de toile de coton peintes, & leurs cheveux noirs tomboient à grandes tresses sur leurs épaules ; nous fûmes un peu surpris de les voir toutes ensemble en rang, ne sachant pas pourquoi elles étoient en ce lieu. Sermodas prenant la parole, me parla de cette manière pour me l'apprendre. « Vous vous étonnez, Maurice, de voir tant de jeune femmes ensemble, & vous n'en savez pas la raison ; je suis même assuré que vous êtes surpris de les voir ainsi rangées, & avec des habits un peu différens de ceux des autres femmes, qui d'ordinaire portent un voile sur leur tête. Sachez donc que ce sont des esclaves, qui ne sont ici que pour vous rendre service.

Toutes les nations du monde ont leurs coutumes : il y en a qui sont naturellement mauvaises, parce qu'elles sont opposées à la raison. Il y en a d'autres qui sont indifférentes, & qui ne semblent bonnes ou mauvaises que selon l'opinion & le préjugé des hommes qui les pratiquent ; mais il y en a aussi qui sont fondées en raison, & qui sont véritablement bonnes en elles-mêmes, pourvu qu'on les considère sans préoccupation. Les nôtres sont presque toutes de ce dernier genre, & à peine en avons-nous quelques unes qui ne soient établies sur la raison. Vous n'ignorez pas sans doute, que l'usage modéré des choses que la nature a destinées pour servir aux créatures vivantes, ne soit bon de soi, & qu'il n'y a que l'abus qu'on en fait qui soit effectivement mauvais. Parmi toutes ces choses il y en a trois principales : la première regarde la conservation de chaque particulier : la seconde, l'entretien dans un état heureux : & la troisième enfin, a pour but l'accroissement ou la multiplication de chaque espèce.

Pour ce qui regarde la conservation de chaque particulier ; d'un homme, par exemple, elle dépend de certains biens sans l'usage desquels il ne sauroit subsister, parce qu'ils lui sont absolument nécessaires. Le manger, le boire, le dormir, sont assurément de ce genre : mais parce que l'homme ne sauroit être heureux avec ces choses seulement, & que, quoiqu'elles soient suffisantes pour sa conservation, elles ne sont pas capables de lui rendre la vie douce & agréable, l'auteur de la nature lui a donné d'autres biens, qui, joints avec les premiers, le rendent content, s'il veut être sage & modéré, s'il ne court pas follement après les apparences trompeuses d'un bien imaginaire, & s'il ne suit pas aveuglément la fureur & le déréglement de ses passions. Ces biens qui rendent l'homme satisfait, sont à notre avis, la santé du corps, la tranquillité de l'esprit, la liberté, la bonne éducation, la pratique de la vertu, la société des honnêtes gens, les bonnes viandes, les vêtemens, & les maisons commodes, qui rendent la vie heureuse, pourvu qu'on en use sobrement, & qu'on n'y attache point son cœur.

Mais comme la nature a voulu borner notre vie à certain nombre d'années, au-delà desquelles nous ne pouvons plus jouir de tous ces biens, & que nos corps cessant de vivre, sont enfin dissous, & que chacune de leurs parties reprend sa première forme, ou se revêt d'une nouvelle ; elle a aussi voulu conserver chaque espéce, & même l'augmenter par le moyen de la génération, qui, pour ainsi dire, fait revivre toutes les créatures, & conserve au monde tous les animaux & les plantes, qui sont un de ses plus beaux ornemens. C'est pour parvenir à son but, qu'elle a mis dans chaque espèce des mâles & des femelles, afin que de l'union de ces deux sexes vînt la génération des animaux, qui est son ouvrage le plus noble, & auquel elle s'occupe le plus; mais pour rendre l'état de chaque animal encore plus heureux, & pour venir plus facilement à bout de son dessein, elle a voulu attacher à cette union un plaisir, que nous appellons amour; cet amour est le lien & le conservateur de toutes choses, & lorsqu'il est réglé par la droite raison, il ne produit que de bons effets, parce qu'il ne se propose que de bonnes fins; savoir, les plaisirs honnêtes, l'accroissement & la conservation de chaque espèce, où tous les animaux tendent naturellement. Sevarias notre grand & illustre législateur, ayant considéré toutes choses, a bien ordonné de punir l'intempérance & la brutalité; mais il prétend aussi qu'on songe à suivre les desseins de Dieu & de la nature, pour la conservation du genre humain; c'est pour cela qu'il ordonne que ceux qui sont arrivés à un certain âge, réglé par les loix, se marient, & que les voyageurs puissent habiter avec les esclaves, dont nous avons un assez grand nombre. Ce grand homme nous a défendu de regarder comme une chose criminelle ce qui sert à la conservation de l'espèce : mais il ne prétend point que les excès troublent la modération qui doit se trouver dans l'usage de tous les plaisirs. C'est pour cette raison que nous ne souffrons pas que personne soit ici sans femmes ; vous voyez aussi qu'on vous en a amené autant que vous êtes ici d'hommes, qui vous rendront visite de deux en deux jours, durant le reste du tems que vous devez être parmi nous. Je sais bien que cette coutume seroit condamnée en Europe, où l'on ne considère pas assez que la vertu se trouve dans l'usage honnête de l'amour, & ne consiste pas à y renoncer entièrement ; mais aussi nous ne voyons parmi nous aucun de ces crimes abominables qui déshonorent votre pays. »

Il ajouta beaucoup de choses, qui n'étoient pas nécessaires, pour nous persuader d'accepter l'offre qu'il nous faisoit, dont nous lui rendîmes mille graces, & il fut bien-aise de nous voir satisfaits, & que nous approuvions la conduite de son législateur.

Il ne fut pas plutôt parti, que deux hommes, qui entrèrent dans la salle, nous saluèrent en françois; le premier nous dit, qu'il étoit médecin, & son compagnon chirurgien; ils nous prièrent de leur dire, s'il n'y en avoit pas quelqu'un de nous attaqué du mal de Naples: nous avons ordre de vous visiter, ajoutèrent-ils; si quelqu'un nous déguise la vérité, il en aura de la honte; au contraire s'il la confesse ingénument, on ne l'en estimera pas moins, & il sera guéri en peu de tems; nous dîmes tous que nous n'avions point de ces sortes de maux; mais malgré nos protestations, nous fûmes visités chacun en particulier, dans une chambre proche de celle où nous étions. Après leur visite, ils nous dirent, qu'ils étoient bien-aises de nous trouver exempts d'une maladie très-commune dans les autres continents, & qu'on ne connoissoit que par ouï-dire dans les terres Australes. Ils nous dirent de plus, qu'ils avoient demeuré en France durant six années entières, & qu'ils avoient vu la plupart de l'Europe & de l'Asie, pendant douze ans qu'ils avoient employés à voyager; que de tems en tems on faisoit partir des vaisseaux de Sporounde, qui passoient les mers pour le même dessein, & que par ce moyen ils avoient des gens parmi eux, qui connoissoient toutes ces nations, & qui en savoient parler les langues. Ce discours nous tira de l'étonnement où nous avions été, lorsque Carchida nous parla espagnol & hollandois, & que nous vîmes des manières & des coutumes si semblables aux nôtres, dans un pays si éloigné, où nous croyions même qu'on ne pouvoit trouver que des hommes barbares ; nous aurions fait diverses questions à ces Messieurs, si nous eussions pu le faire commodément, mais ils se retirèrent, & nous nous consultâmes sur la manière dont nous choisirions nos femmes. On trouva bon que j'en prisse une le premier, que mes deux officiers en fissent de même après moi, & que les autres tireroient au sort, ce qui se fit sans querelle & sans dispute ; de sorte que chacun prit une compagne. Ensuite on me ramena dans la chambre où j'avois couché la nuit précédente, & l'on conduisit mes gens dans une longue gallerie, où il y avoit de chaque côté plusieurs petites chambres séparées les unes des autres : ils prirent chacun une de ces chambres, & ils y passèrent la nuit. Le lendemain matin la cloche ayant sonné à l'heure ordinaire, Carchida me vint demander comment j'avois reposé la nuit, & me dire qu'il étoit tems de se lever. Ma compagne s'étoit jettée hors du lit, & s'étoit habillée dès qu'elle avoit ouï sonner la cloche ; elle ne faisoit que de sortir lorsque Carchida entra dans ma chambre ; il me dit que Benofcar étoit allé tirer mes gens de captivité, voulant dire hors des bras de leurs maîtresses, & hors des chambres où ils avoient été enfermés toute la nuit, pour empêcher le défordre & l'échange qu'on auroit pu faire; ce qui n'étoit pas permis, de peur que si les femmes devenoient groffes, les pères des enfans qu'elles feroient ne fuffent inconnus. Quand je fus habillé, je defcendis dans la grande falle, où mes gens me vinrent trouver, & où nos guides nous vinrent prendre pour nous aller montrer divers quartiers de la ville, où l'on travailloit à plufieurs ouvrages; car les uns y font occupés à faire des toiles & des étoffes, les autres à coudre, & les autres à forger, ou à d'autres ouvrages différentes; mais Carchida me dit que les bâtimens & l'agriculture étoient les principaux emplois de la nation.

Nous demeurâmes ainfi dans Sporounde, vivans à-peu-près de cette manière, jufqu'au fixième jour, que le courier qu'Albicormas avoit envoyé à Sevarinde arriva, avec ordre de Sevarminas de nous envoyer à la grande ville, où il avoit beaucoup d'envie de nous voir. Quand je fus que nous devions marcher vers Sevarinde, je fus fâché de n'avoir pas dit que vous étiez ici, & fur-tout après avoir été bien traité. Je ne savois de quelle manière me tirer d'affaire; mais la raison qui m'avoit porté à cacher la vérité, étant bonne & solide, je crus qu'Albicormas s'en contenteroit, & nous pardonneroit notre déguisement, fondé sur le soin que nous prenions de votre sûreté, dans le tems que nous doutions même de la nôtre. J'avouai ingénument la chose à Sermodas, qui d'abord fut en avertir le gouverneur; nous eûmes ordre d'attendre dans Sporounde le retour d'un second courier qu'on envoya à Sevarminas, pour lui faire savoir la cause de notre retard. Il revint six jours après son départ, apportant des ordres au gouverneur qui, pour y obéir, a fait partir cette flotte pour venir nous prendre, & nous mener tous à Sevarinde, où nous devons comparoître devant le souverain magistrat qui y fait sa résidence, & où Sermodas me dit que nous serions encore mieux traités qu'à Sporounde.

## SECONDE PARTIE.

Maurice finit ainsi son discours, qui nous remplit de joie & d'admiration, & sans nous avoir ennuyé, quoiqu'en effet il eût été long: mais les choses qu'il nous avoit racontées étoient si extraodinaires, que nous l'aurions paisiblement écouté, quand son récit auroit duré tout un jour. Nous consultâmes quelque tems sur la conduite que nous devions tenir, & nous résolûmes enfin de suivre Sermodas, d'aller partout où il voudroit nous mener, de nous soumettre entièrement aux soins de la providence divine, & de nous fier au bon naturel du peuple de ce pays.

Dans le temps que Maurice nous racontoit toutes ces aventures, quelques-uns de ses gens, poussés du desir d'en parler à leurs amis, vinrent à terre, & en entretinrent presque tout notre monde, qui s'assemblant autour d'eux, étoit surpris d'entendre le récit des choses qui leur étoient arrivées. Ainsi ils furent toutes ces nouvelles presqu'aussi-tôt que nous, & il n'y eut pas besoin d'une seconde relation pour leur apprendre l'état de nos affaires: ils étoient disposés à aller dans ce beau pays dont on leur avoit fait la description : mais comme la pinasse que nous avions envoyée à Batavia pouvoit être arrivée à bon port, & que nous ne doutions nullement que le général n'envoyât des vaisseaux pour nous secourir, dès qu'il seroit informé de notre malheur & de notre nécessité, nous avions encore de ce côté-là quelque reste d'espérance, ce qui nous donnoit du chagrin, parce que nous voyions bien que si ces vaisseaux arrivoient, & ne trouvoient personne, ils nous croiroient perdus, & qu'ainsi nous ne pourrions plus espérer de jamais revoir nos amis, ni notre patrie. Sur cela Maurice nous dit, qu'à l'égard de la pinasse il falloit nécessairement qu'elle fût périe, puisque nous n'en avions point eu de nouvelles, depuis le tems qu'elle étoit partie ; que par cette raison il n'y avoit pas lieu d'espérer aucun secours de Batavia ; & que notre retour en Hollande ne seroit pas impossible, ni peut-être difficile, puisque nous étions parmi une nation civile & honnête, qui de tems en tems, envoyoit des vaisseaux par-delà les mers, & qui vraisemblablement nous permettroit d'y retourner, nous en fourniroit même les moyens si nous le desirions, & ne voudroit pas nous retenir par force dans leur pays, dès que nous n'aurions plus envie d'y demeurer ; enfin, que notre condition auroit été pire, s'il nous eût fallu demeurer toujours dans le camp, exposés à mille dangers, & sujets à mille peines. Ces raisons solides de Maurice, qui étoit un homme de bon sens, & qui s'étoit acquis beaucoup de crédit parmi nous, à cause des grands services qu'il nous avoit rendus, dissipèrent tout notre chagrin. Nous retournâmes dans ma hutte, où nous trouvâmes Sermodas, qui sourit quand il nous vit entrer, & qui nous demanda ce qu'il nous sembloit de la description que Maurice nous avoit faite de la ville & du peuple de Sporounde. Nous ne pouvons, lui dis-je, en avoir que des pensées avantageuses, nous souhaiterions déjà d'y être, & nous sommes prêts d'y aller au plutôt, s'il vous plaît de nous y mener. Je suis venu pour cela, répliqua-t-il ; je suis bien aise de vous trouver si bien disposés à me suivre, & vous pouvez être assuré que vous trouverez le séjour de nos villes pl.; beau que celui de ce camp, quoique par votre industrie vous en ayez fait une demeure commode. Nous eûmes encore quelque entretien sur cette matière, & nous lui demandâmes après, s'il ne vouloit pas manger de nos viandes telles que nous pouvions les lui donner. Il nous dit qu'il en mangeroit, à condition que nous mangerions aussi des leurs ; & il pria Maurice de dire à quelqu'un de ses gens qu'il apportât du vin &

des autres provisions du vaisseau. Après dîner Sermodas nous dit, que, puisque nous étions résolus de le suivre, nous devions nous mettre en état de partir, & de faire transporter nos gens de la manière que nous trouverions le plus à propos; mais que selon lui les principaux d'entre nous, & toutes nos femmes, devoient aller le même jour à bord; & qu'il laisseroit quelques-uns des siens, qui aideroient nos gens à s'embarquer, & qui nous suivroient après à Spo-founde. Je lui dis que nous avions une partie de nos gens de l'autre côté de la baie, & que s'il vouloit nous le permettre, nous y enverrions Maurice avec un vaisseau ou deux pour les ramener. Vous pouvez le faire, répliqua-t-il, & je donnerai ordre à l'un de nos vaisseaux d'y aller avec lui, & de porter ces gens à la ville, sans revenir au camp. Pour vous, dit-il, s'adressant à moi, prenez ceux de vos officiers que vous voudrez pour être avec vous, & venez à bord de mon vaisseau, où vous serez peut-être assez commodément. Je pris Van-de-Nuits & Turcy mon secrétaire, & j'ordonnai à Devèze & aux autres capitaines de commander en mon absence, & de faire diligemment transporter notre bagage. Sermodas laissa Benoscar avec Devèze pour lui aider, & pour le conduire. Après quoi nous fîmes voile vers Sporounde, où nous arrivâmes trois jours après notre départ de Siden-Berg. Nous fûmes reçus presque de même que Maurice, avec cette différence qu'on témoigna beaucoup plus de respect à Van-de-Nuits & à moi, qu'on n'en avoit témoigné aux autres. Albicormas nous fit beaucoup de caresses, & particulièrement à moi, avec qui il eut plusieurs conversations touchant l'état de l'empire, sur quoi j'étois beaucoup plus capable de le satisfaire qu'aucun de notre compagnie. Je trouvai que c'étoit un homme excellent en plusieurs choses, & qui avoit une admirable solidité d'esprit. Il m'instruisit de plusieurs de leurs coutumes & du gouvernement de sa nation, dont je parlerai dans la suite, quand je décrirai la ville, les loix & les mœurs des Sévarambes. Le jour d'après notre arrivée, le bagage fut porté à la ville, & l'on ne laissa rien dans le camp, que ce qui ne valoit pas la peine d'être transporté. Nos gens furent traités comme l'avoient été ceux de Maurice, & tous eurent un habit neuf.

Nous eûmes une difficulté au sujet de nos femmes. J'ai déja dit que nous avions ordonné dans le camp, qu'une seule serviroit à cinq hommes du commun, & que les principaux officiers auroient seuls le privilège d'en avoir chacun une pour eux. Sermodas & ses compagnons désapprouvèrent cette conduite; l'habitude d'honnêteté qui leur est inviolable, les obligea de nous en parler comme d'une chose brutale. Ils m'avouèrent qu'elle déshonoroit leur pays & leurs loix; & qu'il leur étoit impossible de la souffrir. Je m'excusai sur la nécessité qui nous avoit obligés de prendre ce parti, plutôt que d'exposer nos gens à s'égorger. Sermodas me demanda si nous voulions nous soumettre à leurs loix: je lui témoignai que nous le souhaitions avec passion, & voici les mesures qu'il prit. Comptez, nous dit-il, exactement vos gens, tant hommes que femmes, & donnez-m'en le rôle, & principalement de ces dernières qui sont grosses. Cependant vous pourrez garder celles que vous avez déjà, ou bien nous vous en donnerons d'autres. Nous consultâmes quelque tems, & ceux des officiers qui voulurent s'attacher à leurs femmes ne les changèrent point. Les autres tirèrent au sort, comme avoient fait les compagnons de Maurice, à qui il ne fut pas permis de faire un nouveau choix. Les femmes qui se trouvèrent enceintes de quelques-uns des officiers, furent obligées de continuer avec ceux de qui elles étoient grosses. Celles du commun, qui se trouvèrent aussi enceintes, furent exhortées de s'attacher à celui qu'elles croyoient le père de l'enfant qu'elles portoient. Et c'est ainsi que toutes ces choses furent réglées.

Le cinquième jour après notre arrivée à Sporounde, Sermodas me vint prendre pour aller au temple, où l'osparenibon, ou solemnité du mariage se devoit célébrer. Il me dit que c'étoit autant pour nous faire voir cette cérémonie, que pour nous reposer, qu'on nous avoit fait demeurer si long-tems à Sporounde. Il ajouta que cela se faisoit quatre fois l'année, & que c'étoit une de leurs plus grandes fêtes, quoiqu'inférieure à celle de Sevarinde. Je me levai d'abord, & pris les habits neufs qu'on m'apporta. On en donna de même à tous mes principaux officiers, qui me vinrent trouver dans ma chambre, pour m'accompagner au temple, où Sermodas & Carchida nous devoient mener. Nous allâmes ensemble au palais où Albicormas nous avoit donné audience, & ayant traversé diverses cours, nous arrivâmes enfin à un temple grand & superbe, où nous trouvâmes plusieurs jeunes hommes & plusieurs jeunes filles tous en habits neufs. Les jeunes hommes avoient sur leur tête des couronnes de feuilles vertes, & les filles y avoient des guirlandes de fleurs. Je n'avois jamais rien vu de si aimable que cette troupe de jeunes gens, qui avoient presque tous bon air, & qui faisoient tous paroître beaucoup de joie.

Un grand rideau tendu au milieu du

temple nous empêchoit d'en voit plus de la moitié : nous y demeurâmes près d'une heure, occupés à regarder les riches ornemens dont il est embelli, avant qu'il se fît aucun changement. Mais enfin nous entendîmes le son de diverses trompettes, de haut-bois, & d'autres instrumens ; puis nous vîmes entrer plusieurs personnes avec des flambeaux allumés, qu'ils mirent dans des chandeliers diversement disposés dans tous les endroits du temple. On ferma toutes les fenêtres, & l'on tira le rideau qui nous en cachoit l'autre moitié. Nous y découvrîmes un autel riche & somptueux, orné de guirlandes, & de festons de fleurs ingénieusement rangées sur cet autel qui étoit au fond du temple. Nous vîmes à main droite de l'autel, & dans une hauteur médiocre, un grand globe de crystal ou de verre fort clair, que quatre hommes n'auroient pu embrasser qu'avec peine. Ce globe étoit si lumineux, qu'il éclairoit tout le fond du temple, & jettoit sa lumière bien avant dans le milieu. Il y avoit de l'autre côté de l'autel une grande statue, de pareille hauteur, qui représentoit une nourrice avec plusieurs mamelles, qui allaitoient divers petits enfans, artistement élaborés de même que la statue, qui sembloit leur donner à têter. Entre ces deux figures, & au-dessus de l'autel, il

F iv

n'y avoit qu'un grand voile noir tout uni & sans ornement.

Cependant la musique s'approchoit toujours de nous; enfin elle arriva à la porte du temple, où nous vîmes entrer Albicormas & ses sénateurs, qui s'avancèrent vers l'autel avec beaucoup de pompe & de magnificence. Plusieurs prêtres allèrent à sa rencontre avec des encensoirs à la main, en chantant un cantique. Ils lui firent trois fois la révérence, & puis le menèrent à l'autel, où lui & les sénateurs s'inclinèrent trois fois devant le rideau noir & deux fois devant la statue; ensuite ils furent s'asseoir sur des trônes élevés aux deux côtés de l'autel. Sermodas me fit mettre aux pieds d'Albicormas avec trois de mes hommes, & il plaça les autres à l'opposite. Nous ne fûmes pas plutôt assis, que les prêtres allèrent vers les jeunes gens dont nous avons parlé, & ils les firent approcher de l'autel. Ils étoient partagés en deux rangs, les hommes à droite, & les femmes à gauche. Dès qu'ils furent arrivés près de l'autel, le grand prêtre monta sur un siège élevé au milieu des deux rangs, & leur fit un discours fort succint, après lequel on prit un flambeau qui avoit été allumé aux rayons du soleil, comme je l'appris ensuite; & Albicormas descendant de son trône, & le prenant à la main, en alluma quelques bois aromatiques qu'on voyoit sur l'autel, puis se mit à genoux devant le globe lumineux, & y prononça quelques paroles. Delà il passa vers la statue, devant laquelle il plia seulement un genou, & y prononça aussi quelques mots, comme il avoit fait devant le globe. Alors les prêtres entonnèrent un cantique, auquel tout le peuple répondit; & quand il fut achevé, plusieurs instrumens de musique commencèrent à jouer; cette agréable symphonie fut suivie d'un concert de voix si charmantes, que nous avouâmes que notre musique d'Europe n'avoit rien de comparable à celle-ci. Après cela le grand-prêtre s'avança vers la fille qui étoit la première du rang, & lui demanda si elle vouloit être mariée. Elle répondit qu'oui, en faisant une grande révérence, & rougissant en même temps. Il fit ensuite la même demande à toutes les autres, & en reçut une pareille réponse. Pendant qu'il interrogeoit les filles, un autre prêtre interrogeoit de même les jeunes hommes qui étoient de l'autre côté; ce qui étant fait, le prêtre retourna à la première fille, & lui demanda si elle vouloit épouser quelqu'un des jeunes hommes qu'elle voyoit de l'autre côté. Et lorsqu'elle eut répondu que c'étoit son dessein, il la prit par le bras, la mena au bout du rang des garçons, & lui dit de choisir un mari. Elle regarda le premier jeune homme, & puis les autres successivement jusqu'au sixième, où elle s'arrêta, & lui demanda s'il vouloit être son bon seigneur & son fidèle mari. Il lui répondit, qu'il le vouloit bien, pourvu qu'elle voulût aussi l'aimer comme une chaste & loyale épouse doit aimer son époux; ce qu'elle promit de faire jusqu'à la mort. Après cette promesse solemnelle, il la prit par la main, la baisa, & la mena vers le bas du temple. Tous les autres firent successivement la même cérémonie, & s'allèrent joindre aux premiers. Il y resta huit jeunes filles, qui ne purent avoir de maris, dont cinq pleines de honte & de confusion, versoient des larmes en abondance. Les trois autres n'étoient pas si affligées; & quand le grand-prêtre vint vers elles, elles se prirent à sa robe, & elles le suivirent vers Albicormas. Il leur dit quelques paroles, après quoi elles s'avancèrent vers les sénateurs, & en choisissant trois d'entr'eux, leur dirent que, puisque par un effet de leur mauvaise fortune elles ne pouvoient avoir un homme pour être entièrement leur mari, elles les choisissoient pour ôter leur opprobre, après avoir été par trois fois publiquement refusées, qu'elles les prioient de les recevoir au nombre de leurs femmes, selon les loix du pays, & les privilèges qu'elles leur accordoient, promettant de leur être toujours très-affectionnées & très-fidèles. Les trois sénateurs descendirent incontinent, & les prenant par la main, les menèrent à l'autel, où ils se tinrent avec elles jusqu'à ce que tous les autres s'y furent rangés deux à deux. Ces magistrats étoient des hommes âgés d'environ quarante ou cinquante ans, mais les mieux faits de tout leur corps.

Les cinq autres filles étant ensuite interrogées par le grand-prêtre, pour savoir si elles vouloient prendre pour maris quelques uns des sénateurs, ou des autres officiers de l'état; elles répondirent que n'ayant encore tenté le hasard qu'une seule fois, elles vouloient le tenter encore deux, avant que de prendre ce parti. Alors abattant leur voile, elles sortirent du temple & furent reçues à la porte dans un chariot couvert, qui les y attendoit, & qui les ramena chez elles. Dès qu'elles furent sorties du temple, la musique recommença; & Albicormas allant à l'autel, y prononça quelques mots à haute voix; puis prenant les trois filles & les trois officiers qu'elles avoient choisis, leur joignit ensemble les mains, & leur dit quelques paroles, auxquelles ils répondirent avec une profonde révérence. Il en fit autant à sept ou huit des autres, & laissant faire le reste de la cérémonie à quelques-uns des sénateurs, il alla se rasseoir sur son trône. Deux prêtres portèrent le feu de l'autel au milieu du temple, où les nouveaux mariés, qui portoient des pastilles & des parfums dans leurs mains, firent un cercle autour, & chacun des hommes mêlant ses parfums avec ceux de sa femme, ils les jettèrent dans le feu. Puis étant à genoux, chacun d'eux mit la main sur un livre doré que deux prêtres leur présentèrent. Ils y jurèrent obéissance aux loix, promettant de les maintenir de tout leur pouvoir pendant tout le cours de leur vie, prenant le grand dieu, le soleil & leur patrie à témoins de leurs sermens. Cela étant fait, ils marchèrent vers l'autel, où Albicormas fit une courte prière pendant qu'ils étoient à genoux; puis se tournant vers eux, il leur donna sa bénédiction, & sortit du temple suivi de toute la compagnie, & d'un nouveau concert de musique. Delà ils passèrent dans une salle proche du temple, où nous trouvâmes plusieurs tables, qui furent tout aussi-tôt couvertes de viandes. Albicormas me prit avec Van-de-Nuits, & nous dit que nous serions ses hôtes ce jour-là, nous menant à sa table, où il nous fit asseoir parmi les sénateurs. Sermodas prit ceux de mes officiers qui étoient venus avec moi, & les mena à une autre table, &

Carchida & Benoscar prirent soin de ramener au logis le reste de nos gens, qui pendant toute la cérémonie s'étoient tenus sur une des galleries du temple. Le festin fut magnifique, & les instrumens de musique jouèrent durant le repas. Après le repas, nous allâmes à un amphitéâtre, éloigné du temple d'environ une portée de mousquet, & nous trouvâmes toutes les rues par où nous passions parsemées de fleurs ; nous y entendîmes les acclamations d'une grande multitude de peuple, qui étoit sorti pour nous voir. Cet amphitéâtre est bâti de grandes pierres, & n'a pas moins de cinquante pas de diamètre, à compter depuis la muraille extérieure, jusqu'à celle qui lui est opposée. Il est couvert d'une grande voûte, dont la hauteur est prodigieuse, & qui le défend du soleil, de la pluie, & de toutes les autres injures de l'air. Il est plein de sièges tout alentour, depuis le haut jusqu'au bas, qui occupent une grande partie du lieu, & rendent le parterre d'une grandeur médiocre. Ces sièges étoient pleins de peuple quand nous y entrâmes ; mais personne ne fut reçu dans le parterre que les officiers, les nouveaux mariés, & nous. On nous fit asseoir sur les sièges d'en-bas, qui étoient séparés de ceux d'en-haut par une balustrade ronde. Cependant plusieurs jeunes hommes s'exerçoient à la lutte, à l'escrime, & à plusieurs autres exercices de force & d'adresse, dont ils s'acquittèrent admirablement bien. Après ces exercices, tous nos nouveaux mariés se mirent à danser; ce qui dura jusques peu avant la nuit, que les trompettes & les autres instrumens sonnèrent la retraite.

Nous sortîmes de la même manière que nous étions entrés, & nous trouvâmes les rues pleines de flambeaux & de feux d'artifice, qui faisoient presque un second jour de la nuit.

Albicormas & sa compagnie montèrent dans des charriots, pour s'en retourner chez eux; les nouveaux mariés marchèrent en ordre aux logis qu'on leur avoit préparés; & Sermodas nous ramena chez nous, où il nous expliqua divers endroits de la cérémonie.

Il nous vint trouver le lendemain au matin, pour nous demander si nous voulions retourner au temple, voir une autre cérémonie, qui n'étoit qu'une suite de la première. Nous y consentîmes; dès que nous fûmes prêts, il nous mena vers la porte du temple, & nous y fit tenir quelque temps. Nous n'y eûmes pas demeuré un quart-d'heure, que nous entendîmes un concert de musique qui s'avançoit vers nous, & peu après nous vîmes venir vers le temple les jeunes hommes nouvellement mariés, portant chacun dans leur main une branche d'arbre longue & verte, où pendoit la couronne que chacun avoit le jour précédent, avec la guirlande de sa femme liés ensemble, d'un linge blanc tout ensanglanté, qui étoit une marque de la virginité des nouvelles mariées. Ils entrèrent en triomphe dans le temple, & quand ils furent arrivés à l'autel, ils y posèrent chacun leur branche d'arbre, la consacrant à dieu, au soleil & à la patrie, qui est représentée par la statue de cette nourrice, dont j'ai déjà parlé.

Après cette consécration, ils sortirent tous ensemble, dansant au son des instrumens, & s'en allèrent chez eux de cette manière. Cette fête dura trois jours entiers, avec une réjouissance générale par toute la ville.

Cependant le tems étoit venu, auquel nous devions quitter Sporounde, pour aller à Sévarinde, & Sermodas vint nous avertir un jour avant notre départ. Il nous mena, moi, Vande-Nuits & Maurice, chez Albicormas, pour prendre congé de lui; nous le trouvâmes dans sa maison, qui est un beau palais, quoique beaucoup inférieur à celui de la ville. Il nous reçut fort honnêtement, & nous dit que le jour suivant nous partirions pour Sévarinde, où nous devions comparoître devant le grand

Sévarminas. Il nous demanda ensuite ce qu'il nous sembloit de Sporounde & des cérémonies que nous avions vues dans la célébration de l'osparenibon. Nous lui répondîmes que nous en étions charmés. Vous allez dans un pays, nous dit-il, où tout est plus beau & plus magnifique; je ne veux pas vous préoccuper par la description avantageuse qu'on pourroit vous en faire, l'expérience vous en fera voir beaucoup plus que je ne saurois vous en dire. Sermodas doit être votre guide; il vous traitera avec beaucoup de douceur & d'amitié, & je vous exhorte à suivre ses conseils en toutes choses, & à vous gouverner si prudemment, que le grand Sévarminas vous puisse aimer aussi tendrement que je vous ai aimés. Alors il nous embrassa, nous baisa au front, & nous dit adieu.

Le lendemain on nous conduisit de bon matin sur le bord de la rivière, qui coule près de la ville du côté d'occident, où nous trouvâmes plusieurs bateaux, qu'on avoit préparés pour nous. Sermodas me mena avec trois ou quatre de mes officiers dans un bateau couvert, d'une grandeur médiocre, mais fort embelli d'ouvrages de sculpture, bien dorés & bien peints. Nos hommes & nos femmes furent mis dans diverses barques, & de cette manière

nous

nous remontâmes cette rivière sans beaucoup de difficulté ; car comme elle passe à travers une grande plaine unie, elle coule fort doucement. Nous vîmes sur ses bords plusieurs grands bâtimens, comme ceux que nous avions vus au-dessous de la ville, que nous ne pûmes pas considérer attentivement, parce que nous passions fort vîte, & qu'ayant plusieurs rameurs qui se relevoient de tems en tems, nous faisions grande diligence. Nous navigeâmes ainsi tout le jour, depuis le matin jusqu'au soleil couchant, sans nous arrêter en aucun lieu. Nous arrivâmes ce jour-là à une ville nommée Sporoümé, éloignée d'environ trente milles de Sporounde. On nous attendoit ce jour-là ; car nous trouvâmes un grand peuple assemblé sur le quai, qui n'étoit venu que pour nous voir arriver. Nous descendîmes les premiers à terre, Sermodas & moi ; nous y rencontrâmes le gouverneur de la place, nommé Psarkimbas, qui vint au-devant de nous, & nous fit beaucoup de civilités. Il parla quelque tems avec Sermodas, & enfin s'approchant de moi, il me dit, qu'il seroit bien aise de s'entretenir une heure ou deux avec moi. Je lui répondis que je serois toujours prêt à lui obéir ; après quoi nous entrâmes dans la ville de Sporoümé. Elle est bâtie comme celle de Sporounde, mais elle n'est pas si grande de moitié. Sa situation est dans un pays très-fertile & très-agréable; nous y fûmes reçus de même qu'à Sporounde. Nous y demeurâmes tout le jour suivant, sans y rien voir de remarquable que la punition exemplaire qu'on y infligea à quatorze criminels; ce qui se passe à peu près de cette maniere. On les tira de prison, attachés ensemble avec des cordes, & séparés en trois bandes. Dans la première il y avoit six hommes, qui, comme nous l'apprîmes, avoient été condamnés à dix ans de punition, quelques-uns pour avoir tué, & d'autres pour s'être rendus coupables d'adultère. Dans le second rang il y avoit cinq jeunes femmes, dont deux devoient être punies durant sept ans pour satisfaire aux loix; ensuite elles devoient souffrir aussi long tems qu'il plairoit à leurs maris, parce qu'elles avoient été convaincues d'infidélité. Les trois autres étoient des filles condamnées à trois années de punition, pour s'être laissé surprendre avant leur osparenibon; c'est-à-dire, le tems de leur mariage, qui se célèbre lorsqu'elles ont l'âge de dix-huit ans. Les trois jeunes hommes qui les avoient débauchées étoient dans le troisième rang; ils étoient condamnés au même châtiment, puis ils devoient les épouser. On les mena de la prison jusqu'à la porte du palais, où se devoit commencer l'exécution, & où je vis un grand nombre de peuple assemblé.

Je me souviens très-bien qu'une de celles qui étoient infidelles, étoit une femme très-bien faite & de belle taille. Elle avoit le visage parfaitement beau, les yeux noirs, les cheveux châtains, la bouche vermeille, & le teint très-vif & très-délicat. Sa gorge, qui étoit découverte, étoit la plus blanche & la mieux formée que j'aie vue. C'étoit la première fois qu'on l'avoit exposée aux yeux du public pour la punir, de sorte que sa honte & sa confusion étoient extrêmes : ses larmes couloient sur ses joues en abondance ; mais bien loin d'ôter quelque chose à sa beauté naturelle, elles en relevoient l'éclat, & la faisoient encore plus admirer. L'admiration produisoit l'amour, & la pitié se joignant à ces deux passions, touchoient si fort le cœur de tous les assistans, qu'il n'y avoit pas une personne raisonnable parmi eux qui n'en témoignât de la douleur. Mais leur pitié se changeoit en une espèce de désespoir généreux, quand ils consideroient que dans peu de momens, tous ces charmes alloient être souillés par les mains cruelles d'un infame bourreau. Toutefois c'étoit un acte de justice ordonné par les loix, contre un crime, qui parmi ces peuples passe pour un des plus énormes ; de sorte qu'on ne pouvoit pas sauver cette aimable personne de la rigueur des ordonnances. L'exécuteur alloit déjà lever la main pour la frapper, quand tout d'un coup un homme fendant la presse, cria à haute voix: arrête, arrête. Tous les spectateurs, & même les officiers, tournèrent les yeux du côté d'où venoit la voix, suspendant l'exécution jusqu'à ce qu'ils sussent ce que cet homme vouloit dire. Il vint à eux tout hors d'haleine, ayant passé difficilement à travers la foule, & s'adressant au principal officier, il dit, montrant la belle coupable, qu'il étoit le mari de cette femme, & par conséquent fort intéressé dans cette exécution; qu'il souhaitoit lui parler avant qu'elle subît son châtiment, & qu'après il lui feroit mieux connoître ses sentimens. Alors en ayant obtenu la permission, il parla à sa femme à peu près de cette manière.

« Vous savez, Ulisbe, avec quelle passion je vous aimai trois ans avant notre mariage, vous savez aussi que depuis que nous sommes unis par ce lien sacré, mon amour bien loin de diminuer, a repris toujours de nouvelles forces, & que la jouissance qui éteint la passion de presque tous les amans, n'a fait qu'augmenter la mienne. Vous savez enfin, que depuis quatre ans que je suis avec vous, je vous ai donné tous les témoignages d'une affection tendre & constante, telle qu'une femme pouvoit raisonnablement l'attendre d'un bon mari. J'étois persuadé que vous aviez pour moi les mêmes sentimens, comme vous me l'aviez mille fois juré, & que votre flamme étoit égale à la mienne; & toute infidelle que vous avez été depuis, je crois avoir encore la meilleure partie de votre cœur; que vous avez été séduite par les finesses & les ruses du perfide Flanibas, & que c'est par des voies infâmes qu'il vous a portée à commettre un crime que vous n'auriez jamais commis par votre propre inclination. Il n'y a pas plus de deux heures que j'ai été clairement instruit de toute la vérité, & que j'ai su qu'il ne pût jamais vous porter à satisfaire ses désirs illégitimes, qu'après vous avoir fait croire par ses lâches pratiques, que je vous avois fait tort, & que j'avois commis avec sa propre femme la faute que votre indignation mal fondée, & votre injuste désir de vengeance, vous a depuis fait commettre avec lui. Si j'avois su plutôt toutes ces choses, vous ne seriez pas venue ici de cette manière ignominieuse, & en vous pardonnant l'offense que vous avez faite à notre lit conjugal, j'aurois si bien caché votre crime, que vous n'auriez jamais été exposée à cette sévère & honteuse punition; mais puisqu'il n'est pas possible de rappeller le passé, qu'il n'est pas en ma puissance de vous exempter entièrement de la peine qui vous est préparée, & que vous devez souffrir, pour satisfaire aux loix de la patrie, que vous avez griévement offensée, je ferai du moins ce que je puis pour vous; & si les larmes que je vois couler de vos yeux, sont des marques véritables de votre repentir; s'il est vrai qu'il y ait encore dans votre cœur quelque reste de cet amour sincère que vous m'avez jurée tant de fois, & dont vous me donniez des témoignages si évidens; enfin si vous me promettez de me rendre entièrement votre cœur, sans y souffrir jamais de partage, ce qui me rendra mon premier bonheur, je détournerai de votre personne sur la mienne, la punition que vous êtes prête de souffrir. Parlez, Ulisbe, & faites que votre silence ne soit pas une marque de votre peu de tendresse. « Il se tut après ces paroles; sa femme presque noyée dans les larmes, fut quelque tems sans pouvoir dire une seule parole; mais enfin se tournant vers lui, elle lui répondit: » mon silence, trop généreux Bramistas, n'est pas une marque de mon peu d'amour, mais c'en est plutôt une de mon désespoir; je vous ai offensé contre les loix sacrées de la justice & de l'honneur. Pourquoi, trop généreux mari, & digne d'une femme plus fidelle, prenez-vous soin d'une perfide qui vous a trahi, & qui s'eſt laiſſé emporter à une vengeance ſi outrageante? pourquoi ſouffririez-vous la peine que je mérite? Non, non, Bramiſtas, que je n'oſe plus nommer mon époux, ne prenez plus aucun ſoin d'une miſérable, qui doit être l'objet de votre colère, plutôt que de votre pitié; mais qui voudroit pourtant de toute ſon ame ſouffrir les plus cruels tourmens, & même finir ſa vie malheureuſe pour effacer ſon crime. Ceſſez, ceſſez de bleſſer mon cœur par les témoignages d'une bonté & d'une généroſité ſans égales; abandonnez ce cœur perfide au cruel chagrin qui le dévore, & au remord éternel que doit lui cauſer l'horreur de ſa faute, & ne vous oppoſez plus à l'exécution des loix, dont je n'ai que trop mérité la rigueur & la ſévérité.» Cet entretien arrachoit les larmes des yeux de tous les aſſiſtans: mais enfin le mari s'étant fait attacher au lieu de ſa femme, & ayant découvert la moitié de ſon corps, il y reçut les coups que la criminelle devoit recevoir ſur le ſien. Tous les autres furent auſſi châtiés en même tems, on leur fit faire trois fois le tour du palais; & ils furent traités ſi rudement, que le ſang couloit de leurs plaies; après cette exécution on les ramena dans la priſon d'où on les avoit tirés.

Nous apprîmes qu'en de pareilles occasions, le privilège des femmes de ce pays, qui ont mérité châtiment, est d'être exemptées des coups, si quelque homme s'offre à les souffrir pour elles; & qu'il y avoit eu plusieurs exemples semblables, de l'amour des hommes, avant celui-là.

Après cette exécution, nous nous en retournâmes chez nous, où nous eûmes Psarkimbas & moi, une heure ou deux d'entretien sur les affaires de l'Europe, comme j'en avois eu avec Albicormas & les autres, qui m'avoient fait plusieurs demandes sur ce sujet.

Le jour suivant nous partîmes de bon matin de Sporoüimé, & ayant trouvé des bâteaux tout prêts, Sermodas me prit moi & les autres qui lui avions fait compagnie le jour précédent, & nous mena dans le plus commode. Après avoir pris congé de Psarkimbas nous voguâmes avec diligence jusqu'à six milles de Sporoüimé, où nous trouvâmes une petite ville, composée de huit bâtimens quarrés seulement, nommée Sporoünide; nous y trouvâmes des bateaux différens de ceux dans lesquels nous étions venus, & qui devoient être tirés par des chevaux, parce que l'eau étant plus rapide & plus forte dans cet endroit, il étoit impossible de plus remonter à force de rames.

En montant, nous approchions toujours des hautes montagnes, que de Haës avoit découvertes, proche le lac, qu'il avoit trouvé dans la plaine, vis-à-vis du vieux Camp. Elles s'étendoient d'Orient en Occident aussi loin que nous pouvions voir, & paroissoient fort hautes & fort droites; nous les avions apperçues auparavant; mais de cet endroit elles se découvroient plus distinctement, & sembloient être très-proches.

De Sporoünide, nous fûmes tirés jusqu'à un autre lieu, où nous prîmes des chevaux frais, qui nous menèrent à une petite ville, nommée Sporoümé, où nous en prîmes encore d'autres, & nous allâmes coucher à une petite ville par-delà, appellée Sporavité; c'étoit le dernier lieu où nous devions aller par eau, & nous n'y vîmes rien de remarquable.

Le lendemain de bon matin, nous trouvâmes divers charriots qu'on nous avoit préparés: nous y montâmes pour continuer notre voyage par terre. Sermodas me prit avec de Nuits & Maurice dans son charriot, pour lui tenir compagnie; laissant la rivière sur le couchant, nous tirâmes droit vers le midi, à travers un beau pays ouvert, qui s'élevoit peu-à-peu vers les montagnes, quoiqu'insensiblement; car la plaine s'étend jusqu'au pied des montagnes, & c'est ce qui les fait paroître si hautes & si droites. Comme nous traversions le pays, nous y découvrions en plusieurs endroits des villes & des bâtimens quarrés, fort beaux & fort agréables; nous arrivâmes de cette manière sur les onze heures du matin à une ville, nommée Sporagoueste : nous nous y reposâmes jusqu'à deux heures après-midi, puis nous poursuivîmes notre voyage jusqu'à une ville, nommée Sporagoundo, où nous arrivâmes sur le soir; nous y fûmes reçus fort honnêtement par Astorbas, qui en étoit gouverneur. Cette ville située au pied des montagnes, est la dernière du pays de Sporoumbe, & contient quatorze bâtimens quarrés; nous n'y vîmes rien de remarquable que les merveilleux canaux qu'on a faits en divers endroits pour arroser le pays, qui par le moyen des eaux & la fertilité naturelle du terroir, a les plus beaux pâturages qu'on puisse voir. Par ces canaux & par diverses murailles, ponts & écluses, on conduit une grande quantité d'eau bien avant dans la plaine; tous ces ouvrages sont si forts & d'un travail si prodigieux, qu'on n'en sauroit faire autant en Europe pour cinquante millions, & néanmoins l'industrie de ces peuples a fait cela sans argent; car ils ne s'en servent dans aucun endroit de leur domination, & en estiment l'usage pernicieux; nous demeurâmes trois jours dans Sporagoundo pour nous y reposer, & pour voir le pays avant que d'entrer à Sévarambe, qui est de l'autre côté des montagnes: nos guides ayant tant d'humanité & de civilité qu'ils ne nous pressoient point du tout, & nous donnoient le temps de prendre du repos, & de nous divertir. Pendant notre séjour à Sporagoundo, Astorbas voulut nous donner le divertissement de la chasse & de la pêche; il nous mena dans des charriots jusqu'à un bois de cyprés, qui est à trois milles de la ville, tirant vers l'occident. Ce bois est en grande partie disposé en allées, excepté vers le pied des montagnes, où il y a des arbres de diverses espèces plantés confusément; ils sont fort épais & fort touffus, & portent diverses sortes de fruits, dont se nourrit un animal semblable au blaireau, quoique plus gros, dont la chair est fort délicate. Il y en a un grand nombre dans le bois, où personne n'ose chasser que le gouverneur, qui pour cet effet a des meutes de chiens; ceux du pays nomment cet animal Abrouste. Dès que nous fumes arrivés à ce bois, nous descendîmes de nos charriots, & nous entrâmes dans les allées, qui sont, comme j'ai dit, de cyprés; mais les plus hauts, les plus droits & les plus touffus que j'aie jamais vûs.

Astorbas nous dit qu'on en coupoit quelquefois pour en faire des mâts de navire, & qu'ils étoient incomparablement meilleurs que les sapins. Nous en avions vu d'assez beaux près de Sporounde, mais ils n'étoient pas la moitié si grands que ceux-là, ni d'un bois si ferme & si serré. Comme nous nous amusions à considérer la beauté de ces arbres, & la manière dont ils étoient rangés, nous ouïmes les chiens qui avoient trouvé la chasse, & qui la poussoient vers le milieu du bois, où il y avoit un lieu spacieux environné de haies épaisses. C'est un endroit où l'on chasse ordinairement les abroustes; ils y viennent par divers sentiers qui menent à ce lieu, & ne peuvent se sauver parce qu'il est enclos de tous les autres côtés, & ainsi l'on peut sans obstacle les voir combattre avec les chiens.

Nous courûmes en diligence vers ce lieu-là, & nous fûmes nous poster sur un petit tertre élevé au milieu de cet endroit, & d'où l'on peut voir commodément tout alentour. Nous n'y eûmes pas demeuré un demi-quart-d'heure, que nous y vîmes entrer deux abroustes poursuivis par une trentaine de petits chiens qui les chassoient, sans pourtant en oser approcher, ils fuyoient les uns deçà, les autres delà, dès que les abroustes se tournoient pour se jetter sur eux. Ces petits chiens sont fort adroits, & les abroustes, qui sont gras & lourds, les attrapent rarement; ils sont si bien faits à cette chasse, & connoissent si parfaitement la force de leur ennemi, qu'ils ne s'y exposent qu'autant qu'il est nécessaire pour les chasser. Ils poursuivirent toujours les deux abroustes & leur firent faire trois ou quatre fois le tour du tertre où nous étions, jusqu'à ce que les ayant mis hors d'haleine, ces deux pauvres animaux, qui étoient mâle & femelle, & qui, à ce qu'on nous dit, ne se quittent jamais, s'acculant l'un contre l'autre, se défendirent pendant une demi-heure contre toute cette meute de chiens, qui faisant un cercle autour d'eux ne leur donnoient aucun repos. Quelquefois ils se jettoient sur les chiens, & puis revenoient se porter l'un contre l'autre comme auparavant, & se défendoient ainsi mutuellement. L'un d'eux se coucha une fois sur son ventre comme s'il n'eût pu se tenir, ce qui enhardit quelques chiens de s'approcher de lui pour le tourmenter; mais il prit si bien son tems, que s'élançant sur le plus avancé, il le prit par la jambe de derrière, & la lui cassa d'un seul coup de dent; après quoi il le déchira avec tant de furie, que je n'ai jamais vu un animal plus cruel ni plus enragé. Cela fit peur à tous les autres chiens, qui n'osèrent plus s'approcher, & qui se tinrent mieux sur leurs gardes, mais ce divertissement ayant assez duré, on les fit tous retirer, & l'on fit venir à leur place deux grandes bêtes fort semblables à des loups, mais beaucoup plus velus, & d'un poil noir & frisé comme la laine des moutons. On les avoit tenus en lesse jusqu'alors, & dès que ces Abroustes les apperçurent, ils se hérissèrent de crainte, & se mirent à hurler épouvantablement, connoissant les redoutables ennemis avec qui ils devoient combattre, & sentant les approches de leur mort. Ces deux animaux, qu'on appelle Oustabars, étant lâchés, s'avancèrent assez lentement, firent quelques tours autour d'eux, & puis se jettèrent dessus avec beaucoup d'impétuosité; les autres se défendirent assez long-tems, mais le poil des oustabars les défendoit contre leurs morsures: de sorte qu'après un combat d'un quart-d'heure, les pauvres abroustes ne pouvant plus se soutenir de lassitude, & du sang qu'ils avoient perdu, furent tous deux étranglés par les oustabars, & la chasse s'acheva de cette manière.

Après ce divertissement, Astorbas nous reconduisit à la ville, où il nous régala de la chair des abroustes qu'on avoit tués; nous la trouvâmes fort bonne & fort nourrissante, ayant presque le même goût que la chair des chevreuils qu'on mange en Europe.

Le lendemain Astorbas nous vint trouver, pour nous dire qu'après le divertissement de la chasse, il vouloit encore nous donner celui de la pêche ; il nous pria de nous y préparer sur le soir, & nous prévint qu'il viendroit nous prendre pour cela : il n'y manqua pas ; car environ à deux heures après-midi, il vint nous trouver pour nous mener à un grand bassin environné de murailles, qui contient une grande quantité d'eau qu'on y fait venir des montagnes, pour la disperser dans plusieurs canaux, qui la conduisent en divers endroits de la plaine, qu'on arrose. Ce bassin est de figure ovale, & n'a pas moins de trois milles de circuit ; il est près de la ville du côté d'orient, & contient une prodigieuse quantité de poissons ; nous y entrâmes sur de grands bateaux plats, couverts de toile, pour nous défendre de l'ardeur du soleil, qui est très-chaud près de ces montagnes. Il y avoit autour des bords de ces bateaux, des trous, où l'on mit de longues perches, courbées en arc, au bout desquelles étoient des lignes & des hameçons, amorcés de chair crue. Quand nous fûmes avancés vers le milieu du lac, on ajusta ces hameçons après avoir mouillé l'ancre pour faire arrêter ces bateaux ; nous vîmes des poissons presque aussi gros que des saumons, qui s'élancèrent à deux on trois pieds hors de l'eau, pour gober la chair qui étoit pendue aux hameçons : mais comme ces poissons ont beaucoup de force, ils tiroient la ligne, faisoient courber les perches bien avant dans l'eau, & les auroient même rompues, si elles n'eussent été faites d'un bois très-fort & très-pliant ; après s'être débattus long-tems, ils demeuroient enfin pendus à la perche, & se démenoient dans l'air plus d'un quart-d'heure avant que de mourir. Il y en avoit souvent deux ou trois qui s'élançoient en l'air pour attraper la même amorce, & qui s'entre-choquant les uns les autres, s'empêchoient mutuellement de la prendre, lorsqu'ils pouvoient le moins réussir, le plaisir en étoit d'autant plus grand. Ils avoient les écailles bleues, & les plus gros pesoient environ sept ou huit livres. Ils sont très-fermes, très-délicats, & aussi bons que les truites saumonnées qu'on prend dans le lac de Genève. Nous en prîmes environ une trentaine en moins de deux heures de tems avec un plaisir extraordinaire ; & ce ne fut pas sans étonnement que nous vîmes pêcher en l'air des poissons qui vivent dans l'eau. Je m'informai

formai du nom de ce poisson, & l'on me dit qu'il s'appelloit Fostila en langue du pays.

Après la pêche du Fostila, nous quittâmes notre grand bateau pour entrer dans de plus petits, plus légers & plus propres au divertissement qu'on nous alloit donner, qui n'est proprement ni pêche ni chasse, & qui tient néanmoins de tous les deux. Il y a du côté du bassin, où la terre est le plus élevée, un endroit où l'on voit croître beaucoup de roseaux, des joncs & d'autres plantes aquatiques; nous nous avançâmes vers ce lieu-là, & lorsque nous en fûmes à un jet de pierre, nous mîmes dans l'eau deux animaux un peu plus gros qu'un chat, mais semblables à une loutre, si ce n'est qu'ils ont le poil d'un gris-blanc, ce qui fait qu'on ne le voit pas bien dans l'eau, parce que leur couleur n'en est pas fort différente. On les appelle Safpêmes, & quand ils sont bien apprivoisés, on s'en sert pour prendre une espèce de canard ou poule-d'eau, qui ne vole jamais loin, parce que ses ailes sont fort courtes, & que son corps est fort gras; on l'appelle Ebouste. Les deux safpêmes ne furent pas plutôt dans l'eau qu'ils nagèrent avec une vîtesse incroyable vers les roseaux, dont ils firent sortir dans un moment dix ou douze éboustes. Chacun poursuivit la sien, & ce fut un plaisir extrême de voir les tours & les suites de ces oiseaux, qui tantôt fuyoient à demi-vol, tantôt plongeoient dans l'eau, & puis alloient se cacher dans les roseaux, pour éviter les poursuites de leurs ennemis, qui sans se rebuter les suivoient partout, & ne leur donnoient aucun relâche. Enfin après plusieurs détours, les éboustes se lassèrent si fort, que ne pouvant presque plus se remuer, les saspêmes les prirent au cou, & les portèrent encore vivans au bateau de ceux qui les avoient lâchés, & qui prenoient soin de les nourrir. Après que ces éboustes furent pris, Astorbas en vouloit faire prendre encore davantage; mais Sermodas ne voulut pas le souffrir, il dit que c'étoit assez pour une fois; & nous retournâmes à la ville très-satisfaits de cet agréable divertissement.

Le lendemain nous partîmes de Sporagoundo, nous marchâmes à pied jusqu'aux montagnes, & nous entrâmes dans un valon étroit entre deux rochers fort escarpés à un mille de la ville. A l'entrée de ce valon, Sermodas nous dit, qu'il nous alloit mener en paradis par le chemin de l'enfer. Je lui demandai ce qu'il vouloit dire par-là; il me répondit, qu'il y avoit deux chemins pour aller à ce paradis, celui du ciel & celui de l'enfer; mais que ce dernier étoit le plus court & le plus commode, & que l'expérience nous feroit connoître cette vérité. Ce discours nous mit en peine & venant aux oreilles de nos femmes, il leur donna de la crainte & de l'étonnement; nous marchions sans oser en demander l'explication à Sermodas, voyant qu'il n'avoit répondu à nos premières demandes que par un souris, & qu'il nous avoit renvoyés à l'expérience.

Quand nous fûmes plus avancés dans le valon, nous arrivâmes en un endroit où nous remarquâmes un chemin presque tout coupé dans le roc; il fallût y monter par cinq ou six marches, après lesquelles le chemin étoit uni, jusqu'à un jet de pierre de-là, où nous trouvâmes d'autres degrés, & puis d'autres montant ainsi d'étage en étage cinq diverses fois; nous nous trouvâmes alors au pied d'un grand rocher escarpé, au milieu duquel nous vîmes une grande voûte très-obscure, par où Sermodas nous dit qu'il falloit passer pour aller au paradis dont il nous avoit parlé, & que déjà toutes nos hardes y étoient entrées sur des traîneaux. Il nous fit remarquer en même tems, que sur la main gauche du chemin par où nous étions venus, il y avoit un sentier uni & sans degrés, sur lequel on faisoit glisser les traîneaux, qu'on tiroit en haut avec de grosses cordes par le moyen de certaines roues, que des hommes faifoient tourner. Quand nous fûmes arrivés à l'entrée de la voûte, nous y trouvâmes deux maifons bâties de chaque côté, d'où l'on tira des flambeaux pour nous éclairer dans l'obfcurité, & des capes de toile cirée, doublées de toile de coton, pour nous couvrir & nous défendre du froid & de l'humidité. Nous trouvâmes encore un long traîneau à l'entrée de la voûte, préparé pour tirer les femmes qui étoient groffes, & pour ceux qui ne pouvoient marcher, & l'on nous dit qu'il y en avoit plufieurs autres dans la voûte, préparés pour le même fujet. Tout cela nous donnoit de l'étonnement ; cependant nous étions tous affez réfolus de marcher par-tout où l'on voudroit nous mener, & de céder à notre deftin : mais nos femmes fe mirent à pleurer comme fi on les eût menées au fupplice : Sermodas en fut fort furpris. Je demandai quelle en étoit la caufe ; mais pas un de nos hommes ne pouvoit me la dire : ce qui m'obligea d'aller moi-même vers elles, & de leur demander quelle étoit la caufe de leur douleur. Alors elles fe mirent à lever les mains au ciel, à fe battre le fein, & à me dire que nous allions tous périr, & qu'après avoir échappé à la fureur des des flots, & à l'horreur du défert, où nous étions menacés de mourir de faim & de foif, notre sort étoit bien triste d'être menés par des endroits où nous jouissions d'un bonheur apparent, en un lieu d'où nous devions être précipités dans l'enfer avant l'heure de notre mort; & que tout le bien qu'on nous avoit fait, n'étoit que pour nous mener plus facilement au lieu qu'on avoit destiné pour notre supplice. Sermodas qui m'avoit suivi, entendit leurs plaintes, puis se tournant vers moi; je vois bien, me dit-il, en regardant nos femmes, d'un air qui marquoit, outre la pitié qu'il avoit de leur foiblesse, l'envie qu'il avoit de rire de leur erreur : je vois bien que les pleurs & les gémissemens de ces pauvres femmes procèdent d'une imagination, dont il nous sera facile de les désabuser: je suis fâché d'avoir donné lieu à cette opinion, qui leur fait tant de peine, & qui m'a causé tant de surprise. Je vous ai dit, par une espèce de raillerie, que je voulois vous mener en paradis par le chemin de l'enfer; & comme je n'ai pas voulu m'expliquer là-dessus, ni satisfaire aux demandes que vous m'avez faites, ces pauvres femmes, sans doute, se sont imaginé, que je parlois sérieusement, & que nous allions vous précipiter dans les enfers, quand elles ont vu la caverne où nous devons passer: mais pour leur mettre l'esprit en repos, je veux bien leur expliquer cette énigme, & leur dire que cet enfer n'est qu'une voûte, que nous avons faite pour la commodité du passage à travers la montagne, & que si nous ne passions par-là, il nous faudroit faire un grand détour, & monter jusqu'au sommet. C'est ce que j'ai nommé le chemin du ciel, comme j'ai appellé ce chemin souterrein, le chemin d'enfer; voilà en peu de mots l'explication de l'énigme. Au reste, s'il y a du danger, j'y serai exposé aussi bien que vous, & pour votre plus grande satisfaction, je ne veux pas que vous le couriez tous ensemble, mais seulement que vous envoyiez avec moi quelques-uns des vôtres, qui pourront revenir quand ils auront passé, pour rapporter à votre monde la vérité de ce qu'ils auront vu. Ce discours, que je répétai à nos crieuses, calma leurs craintes : nous fîmes leurs excuses à Sermodas, le priant de pardonner à la foiblesse de leur sexe, & de ne pas nous imputer leur faute; que nous avions reçu trop d'assurances de la bonté de ses supérieurs, & de la sienne en particulier, pour pouvoir jamais en douter, ni rien craindre de la part de ceux à qui nous devions la vie, & tout ce que nous avions. Je leur pardonne de tout mon cœur, répondit-il, mais je m'en tiens à ce que j'ai déjà dit, & je ne veux pas qu'il y ait plus de dix d'entre vous qui passent par cet enfer imaginaire, qu'ils n'en ayent qui faire la description à quelques-uns de ceux qui en auront vu toutes les horreurs: de sorte que sans plus contester, je vous prie de choisir ceux que vous voudrez, pour les envoyer avec moi dans ces lieux souterreins. Comme je vis que Sermodas étoit résolu de s'en tenir à sa parole, je pris avec moi Van-de-Nuits, Maurice, Suart, & quelques autres de mes officiers pour l'accompagner; de sorte qu'après nous être couverts de nos capes, nous suivîmes les flambeaux qu'on avoit allumés pour nous éclairer dans la caverne. Elle étoit taillée dans le roc en forme de voûte, & pouvoit avoir environ cinq toises de large par le bas, & trois & demie de hauteur. Sur le côté gauche il y en avoit la moitié qui alloit en penchant sans aucuns degrés, & c'est-là que l'on fait glisser les traîneaux: mais sur la droite il y avoit divers étages unis, où l'on montoit par des marches aisées. Nous trouvâmes en tout vingt-six de ces étages; mais avant que de venir à l'autre bout, environ un mille loin de la sortie, Sermodas nous dit que la voûte étoit faite par la nature, & que l'art n'y avoit contribué que pour aplanir le chemin, & pour agrandir la caverne aux endroits où elle se trouvoit trop étroite. En effet, nous remarquâmes que la voûte n'étoit pas si unie de ce côté-là que de l'autre, qu'en divers endroits elle s'élargissoit fort, & qu'il y avoit divers glaçons de pierre brillans comme du crystal, qui se formoient d'une espèce de sel qui distile de la montagne, qui se pétrifie en coulant, & qui forme diverses figures assez étranges. Cet endroit étoit aussi plus froid & plus humide, & nous reconnûmes que nos capes nous étoient fort utiles dans ce passage. Nous trouvâmes aussi, qu'aux endroits où la caverne étoit naturelle, elle n'étoit pas si droite, & qu'elle alloit un peu plus en tournant, qu'à ceux où elle étoit faite à la main. A deux cents pas de l'issue, elle s'élargit beaucoup, & c'est là que Sermodas nous fit voir divers grands pots de terre, & d'autres de métal & de verre pleins de diverses drogues, qui servoient à la médecine, & que l'on fait préparer dans cet endroit, à cause du froid & de l'humidité du lieu. De-là nous poursuivîmes notre chemin, & nous arrivâmes enfin à l'issue de la voûte, qui n'a pas moins de trois grands milles de long: nous entrâmes en même tems dans une fort belle rue de la première ville de Sévarambe, qu'on appelle Sévaragoündo Elle est située au milieu d'une longue vallée, pleine de belles prairies, & contre l'endroit de la montagne où la caverne aboutit; de sorte qu'on entre dans la ville, dès que l'on sort de la voûte souterraine.

Le gouverneur nommé Comuſtas, qui nous vint recevoir à l'entrée de Sévarambe, nous témoigna de la joie de notre arrivée, & nous mena dans une grande maiſon quarrée, comme elles ſont à Sporoumbe. Comuſtas étoit un grand homme brun, d'environ quarante ans, & fort bien fait de ſa perſonne. Il nous demanda où étoit le reſte de nos gens. Sermodas lui raconta ce qui nous étoit arrivé à l'entrée de la voûte, & la terreur panique de nos femmes, pour n'avoir pas entendu le ſens d'une raillerie qu'il avoit faite, & que cela nous procureroit la ſatisfaction de paſſer le reſte du jour avec lui. Cette aventure le fit rire, cependant il nous dit qu'il étoit bien aiſe que l'erreur de nos femmes lui eût procuré le plaiſir de nous loger, qu'il nous traiteroit le mieux qu'il pourroit, & qu'il alloit donner des ordres pour nous recevoir, nous & nos gens ; qu'en attendant il nous prioit de nous rafraîchir, & de prendre un peu de repos. Il revint peu de tems après, & nous pria de venir dîner, ce que nous fîmes ; après le repas nous envoyâmes Süart & de Haës à nos gens pour les conduire à Sévaragoündó, c'eſt-à-dire, à la porte ou à l'entrée de Sévarambe. Car *gundo*, en leur langage, ſignifie porte ou entrée ; & c'eſt la raiſon pour laquelle la ville qui eſt ſituée de ce côté-là, s'appelle de ce nom, & l'autre qui lui est opposée Sporagoündo, c'est-à-dire, la porte ou l'entrée de Sporoumbe.

Après dîner Comustas nous fit promener dans un petit bocage au-dessous de la ville, où passe une petite rivière ou une espèce de torrent, qui allant de l'orient à l'occident, précipite ses eaux à travers divers rochers, dont le bruit fait une assez belle cascade. De ce bocage nous vîmes des montagnes fort hautes couvertes de grands sapins, & de tous les côtés du vallon nous voyions aussi des arbres que nous ne connoissions pas : comme nous étions dans la belle saison, ces arbres & les eaux qui couloient dans le vallon donnoient une verdure & une fraîcheur très-agréables. Comustas nous dit, que si nous avions le tems de demeurer, il nous donneroit le divertissement de la chasse aux ours, qu'ils appellent somouga, & dont il y a grand nombre dans ces bois ; ainsi que d'un autre animal tout blanc, qui approche fort de la nature de l'ours, & qu'ils appellent erglanta : mais Sermodas le remerciant, lui dit, que nous ne pouvions demeurer que jusqu'au lendemain, & qu'il le prioit de faire préparer toutes choses pour notre départ. He bien, dit-il, si vous n'avez pas le tems de demeurer pour voir la chasse, vous avez du moins celui de voir la pêche, en attendant la venue de vos gens. Sermodas lui témoigna qu'il seroit bien aise qu'il nous donnât ce divertissement, & qu'il seroit de la partie. Comustas donna ses ordres, & nous mena à un demi-mille au-dessus de la ville, sur le lieu où la rivière fait la cascade dont nous avons parlé. Il y a plusieurs rochers qui s'opposent à son cours, ce qui la fait enfler, & lui fait faire une espèce de lac où l'on peut aller sur des bateaux : nous y en trouvâmes quatre ou cinq ; nous étant mis sur un, avec le gouverneur, nous vîmes la pêche d'un petit poisson fort délicat, qui ressemble à nos truites d'Europe, mais il est encore plus ferme & de meilleur goût. On le prend avec des cormorans, dont on lie le cou, de peur qu'ils n'avalent le poisson. On les lâche, & ces oiseaux prenant leur proie, la rapportent dans le bateau. Nous en avions trois, qui dans une heure prirent plus de quinze livres de poisson. Après la pêche nous retournâmes à la ville, où nous trouvâmes nos gens qui étoient ravis d'être passés par l'enfer à si bon marché. Comustas les fit loger, & nous passâmes ainsi paisiblement la nuit à Sévaragoündo. Nous nous disposions à partir de bon matin, quand on vint m'avertir qu'une de nos femmes grosses, qui avoit eu beaucoup de frayeur à la vue de cet enfer prétendu, venoit de faire une fausse couche, & qu'elle étoit en danger de mourir. J'en avertis Sermodas, qui me dit que cela ne devoit pas arrêter notre voyage, qu'on la laisseroit avec quelques-uns de nos gens à Sévaragoüindo, où rien ne lui manqueroit, que Comustas auroit soin de nous la renvoyer quand elle se porteroit bien, ou de la faire enterrer si elle mouroit.

Après cet ordre, nous entrâmes dans les charriots qu'on avoit préparés pour notre voyage, & nous montâmes le long de la rivière & du vallon jusqu'à un bourg, composé de quatre quarrés seulement, appellé Dienesté, où nous prîmes des chevaux de relais, & où nous nous reposâmes depuis onze heures jusqu'à deux. Ce bourg est à quinze milles de Sévaragoüindo; sur la même rivière & dans le même vallon, il y en a un autre qui aboutit à l'endroit où ce bourg est situé. Nous devions passer par-là; sur les deux heures nous remontâmes en charriot, & marchâmes dix ou onze milles dans ce nouveau vallon, qui est très-beau & très-fertile; nous y vîmes une quantité prodigieuse de troupeaux, & nous arrivâmes enfin au pied d'une montagne où finit le vallon. Nous y trouvâmes une petite ville, composée de quatre quarrés, nommée Diemeké, où nous devions coucher. La montagne où ce vallon aboutit, n'est pas fort haute,

& montre un rideau uni qui s'élève en talus, mais elle est bordée des deux côtés de rochers escarpés, & presque inaccessibles. Nous n'y voyions point de passage, & nous ne pouvions comprendre comment on pouvoit y monter. Nous n'osions pas même le demander à Sermodas, de peur qu'il ne prît notre curiosité pour un nouveau soupçon. Le lendemain matin Sermodas me demanda si nous n'aurions point autant de peur de monter au ciel, qu'on en avoit témoigné de descendre aux enfers; ce qu'il me pria de faire demander à nos femmes: mais comme elles avoient reconnu la foiblesse de leurs premières craintes, & qu'elles avoient été exhortées à nous suivre par-tout sans répugnance & sans alarme, elles répondirent qu'elles suivroient Sermodas par-tout où il voudroit les mener. Cette réponse le fit sourire, & lui fit dire que, puisque nous étions dans ce sentiment, il nous mèneroit au haut de la montagne par une voie, qui peut-être nous surprendroit; mais qu'il n'y avoit aucun danger, & qu'il y monteroit le premier. Après cela, il nous fit passer par une porte faite dans une longue muraille, qui s'étend d'un côté du vallon jusqu'à l'autre, proche de la racine du mont. Nous trouvâmes derrière cette muraille divers grands traîneaux attachés à de gros cables, qui descendoient du haut de la montagne, où l'on nous dit qu'ils étoient attachés. Ces traîneaux contenoient vingt personnes chacun, ils étoient bordés de planches raisonnablement élevées, sur-tout sur le derrière, où l'on avoit mis des sièges & diverses cordes pour s'y tenir. Sermodas me dit de choisir ceux que je voudrois mener avec lui dans son traîneau; ce que je n'eus pas plutôt fait, qu'il y entra, & nous invita, par son exemple, à faire la même chose. Dès que nous y fûmes entrés, on couvrit la moitié du traîneau sur le derrière, d'une toile forte sur laquelle on mit encore des cordes, que l'on attacha sur le bord du traîneau; de sorte que nous étions hors de tout danger de tomber. Quand cela fut fait, on donna un coup de sifflet, & l'on tira une petite corde qui alloit vers le haut; aussi-tôt nous sentîmes monter notre traîneau fort doucement. Quand nous fûmes vers le milieu de la montagne, nous vîmes, par des trous qui étoient pratiqués à côté du traîneau, un autre traîneau comme celui qui nous portoit, qui descendoit en bas, & qui par son poids faisoit monter le nôtre; car il étoit attaché à l'autre bout du cable, & nous trouvâmes que le cable glissoit à l'entour d'un essieu roulant, qui étoit fortement attaché au haut de la montagne. Par ce moyen nous montâmes ce rideau sans aucune peine, & sans être tirés ni par des hommes ni par des chevaux, mais seulement par un poids plus grand que le nôtre, qui en descendant nous faisoit monter. Quand le traîneau qui nous portoit fut monté, nous demeurâmes au lieu où il s'arrêta, pour voir monter les autres, qui s'élevèrent tous comme le premier, sans aucun accident fâcheux. Cependant on nous avoit apprêté, au haut de la montagne, des charriots qui nous portèrent avec grande diligence à travers une plaine, longue d'environ douze milles, jusqu'à l'autre côté de la montagne. Cette plaine est couverte de pâturages, où l'on voit paître une infinité de troupeaux, qui y sont pendant huit mois de l'année, puis on les fait descendre dans les vallons des environs, parce que les neiges rendent cette montagne inhabitable durant cette saison. Aussi nous n'y vîmes ni ville ni village, mais seulement quelques petits hameaux, & quelques maisons, pour la commodité des bergers. On l'appelle en langage du pays Ombelaspo. Quand nous fûmes de l'autre côté, nous y trouvâmes des traîneaux, semblables à ceux que nous avions eus en montant, & nous nous en servîmes de la même manière pour descendre dans un grand vallon rond, qu'on appelle en latin *Convallis*, où nous trouvâmes une ville à dix quarrés, nommée Ombelinde.

Nous y fûmes reçus fort honnêtement par Semudas, qui en étoit gouverneur, & nous y couchâmes ce soir-là, y étant traités comme nous l'avions été par-tout ailleurs. Nous n'y remarquâmes rien d'extraordinaire, sinon que les hommes y étoient mieux faits, & les femmes plus blanches & plus belles de beaucoup que tout ce que nous avions vu.

Semudas nous dit que nous trouverions l'armée sur notre chemin, qu'elle étoit campée au pied des montagnes à l'entrée de la plaine, qu'elle y avoit déjà demeuré dix jours, & qu'elle y seroit encore quelque tems. Il nous dit aussi qu'il y étoit arrivé quelque désordre au sujet d'un officier, qu'on accusoit d'avoir négligé son devoir, & de s'être laissé surprendre dans un poste avantageux qu'on lui avoit donné à garder ; qu'un parti des ennemis s'en étoit saisi, & que cela faisoit un si grand bruit dans l'armée, qu'il croyoit qu'on puniroit cet officier pour l'exemple, quoiqu'un grand nombre d'amis qu'il avoit s'employassent pour lui, & que sa conduite passée lui eût acquis beaucoup de réputation.

Le lendemain nous partîmes de grand matin d'Ombelinde, montés sur des chameaux, qui portoient chacun six personnes dans de certains panniers, où il y avoit des sièges pour s'asseoir. Ces

Ces animaux nous portèrent fort commodément & fort surement au bas d'une montagne par un chemin oblique, qui nous conduisit dans un grand vallon, où nous trouvâmes une rivière, assez profonde pour être navigable, quoiqu'elle eût des chûtes fâcheuses & trop de rapidité. Nous trouvâmes auprès de la montagne une ville à six quarrés, nommée Arkropse : elle est à six milles d'Ombelinde, nous y trouvâmes des charriots prêts pour nous porter à la couchée, qui étoit à treize milles de-là. Après nous être reposés, nous nous mîmes dans nos charriots, & passant le long de la rivière & de la vallée, nous arrivâmes enfin à une ville nommée Arkropsinde, où nous devions nous embarquer le lendemain, pour faire par eau le reste de notre chemin jusqu'à Sévarinde. Cette ville est située au bout d'un large vallon, sur le confluent de deux rivières, comme Sporounde ; elle a des deux côtés plusieurs hautes montagnes, toutes couvertes de bois ; & au-delà d'une de ses rivières une plaine agréable, où l'on voit diverses villes & divers bâtimens. La rivière que nous avions vue la première est beaucoup moindre que l'autre, & se perd dans la dernière, au confluent où la ville est située. Elle coule d'orient en occident, & l'autre tout au contraire coule doucement de

Tome V. I

l'occident à l'orient; mais quand elles font jointes, elles coulent vers le fud-ouest, & forment un grand fleuve navigable, nommé Sévaringo, qui reçoit trois ou quatre grandes rivières avant que d'arriver à Sévarinde. Brafindas, gouverneur d'Arkropfinde, vieillard grave & vénérable, accompagné de plufieurs perfonnes des plus remarquables de la ville, nous vint recevoir à la porte, & nous mena dans un grand quarré où nous devions loger. Nous croyions en partir le lendemain; mais deux raifons nous en empêchèrent. La première fut la grande pluie qu'il fit toute la nuit, qui fit tellement enfler la rivière, qu'il étoit impoffible de s'y hafarder fans une imprudence extrême. La feconde, fut la curiofité de voir l'armée, qui n'étoit qu'à trois milles d'Arkropfinde. Nous fûmes auffi bien aifes de voir la ville, qui eft très-belle, & prefque auffi grande que Sporounde. Toutes ces raifons obligèrent Sermodas à nous donner quelques jours de repos à Arkropfinde, où Brafindas & fes officiers nous témoignèrent qu'ils feroient bien aifes de nous retenir quelque tems.

Cependant le tems fe remit au beau, & le lendemain Sermodas voulut fe promener feul avec moi dans le jardin du gouverneur, qui me parut très-agréable. Il y a plufieurs belles allées, de beaux parterres couverts de fleurs, & divers bassins & jets d'eau extraordinaires. Que vous semble de ce pays, me dit-il, le trouvez-vous agréable ? Je lui répondis, que j'en étois charmé, qu'on n'en pouvoit voir de plus beau. He bien, dit-il, je suis bien aise que vous le trouviez à votre gré ; mais vous en trouverez de beaucoup plus beaux d'ici à Sévarinde ; & vous en verrez encore de plus agréables, au-delà de cette grande ville. Nous avons fait un long détour pour y aller, mais nous ne pouvions pas prendre l'autre chemin, quoiqu'il soit beaucoup plus court, parce que les charriots n'y peuvent pas aller, & qu'il n'est propre qu'aux gens de pied & de cheval, à cause du passage étroit de certaines montagnes, où les charriots ne sauroient passer ; d'ailleurs il n'est pas si agréable que celui que nous avons pris, & n'a pas la commodité des rivières. Celle que vous voyez vers l'occident vient de fort loin, poursuivit-il, elle est douce & profonde, & passe autour de l'île, où la ville de Sévarinde est située. Vous ne faites que commencer d'entrer dans le beau pays ; sur le bord du fleuve, vous verrez de belles campagnes pleines de villes & de bâtimens, au lieu des montagnes & des rochers que vous avez vus depuis Sévaragoúndo, & quand vous aurez

I ij

connu les merveilles de Sévarinde, vous avouerez que je vous ai mené dans un paradis terrestre au travers de l'enfer, dont vos femmes avoient tant de peur. Quand je vis que Sermodas étoit de si bonne humeur, je me hasardai de lui faire plusieurs questions sur diverses choses que j'avois vues, & que je n'entendois pas bien encore. La première fut, pourquoi les noms de presque tous ceux que nous avions connus étoient terminés en *as*. Il me répondit, que cette terminaison étoit une marque de dignité, & ne se donnoit qu'aux personnes qui avoient des charges honorables; qu'il y avoit encore une autre marque de dignité, qui ne se donnoit qu'au seul vice-roi du soleil, & que c'étoit le commencement du nom de Sévarias leur législateur, comme je le pouvois remarquer au nom du vice-roi d'alors, qu'on nommoit Sévarminas. Il me dit encore qu'on donnoit aussi le commencement de ce nom à des lieux considérables, comme à tout le pays par-delà les monts, qu'on appelloit Sévarambe, & à la ville capitale, qu'on nommoit Sévarinde; que tout cela se faisoit en l'honneur du grand Sévarias, avant lequel ce pays s'appelloit Stroukarambé, & les habitans Stroukarambes. Quand vous aurez appris notre langue, ajouta-t-il, vous connoîtrez la vérité de ce que je vous dis par la lecture de l'histoire de Sévarias & de ses successeurs, que vous trouverez sans doute très-belle, & pleine de beaux exemples. Je le priai de me dire encore comment on avoit pu percer la montagne auprès de Sévaragoündo, & combien cet ouvrage avoit coûté. Il me répondit, qu'il n'avoit coûté que la peine de le faire, & que leurs ancêtres y avoient travaillé dix ans avec quatre mille ouvriers, qui se relevoient les uns les autres, & qui ne quittoient leur travail ni nuit ni jour, hormis aux fêtes solemnelles; que la grande utilité que le public devoit en recevoir, en évitant le grand détour qu'il falloit faire pour aller à Sporounde, avoit été le principal motif qui les avoit portés à l'entreprendre; & que d'ailleurs la nature même y avoit contribué par une longue caverne, qu'ils trouvèrent toute faite sous la montagne. Ce travail, poursuivit-il, étoit difficile; mais rien dont les hommes puissent venir à bout, n'est impossible à notre nation; où les particuliers n'ont rien à eux, & où le public possède toutes choses, & en dispose, on vient à bout de toutes les grandes entreprises, sans or & sans argent. Vous verrez des ouvrages encore plus grands que tout ce que vous avez vu, & je crois que vous n'en serez pas moins surpris : mais quand vous serez instruit de notre gouvernement, ce qui n'est pas difficile, votre étonnement cessera, & vous admirerez seulement les hautes vertus, & le bonheur incomparable du grand Sévarias, qui en est l'auteur, & qui est, après Dieu, la cause de notre félicité. Il me dit encore plusieurs particularités touchant les loix, les mœurs & les coutumes des Sévarambes, dont je parlerai dans la suite de cette histoire. Je le remerciai de la bonté qu'il avoit de me dire ces choses; & je le priai de m'en dire une qui me surprenoit, & que je ne pouvois comprendre, c'étoit de savoir où il avoit appris à parler hollandois, & comment leurs coutumes étoient si peu différentes de celles des peuples de l'Europe. Vous me demandâtes la même chose dans Sporoumbe, répondit Sermodas, & comme je ne vous connoissois pas encore assez, & que d'ailleurs j'avois alors des raisons de vous taire ce que vous vouliez savoir de moi, je ne voulus pas vous expliquer une chose que présentement je serai bien aise de vous apprendre. Sachez donc que j'ai voyagé dans votre continent, & qu'après avoir demeuré quelques années en Perse, je passai dans les Indes en habit & sous le nom d'un persan. Je vis la cour du grand-mogol, delà j'allai à Batavia, & dans les autres colonies hollandoises, où je fis un assez long séjour, pour en apprendre la langue. Je savois déjà parler bon persan, avant même de partir de Sévarinde, où cette langue est publiquement enseignée. J'avois avec moi deux compagnons qui sont encore en vie, qui seront bien aises de s'entretenir avec vous, & avec vos gens, & qui sans doute vous rendront tous les bons offices qu'ils seront capables de vous rendre, quand nous serons arrivés à la grande ville, où ils demeurent aussi bien que moi ; car je ne demeure point à Sporounde, comme vous l'auriez pu croire, mais j'y vais fort souvent : & comme je m'y trouvai lorsque Carchida & Benoscar y menèrent Maurice & ses compagnons, Albicormas me choisit pour vous aller querir à votre camp, & m'a depuis ordonné de vous conduire à Sévarinde. Pour la ressemblance des mœurs & des coutumes que vous avez remarquées entre nous & les peuples de votre continent, comme aussi des langues étrangères que nous parlons ici, vous ne vous en étonnerez plus, quand je vous aurai dit, que Sévarias notre premier législateur, qui étoit un grand seigneur, persan de naissance & d'origine, avoit voyagé dans plusieurs endroits de l'Asie & de l'Europe ; que dès sa plus tendre jeunesse, il avoit appris les lettres grecques, & presque toutes les sciences, sous un précepteur vénitien, nommé Giovanni, qui l'accompagna en ce pays, & qui a laiſſé des enfans parmi nous, dont le nombre s'eſt fort accru depuis ſa mort ; que ce Giovanni fut le compagnon inſéparable de Sévarias dans tous ſes voyages, & ſon conſeiller fidèle dans toutes ſes entrepriſes, & ſur-tout dans l'établiſſement des loix & des mœurs qu'ils eſtimèrent les meilleures. Pour cet effet ils tirèrent, tant des livres anciens que nouveaux, des obſervations qu'ils avoient faites dans leurs voyages, & des lumières qu'ils avoient naturellement, les loix & les règles de bien vivre, qu'ils établirent parmi nous : mais parce que l'homme du monde le plus ſage & le plus éclairé ne ſauroit pénétrer fort avant dans l'avenir, & qu'aucun n'eſt capable de pourvoir lui ſeul à toutes choſes ; le grand Sévarias reconnoiſſant cette vérité, fit une loi, par laquelle il autoriſoit ſes ſucceſſeurs, & même les exhortoit à faire après ſa mort telles ordonnances & tels réglemens qu'ils jugeroient néceſſaires, & qui pourroient contribuer au bien & à la gloire de la nation. Entre autres choſes, il leur recommanda l'innocence des mœurs, & leur ordonna de n'avoir point de commerce avec les nations de l'autre continent, de peur que leurs vices ne corrompiſſent auſſi les Sévarambes. Cependant, comme parmi les hommes vicieux on voit souvent briller de grandes vertus, soit dans la politique, soit dans les sciences ou dans les arts; Sévarias trouva qu'il n'étoit pas avantageux, fuyant leurs vices, de méprifer leurs vertus, & de négliger les bons exemples & les belles inventions qu'on peut tirer des Chinois, & des autres peuples de votre continent. C'est pourquoi il ordonna qu'on enseigneroit publiquement la langue persane, qu'on envoyeroit de tems-en-tems en Perse des gens qui la sussent déjà bien parler, & que de-là ils pourroient voyager dans les autres pays pour y remarquer tout ce qu'il y avoit de considérable, afin que de toutes ces remarques on pût tirer ce qu'il y auroit de bon & de propre à l'usage de notre nation. Cela s'est toujours observé depuis le premier établissement, & s'observe encore; de sorte que par le moyen des personnes que nous envoyons en Asie & en Europe, sous le nom & sous l'habit de persans, nous apprenons de tems-en-tems tout ce qui se passe dans les plus illustres nations de votre continent, nous en savons les langues, & nous en tirons toutes les lumières dans les sciences, les arts & les mœurs, que nous jugeons pouvoir contribuer à la félicité de notre état. Voilà en peu de mots ce que j'ai cru devoir vous dire pour votre satisfaction, & pour faire cesser votre étonnement.

Après cette conversation, Sermodas me dit, qu'il nous mèneroit voir l'armée le jour suivant, & que c'étoit une chose très-digne de notre curiosité. Le lendemain Brafindas nous fit avertir, de nous préparer à le suivre au camp. Il vint lui-même peu après, & nous mena déjeûner avec lui. Il me dit d'envoyer querir ceux de mes officiers que je voudrois prendre avec moi pour aller voir l'armée, & de lui en faire savoir le nombre, afin qu'il donnât ordre pour autant de chevaux ou de bandelis qu'il en faudroit pour les monter. Il ajouta, que je ne devois pas me mettre en peine des montures, parce qu'il en avoit plus de cent toutes prêtes, & qu'il en pouvoit avoir trois fois autant, en moins d'une heure, s'il étoit nécessaire.

Il dit cela d'un air un peu fier, & qui marquoit, outre l'abondance du pays, l'autorité qu'il y avoit sur toutes choses.

En effet, il n'est point de monarque plus absolu que le sont les gouverneurs de toutes les villes de cette nation, où tous les biens & les intérêts publics sont commis à leur conduite, & où leurs ordres sont ponctuellement observés, pourvu qu'ils soient selon les loix établies.

Auſſitôt que Braſindas eut achevé de parler, j'envoyai Maurice pour avertir tous mes officiers, qui ne tardèrent pas à venir, & qui furent menés dans une autre chambre, pour déjeûner. Nous deſcendîmes enſuite dans la cour, où nous trouvâmes un charriot tiré par ſix grands chevaux noirs, pluſieurs chevaux de ſelle, & autant de bandelis. Le bandelis eſt un animal plus grand & plus fort qu'un cerf, mais le corps n'en eſt guères différent, & ſa tête eſt preſque ſemblable à celle d'une chèvre; il a de petites cornes blanches & tranſparentes, & une groſſe touffe de crin noir, court & friſé entre les deux cornes; il n'a point de crin au cou, & n'a qu'une petite queue courte & touffue; ſon poil qui eſt fort raz, reluit comme celui des chevaux bien panſés, & l'on en voit de diverſes couleurs. Il ſe nourrit d'herbes, de foin, de feuilles d'arbres, de grain, & de diverſes racines qu'on lui donne : il a le pied comme un mulet, & on le ferre comme nous ferrons les chevaux, qui lui cèdent beaucoup en vîteſſe & en agilité. On lui fait porter la ſelle & une eſpèce de bride légère, ſans mords; mais, au lieu de cela, on lui met un fer dentelé ſur le nez, qui le bleſſe quand on tire les rènes, & qui le fait arrêter d'abord; car c'eſt un animal fort doux & fort traitable.

Brasindas nous fit entrer, Sermodas, Van-de-Nuits & moi dans son charriot; ses gens & les miens montèrent sur des chevaux ou des bandelis, & de cette sorte nous allâmes tous ensemble vers le camp, suivant le cours du fleuve & des montagnes qui s'abaissoient peu-à-peu vers la plaine, au pied desquelles nous trouvâmes l'armée, campée au bord d'un ruisseau, qui descendant de ces montagnes, entouroit le camp, puis s'alloit rendre dans le fleuve. On commençoit à mettre les soldats en bataille quand nous y arrivâmes, & dans moins d'une heure, toute l'armée fût sous les armes, avec une promptitude admirable. Elle étoit toute sur une ligne, & pouvoit être environ de douze mille personnes; je n'ose pas dire d'hommes, parce que les femmes en faisoient plus d'un tiers; mais c'étoit des femmes guerrières, qu'on voyoit sous les armes, & qui firent l'exercice avec autant d'adresse & de bonne grace qu'aucun des hommes, & même avec plus d'exactitude. Il y en avoit à pied & à cheval; le tiers de l'armée étoit de cavalerie, composée de femmes pour la plupart; toute cette armée étoit divisée en trois sortes de gens, qui faisoient bande à part, & qui avoient trois camps séparés chacun par une palissade. Les hommes mariés occupoient avec leurs femmes le camp du milieu;

les filles celui de la droite, & les garçons la gauche; le même ordre étoit observé dans la ligne, lorsqu'ils étoient sous les armes. J'ai déjà dit que suivant les loix des Sévarambes, toutes les filles sont obligées de se marier dès qu'elles ont atteint l'âge de dix-huit ans, & les garçons celui de vingt-un. L'on peut juger facilement par-là, que l'aîle gauche de l'armée étoit composée de gens qui étoient tous à la première fleur de leur âge & de leur beauté. Aussi je ne pense pas qu'on puisse rien voir de plus charmant que cette aimable jeunesse, qui outre la beauté naturelle de cette nation, avoit une adresse & une grace extraordinaires au maniement des armes, à quoi elle est exercée depuis l'âge de sept ans. Les filles cavalières étoient toutes montées sur des bandelis, & armées de pistolets & d'épées seulement. Elles portoient un casque ombragé de plumes, avec une aigrette sur le milieu; ce qui leur rendoit la mine fière, & donnoit un nouvel éclat à leur beauté. Elles avoient des cuirasses légères de ferblanc, ou de cuivre blanchi, & depuis la ceinture jusqu'un peu au-dessus du genou, elles étoient couvertes d'une espèce de robe fendue sur le derrière & sur le devant, qui couvroit leur caleçon, & laissoit voir leur jambe dans une botte courte qui ne leur venoit que jusqu'au genou. Celles qui étoient à pied se servoient de la pique ou de l'arc; elles étoient plus fortes, plus robustes, & même moins jeunes que celles qui étoient à cheval. Les piquières étoient vêtues comme les cavalières, hormis qu'elles n'avoient point de bottes, & qu'au lieu de deux pistolets, elles n'en avoit qu'un, qu'elles portoient pendu à la ceinture au-dessus de l'épée. Les archères n'avoient ni casque ni cuirasse; mais au lieu de cela, des bonnets verts, comme tout le reste de leurs habits, qui étoient une espèce de simarre, qu'elles retroussoient, & qu'elles lioient avec une ceinture, laissant voir leur caleçon & leur chaussure, qui étoient de la même couleur. Elles avoient pour armes leur arc & leur carquois plein de flèches, leur épée au côté, & un pistolet de ceinture comme les piquières. Il n'y avoit que deux régimens de ces filles à pied, & autant de celles qui étoient à cheval.

Les jeunes hommes étoient tous montés sur de grands chevaux; ils portoient des casques & des cuirasses de fer comme les nôtres en Europe, & étoient armés de mousquetons, de pistolets & de sabres, comme notre cavalerie; leurs bottes étoient de même sans aucune différence. Il y en avoit un escadron armé de lances & de rondaches; ceux-là étoient employés à rompre la cavalerie ou l'infantetie des ennemis, se couvrant de leurs rondaches, & rompant les rangs par l'impétuosité de leur course. Ils étoient montés sur les plus forts chevaux; chacun d'eux portoit un fantassin derrière lui, armé seulement d'une épée & d'un pistolet, & qui pouvoit sauter sur la croupe de son cavalier, ou en descendre avec beaucoup de facilité quand il étoit nécessaire. Leur infanterie consistoit en piquiers, hallebardiers & mousquetaires; il y avoit aussi des archers armés comme les femmes, sans presque aucune différence. Les gens mariés étoient aussi distingués en infanterie & cavalerie, & armés de même que les autres; l'on pouvoit en connoître la différence à leur âge, & à la couleur de leurs habits, ils étoient tous montés sur des chevaux, & les femmes sur des bandelis; chacun avoit sa femme à son côté; il en étoit de même de l'infanterie.

On voyoit dans chaque régiment des drapeaux & des étendards semblables aux nôtres; les tambours, les trompettes, les timballes, les cornets, les fifres & les haut-bois y faisoient des concerts guerriers, capables de donner du courage aux moins résolus. Dès que l'armée fut rangée en bataille, Salbrontas qui en étoit le général, accompagné de plusieurs de ses officiers, vint trouver Brasindas, & lui fit son compliment ; puis il vint en faire autant à Sermodas, & s'étant entretenu quelque tems avec lui, ils vinrent tous deux vers nous : ce général, après avoit salué toute notre compagnie, par une petite inclination du corps, s'avança vers moi, comme pour me parler. Sermodas me fit signe d'aller au-devant de lui ; ce que je fis, & je le saluai, me baissant jusqu'au pommeau de la selle de mon cheval ; car nous étions tous sortis du charriot, & nous avions pris des chevaux. Il me dit d'abord en espagnol, qu'il avoit appris que j'étois le chef des étrangers qui avoient fait naufrage sur les côtes de Sporoumbe ; qu'il avoit oui parler de nous, & de moi en particulier ; qu'il savoit que j'étois homme de guerre, & que tant à cause de cela, que pour les louanges que me donnoit Sermodas, il avoit déjà conçu beaucoup d'estime pour moi ; qu'il seroit bien aise que je visse l'ordre de leur armée, pour lui en dire mon sentiment ; & que, pour cet effet, il me prioit de marcher près de lui sur sa main gauche. En même tems il pria Brasindas & Sermodas de se ranger à sa droite, & de cette manière il nous mena d'un bout de la ligne à l'autre, où il nous fit voir tout ce dont j'ai déjà parlé. Il me dit de plus, qu'il avoit voyagé sept ou huit ans dans notre continent, & vu

diverses

diverses armées en Europe & en Asie, & que la plupart de leur discipline venoit de ce pays-là.

Toutes ces troupes saluèrent leur général, lorsqu'il revenoit d'un bout de la ligne à l'autre; & quand nous fûmes vis-à-vis du corps de bataille, on fit ouvrir tout d'un coup un bataillon pour faire place à dix pièces d'artillerie qu'on tira pour le saluer; la mousquetetie en fit autant à son tour: après quoi la moitié des troupes se sépara de l'autre, & fit une seconde ligne opposée à la première, comme si c'eût été deux armées ennemies. Alors on commença l'exercice, & l'on donna une bataille feinte, avec beaucoup d'adresse, d'ardeur & d'exactitude. Les armes à feu tirèrent avec de la poudre seulement; les piques, les hallebardes & les lances ne firent que se choquer un peu; & les archers & archères décochèrent leurs flèches en l'air.

Je m'informai de Salbrontas pourquoi ils se servoient de flèches & de lances, dont nous avions abandonné l'usage en Europe, comme d'une chose de peu d'utilité. Vous en avez, me dit-il, abandonné l'usage par caprice, plutôt que par raison; car si vous en aviez bien considéré l'usage, vous en auriez retenu, sinon le tout, au moins une partie, comme nous avons fait ici. Nous nous servons de flèches pour mettre la cavalerie en désordre dès le commencement du combat, & de lances pour achever de la rompre, quand nos archers y ont mis la confusion. Pour deux coups de mousquet qu'on tire, on décoche dix flèches, & ces armes qui ne tuent pas les chevaux, les blessent & les irritent si fort, qu'il n'est pas possible de les tenir dans les rangs. Il n'en faut que peu de blessés pour mettre tout un escadron en désordre, & c'est alors que nos lances font miracle, en rompant tout-à-fait ceux qui ne sont en désordre qu'à demi. Il me dit encore plusieurs choses là-dessus, qui me firent admirer son raisonnement. Dès que l'exercice fut fini, l'on fit venir au milieu des deux rangs trois jeunes hommes, qu'on avoit surpris dans le camp des filles, où ils alloient voir leurs maîtresses pendant la nuit, & qui avoient déjà franchi les barrières quand on les prit. Ils ne voulurent jamais nommer les filles qu'ils alloient voir, quoiqu'on fît l'impossible pour le leur faire confesser, & voulurent souffrir seuls les châtimens que la discipline ordonne contre les fautes de cette nature, sans y mêler leurs maîtresses, qui auroient souffert la même peine, si l'on eût pu les découvrir. Ils étoient tous trois désarmés, nuds pieds, & nue tête, & passèrent à travers deux lignes en cette posture. Toutes les jeunes filles, tant de cavalerie, que d'infanterie, se séparant du reste de l'armée, firent une longue haie, tenant chacune une longue houssine à la main, & les criminels furent obligés de passer au milieu de cette haie, où ils reçurent un coup de chacune des filles; car il ne leur étoit pas permis de donner plus d'un coup chacune; & c'étoit bien assez pour faire beaucoup de mal à ces pauvres amans, si elles eussent toutes frappé bien fort : mais la plupart le faisoient si doucement, qu'on voyoit bien qu'elles n'étoient pas si en colère, qu'elles avoient fait semblant de de l'être au commencement. Les officiers qu'on avoit accusés d'avoir manqué à leur devoir, ne furent pas châtiés, parce que l'accusation n'étoit pas bien vérifiée, & que d'ailleurs ils en avoient appellé à Sévarminas.

Après cette exécution, Salbrontas nous mena dans le camp, nous fit voir sa tente, qui étoit belle & grande, nous montra toutes les autres, & puis nous donna à dîner dans un pavillon tendu près de sa tente. Nous demeurâmes au camp jusqu'au soir, occupés à considérer le bon ordre qu'on y observoit, & sur-tout la gentillesse & la beauté des Sévarindois & Sévarindoises, dont presque toute l'armée étoit composée. Sur le soir nous prîmes congé de Salbrontas, qui me dit qu'il me verroit plus à loisir à Sévarinde; nous nous en retournâmes à la ville, où nous arrivâmes un peu avant la nuit, & où nous eûmes encore le tems de voir quelques restes des réjouissances publiques : car il y avoit une fête solemnelle ce jour-là, à cause que la lune étoit pleine, & que par-tout l'empire des Sévarambes il est fête le jour de pleine lune, & lorsqu'elle est nouvelle. On passe ces jours-là en réjouissances ; les uns s'exercent à la danse, à la lutte, à la course, à l'escrime, & à l'exercice des armes ; d'autres s'occupent à divers jeux d'esprit, où ils font paroître leur éloquence, & les connoissances qu'ils ont dans les arts libéraux. Il y a dans Arkropsinde un amphithéâtre semblable à celui de Sporounde, quoi-qu'il ne soit pas si grand, non plus que la ville, qui n'a que quarante-huit quarrés en tout ; mais elle est habitée par des gens beaucoup mieux faits que ceux de Sporounde.

Cependant les eaux des torrens s'étoient presque tout-à-fait écoulées, & le fleuve n'étant plus si débordé qu'auparavant, nous résolûmes de partir le jour d'après. Brasindas sachant notre dessein, fit apprêter les bateaux nécessaires pour nous porter à Sévarinde. Nous partîmes de bon matin, & nous descendîmes sur la rivière à travers un beau pays, presque tout uni, où nous remarquâmes de belles villes, des bourgs, & des quarrés bâtis en plusieurs endroits du pays, qui est aussi embelli de plusieurs prairies, champs, bois & rivières, dont nous ne saurions faire ici la description. Il suffira de dire que je n'ai jamais vu de pays si bien cultivé, si fertile & si agréable que celui-là. Sur le soir nous arrivâmes à une petite ville de huit quarrés, nommée Maninde; nous nous y reposâmes cette nuit, & le lendemain nous remontâmes dans nos bateaux & poursuivîmes notre voyage. Nous passâmes près de plusieurs belles villes que nous découvrions dans le pays, en nous tenant debout sur le tillac de nos bateaux, d'où l'un de nos hommes, qui étoit trop attentif à regarder, se laissa tomber malheureusement dans la rivière, & s'y noya avant qu'on pût lui donner aucun secours. Sur les quatre heures du soir, nous arrivâmes à la pointe d'une île formée au milieu du fleuve, par sa séparation en deux branches qui environnent cette île de tous côtés : elle est bordée de murailles hautes & épaisses, & a près de trente milles de tour. Sa figure est presque ovale, & sa longueur est depuis la pointe, qui sépare le fleuve, jusqu'à celle où les deux branches se réunissent. Nous passâmes vers l'orient de l'île, & environ les six heures du soir nous arrivâmes à la grande ville, où nous trouvâmes une foule prodigieuse de peuple, qui étoit sorti pour nous voir descendre de nos bateaux. Nous mîmes pied à terre fur un très-beau quai, & de là nous fûmes menés à travers quelques rues encore plus belles, à un quarré qu'on avoit deftiné pour nous. Nous y fûmes vifités de la part de Sévarminas, par quelques-uns de fes officiers, qui nous firent beaucoup de careffes, & qui nous dirent que dans quelques jours on nous préfenteroit à lui.

Pendant que nous attendions le jour auquel nous devions comparoître devant Sévarminas, qui fut le neuvième après notre arrivée à Sévarinde, Sermodas fe tint le plus fouvent avec nous dans le quarré qu'on nous avoit donné. C'étoit un bâtiment nouvellement conftruit, habité feulement par quelques efclaves, quand nous y fûmes logés, & ces mêmes efclaves y avoient été mis quelques jours avant notre arrivée, feulement pour nous y fervir; nous y étions fort bien traités, & nos guides prenoient foin de nous inftruire de la manière dont nous devions nous gouverner avec tout le monde, & principalement devant le vice-roi, quand nous ferions menés en fa préfence. Sermodas qui étoit un très-honnête homme, & qui nous avoit pris en amitié, tâchoit de nous divertir tant qu'il pouvoit, tantôt par fes fages difcours, tantôt par les diverfes roménades qu'il nous faifoit faire, & toujours par la bonne chère. Il nous fit voir ses femmes & ses enfans, tous grands & tous mariés, qui étoient au nombre de treize, qu'il avoit eus de trois femmes, dont l'une étoit morte, & les deux autres encore en vie. Quant à Carchida & Benoscar, nous sûmes qu'ils demeuroient dans les îles du lac, & qu'ils s'en retourneroient d'abord que nous aurions eu audience de Sévarminas.

La maison où nous demeurions étoit située sur l'un des bouts de la ville, vers le haut du fleuve, & delà nous voyions les champs tout couverts d'arbres touffus, plantés en ordre, qui faisoient diverses allées sombres & agréables. Nous y faisions souvent la promenade avec Sermodas, & diverses personnes considérables de la ville, qui venoient nous voir par curiosité. Nous passions ainsi notre tems, & Sermodas nous avertit le huitième jour, que nous devions comparoître le lendemain devant le vice-roi & toute sa cour. Le matin étant venu, on nous vint faire lever de bonne heure, & l'on nous mena à des bains placés dans notre quarré, où l'on nous ordonna de nous bien laver. On nous donna du linge blanc, & des habits neufs, faits à fleurs de diverses couleurs. Le mien étoit le plus riche, & l'on y remarquoit de l'argent tissu avec de la soie, à peu près comme les toiles d'or & d'argent qu'on fait en Europe. On nous fit donner à tous un rameau verd, pour porter à la main, & nous ayant fait mettre deux à deux comme on avoit fait à Sporounde, on nous mena au travers de longues rues droites vers le palais du soleil. Ce jour-là étoit un jour de fête parmi les bourgeois, si bien que toutes les rues & les balcons étoient pleins de monde, qui nous regardoit passer. Après avoir marché de cette manière près d'une heure de tems, nous arrivâmes enfin dans un lieu spacieux, au milieu duquel nous vîmes le palais du soleil tout bâti de marbre blanc, & orné de diverses pièces d'architecture & de sculpture de plusieurs couleurs. Il est quarré comme tous les autres bâtimens, & n'a pas moins de cinq cens pas géométriques de front, & deux milles de circuit, grandeur prodigieuse pour une maison. Il a douze portes de chaque côté, qui sont posées à l'opposite les unes des autres, de sorte que l'on peut voir au travers de tout le palais par douze endroits différens. Outre ces douze portes, il y a un grand portail au milieu, d'une grandeur excessive, & par où nous devions entrer.

Sermodas nous fit faire halte à la vue de ce palais magnifique, pour nous donner le tems d'en remarquer la beauté. Tous les ordres de l'architecture y sont admirablement bien observés, & ce grand corps de bâtiment est si riche & si majestueux, que je n'ai jamais rien vu qui en approchât. La description exacte d'un tel édifice rempliroit des volumes entiers, & demanderoit des gens habiles dans l'art pour s'en acquitter dignement. Craignant de n'y pas réussir, & d'ennuyer mon lecteur, je me contenterai de dire simplement que de toutes les descriptions que j'aie jamais vues, il n'y en a pas une qui puisse me donner l'idée d'une aussi belle structure, que celle que nous vîmes réellement à Sévarinde. Quand nous eûmes assez long-tems considéré ce superbe palais, on nous fit marcher vers le grand portail à travers une haie de gens armés, & vêtus de robes bleues comme à Sporounde. On nous fit arrêter quelque tems devant ce grand portail, qui a deux cens quarante-quatre colonnes de bronze ou de marbre de chaque côté, & plusieurs ordres de piliers au dessus, entremêlés de diverses figures & statues. Nous entrâmes par-là dans une cour spacieuse, environnée de portiques, soutenus de beaux piliers de marbre, fort hauts, & taillés de diverses manières ; le corps du bâtiment étoit blanc dans la cour comme au-dehors du palais. De cette cour on nous fit passer dans une autre, toute de marbre noir, ornée de plusieurs figures, & de beaux feuillages de couleurs différentes, enchassés dans le corps du bâtiment, qui, comme j'ai dit, étoit de marbre noir, fort luisant & bien poli. Nous vîmes dans cette cour plusieurs hommes en armes, vêtus de robes rouges, & rangés en haie comme les premiers.

De la cour noire on nous mena dans une de marbre de diverses couleurs, ornée de plusieurs ordres de piliers & de statues de bronze admirablement bien faites, & d'une grandeur extraordinaire. De-là nous montâmes par un large escalier peint & doré, & l'on nous fit traverser une grande & belle salle, pour passer dans une autre encore plus belle, & enfin, dans une fort longue galerie, ornée des deux côtés de statues d'hommes & de femmes, fort artistement travaillées. De cette galerie nous entrâmes, en traversant une salle, dans une autre, dont le sol étoit couvert d'un riche tapis. Ce fut là qu'on nous fit arrêter quelque tems avant que d'entrer dans une salle plus grande & plus magnifique que toutes celles que nous avions vues; on y avoit brûlé des parfums, & divers instrumens de musique y jouoient fort mélodieusement. Nous y demeurâmes quelque tems, admirant la beauté du lieu avant qu'on tirât un rideau vers le fond de la salle, qui s'étendoit en demi-cercle comme le chœur de nos églises. Ce fut dans cet endroit que nous vîmes Sévarminas élevé sur un haut trône d'ivoire, & vêtu d'une grande robe de toile d'or. Il avoit autour de sa tête une gloire, ou une ombelle faite en rayons, & toute éclatante de diamans & d'autres pierres précieuses : à ses côtés étoient placés deux rangs de Sénateurs vêtus de pourpre, avec une écharpe de toile d'or qui leur pendoit sur l'épaule. Ils étoient douze de chaque côté du trône, & l'on voyoit au-dessous d'eux un autre rang de trente-six personnages, vêtus de la même manière, excepté que leur écharpe n'étoit que de toile d'argent. Nous demeurâmes-là quelque tems à considérer avec étonnement cette assemblée pompeuse, jusqu'à ce que deux personnes de celles qui étoient dans le parterre, au-delà d'un balustre bas, qui fermoit l'entrée du chœur, vinrent dire à Sermodas de nous faire avancer. Nous marchâmes trois pas, & fîmes une profonde révérence, après on nous fit avancer encore trois pas, & nous nous inclinâmes jusqu'à terre : alors on nous mena jusqu'à la balustrade, où nous nous prosternâmes, & baisâmes trois fois la terre. On fit ranger mes gens derrière moi ; & Van-de-Nuits & Maurice se tinrent à mes côtés, quand on nous commanda de nous lever & de nous tenir droits sur nos pieds. Sermodas s'avança tout contre le balustre, raconta à Sévarminas tout ce qui nous étoit arrivé, & me faisant avancer vers lui, il me prit par la main, & lui dit que j'étois le commandant des autres étrangers. Alors Sévarminas me fit un signe de la tête, & me fit dire que moi & mes gens étions les bienvenus dans les états du soleil, & qu'il étoit fort satisfait de notre conduite passée. Qu'il espéroit que nous ferions toujours de mieux en mieux, & que nous nous conformerions aux loix du pays; qu'en le faisant, nous pouvions être assurés de sa protection, de sa bienveillance, & des favorables regards de leur roi glorieux, qui voit toutes choses, & à qui rien n'est caché; que cependant il nous exhortoit à nous conduire toujours par les ordres de Sermodas, auquel il avoit ordonné de nouveau d'avoir un soin tout particulier de nous.

Après ces paroles, il nous congédia, se tenant sur son trône, lui & ses assesseurs, jusqu'à ce que nous fûmes hors de la salle. On nous fit sortir du palais au travers d'autres chambres & d'autres galeries que celles par où nous avions passé, & nous sortîmes par le portail opposé à celui par où nous étions entrés; nous retournâmes ainsi chez nous au travers de nouvelles rues, dans le même ordre que nous étions venus.

Nous demeurâmes encore dix jours dans cet état, fans autre occupation que celle de nous divertir & de nous promener de tous côtés, pour voir la ville & les raretés des environs. Mais enfin, Sermodas nous prit un jour à part, moi, Van-de-Nuits, Devese & Maurice, & nous dit qu'il étoit tems, après un si long repos, que nous & nos gens, nous nous livrions à quelque ouvrage, pour nous garantir des maux où pourroit nous jetter la fainéantise, & que si nous voulions suivre son conseil, nous examinerions tout notre monde, pour voir de quoi chacun étoit capable, afin de l'employer à ce qui lui seroit le plus convenable. Que ce qu'il en disoit ne procédoit nullement du déplaisir de les voir vivre sans rien faire, ni d'aucun espoir de gagner sur leur travail, parce que ce seroit au profit de la nation qui les nourrissoit, mais plutôt pour leur bien & leur avantage, & de peur que leur oisiveté ne fût d'un mauvais exemple aux Sévarambes, à qui elle étoit défendue par les loix fondamentales de l'état.

Nous lui repondîmes tout aussi-tôt que nous ne désirions pas mieux que d'avoir chacun notre emploi, & de faire comme les autres en toutes choses; que seulement nous le priions d'excuser notre ignorance, jusqu'à ce que nous fussions mieux instruits des coutumes & des loix du pays; que cependant il pourroit nous ordonner ce qu'il lui plairoit, & que nous tâcherions de lui obéir en toutes choses. Hé bien, dit-il, nous vous emploierons tous sans beaucoup vous fatiguer, & sans même vous séparer, & vous, vos femmes & vos enfans, pourrez demeurer ensemble tant que vous voudrez, sous le même gouvernement où vous êtes. Alors se tournant vers moi, il me dit que j'avois si bien gouverné mes gens, que ce seroit une injustice de m'ôter mon autorité; & que pour me la continuer, Sévarminas me faisoit Osmasionta, c'est-à-dire, gouverneur de l'osmasie, ou bâtiment quarré où nous étions logés; & que je pourrois choisir entre mes gens tels officiers que je voudrois pour m'aider dans mon nouveau gouvernement. Il ajouta qu'il nous instruiroit des coutumes & des loix du pays, & qu'on auroit beaucoup d'indulgence pour excuser les fautes que nous viendrions à commettre par ignorance; mais qu'il nous conseilloit, afin que nous puissions vivre avec plus de contentement dans le pays, & converser avec tout le monde, d'en apprendre la langue, que nous ne la trouverions pas difficile, parce qu'elle étoit fort méthodique & fort régulière. Que pour cet effet, il nous donneroit des maîtres, qui, tous les jours, nous feroient leçon à de certaines heures; que pour nous donner plus de loisir pour nous attacher à cette étude, il ne nous ordonneroit de travailler que six heures du jour, pendant les premières années, quoique les habitans naturels du pays fussent obligés d'en donner tous les jours huit au travail. Il nous dit de plus, qu'il y avoit beaucoup de fêtes dans l'année, où l'on avoit des spectacles & des divertissemens ordonnés pour le public, & qu'ainsi le travail ne seroit pas fâcheux, étant mêlé de beaucoup de récréations & de jeux agréables, qui donnoient du relâche au corps & à l'esprit.

Quand il fut sorti, nous examinâmes notre monde, & nous trouvâmes qu'il y en avoit quelques-uns capables d'exercer les divers métiers qu'ils avoient appris en Europe. Tous les autres étoient gens de marine, mais assez robustes, & propres à porter des fardeaux ou à labourer la terre. Nous avertîmes Sermodas, qui nous dit qu'on devoit bientôt poser les fondemens d'une nouvelle osmasie proche de la nôtre, & qu'il y auroit là de l'emploi pour tout notre monde : que cependant nous eussions à les distribuer par douzaines, pour mettre un douzenier à chacune, c'est-à-dire, un officier qui eût autorité sur eux pour les conduire dans le travail. Que nous eussions aussi soin de régler les affaires du dedans, sans nous mettre en peine des vivres, des habits, ni des outils ou instrumens nécessaires à notre travail, parce que tout nous seroit fourni quand nous en aurions besoin ; & afin que nous puissions faire toute choses selon l'ordre établi dans le pays, il nous donna un modèle du gouvernement des autres osmasies. Selon ce modèle là, je fis Van-de-Nuits & Devese mes lieutenans, ou derosmasiontas, & je partageai tous les autres par douzaines, établissant sur chacune un douzenier. Pour la cuisine & les autres offices du logis, nous ne nous en mîmes pas en peine, parce que ne sachant ni le langage ni les coutumes, nous n'aurions pu nous en tirer. C'est pourquoi Sermodas commit à cela un sévarambe, nommé Farista, qui prenoit soin de tout le ménage, & qui commandoit à nos esclaves.

Après avoir ainsi réglé nos affaires, on commença de bâtir l'osmasie dont Sermodas nous avoit parlé, & j'y menai tout notre monde pour la première fois. Nous y fûmes reçus par le maître architecte, nommé Posterbas, auquel Sermodas nous recommanda. Celui-ci employa nos gens à diverses manœuvres, soit à porter des fardeaux, soit à rouler des pierres, soit à d'autres ouvrages de cette nature, où nous allions

allions travailler tous les jours à des heures réglées. Pour moi je n'y allois que quand je voulois, j'y envoyois tous les jours un de mes lieutenans, qui se tenoit-là pour voir travailler ses gens, & leur donner ses ordres; & j'y allois moi-même d'ordinaire une fois en cinq jours pour leur donner l'exemple.

Cependant, je m'attachai à l'étude de la langue du pays; & comme je la trouvai fort facile, ainsi que me l'avoit dit Sermodas, j'en compris tous les principes dans trois ou quatre mois, & dans une année, je sus m'expliquer passablement bien. Plusieurs de nos gens l'apprirent aussi, mais la plupart n'y faisoient pas de grands progrès, bien que tous en apprissent un peu pour s'en servir dans les choses les plus nécessaires au commerce de la vie. Nous avions tous des femmes, & nous leur fîmes des enfans à la plupart; j'eus la permission d'en avoir jusqu'à trois, & mes lieutenans deux.

Cependant, quand j'eus une fois surmonté les premieres difficultés de la langue, j'y fis de si grands progrès en peu de tems, que dans trois ans, je la parlois presque aussi bien que ma langue naturelle: cela me servit infiniment pour m'introduire dans la compagnie des Sévarambes, & pour observer leurs mœurs & leurs coutumes. Ils ont comme nous des livres imprimés, quoiqu'ils n'en ayent pas un aussi grand nombre; mais tous ceux qu'ils ont sont très-bons dans leur genre; car autrement ils ne les souffrent point chez eux. J'en lus quelques-uns de leur philosophie, de leurs mathématiques, rhétorique, histoire, & divers autres, mais je m'attachai principalement à lire l'histoire de ces peuples, & celle de l'établissement de Sévarias, premier législateur des Stroukarambes, car c'est ainsi qu'ils s'appeloient avant sa venue. Je m'attachai encore à la lecture de leurs loix, & à la connoissance de leur religion & de leurs coutumes, dont je rendrai compte du mieux que je pourrai dans la suite de cette histoire, que je commencerai par celle de Sévarias, avant lequel tous ces peuples étoient barbares & grossiers, comme le sont encore aujourd'hui tous les austraux de leur voisinage, & je pense même de tout ce continent. On a écrit plusieurs choses de ce grand-homme; mais je ne parlerai ici que de celles qui ont le plus de rapport à son établissement, ou qui peuvent le mieux faire voir par quels moyens il parvint au degré de sagesse & de vertu où il étoit déjà parvenu avant son arrivée aux terres australes. Sans doute les malheurs de sa maison, ses souffrances & ses voyages n'y contribuèrent pas peu, & l'on voit rarement beaucoup de lumières dans la science du monde, parmi ceux qui ont toujours vécu à leur aise chez eux, sans jamais éprouver les rigueurs & l'inconstance de la fortune, & la malignité des hommes. Sévarias étoit très-favorisé de la nature; son éducation fut excellente, & toute différente de celle qui se donne en son pays; ses souffrances encore, & ses voyages, ne contribuèrent pas peu au développement de son esprit; si bien qu'il n'y a pas lieu de s'étonner qu'avec tous ces avantages il pût parvenir à une si haute sagesse, & qu'il en ait donné des marques si éclatantes dans le grand théâtre où la fortune l'avoit élevé.

Quant à la ville de Sévarinde, qui porte son nom, on peut dire que c'est la plus belle ville du monde, soit qu'on en juge par la situation, & le terroir fertile qui l'environne, ou que l'on considère la beauté du climat, & l'air salubre où elle est bâtie, avec l'ordre & la magnificence de ses bâtimens, & la bonne police qu'on y observe.

Elle est située dans une île, qui a près de trente milles de circuit, & qui se forme au milieu d'un très-grand fleuve, où se déchargent plusieurs autres rivières. Cette île est ceinte d'une épaisse muraille, qui la fortifie tout-à-l'entour, de sorte qu'il est presque impossible d'y faire une descente sans la permission des habitans, quand on auroit la plus grande armée du monde. Le terroir en est extrêmement fertile, & produit une prodigieuse quantité de fruits excellens; toutes les terres d'au-delà du fleuve sont aussi d'une merveilleuse fertilité, à plus de vingt lieues à la ronde. L'air y est extrêmement sain, & le climat fort beau, étant environ au quarante-deuxième degré de latitude méridionale.

Elle est bâtie au milieu de l'île, sa figure est quarrée, & contient, outre son palais qui est au centre de la ville, deux cents soixante-sept osmasies ou bâtimens quarrés, tous pleins d'habitans. Chacune de ces osmasies, qui contient plus de mille personnes logées à leur aise, a cinquante pas géométriques de front, & quatre grandes portes opposées l'une à l'autre, avec une grande cour au milieu, remplie de verdure. Ses murailles sont d'une espèce de marbre ou pierre blanche, qui se polit fort bien, & les maisons ont toutes quatre étages de hauteur.

Dans toutes les rues, qui sont fort droites & fort larges, on voit des piliers de fer qui soutiennent de larges balcons, sous lesquels on marche à couvert de la pluie & du soleil. Tous ces balcons sont garnis de beaux vases remplis de terre, où croissent diverses fleurs & divers arbrisseaux, qui sont comme autant de petits jardins contre les fenêtres. Au dedans des osmasies, tout-à-l'entour de la cour, sont de pareils balcons & de semblables jardins, & de la verdure au milieu de la cour, où l'on voit une fontaine & un jet d'eau au centre de la fontaine & de la maison. Cette eau vient du haut du toît, on l'y fait monter d'ailleurs pour éteindre le feu en cas de nécessité, de-là elle se distribue dans les bains, dans divers offices, dans tous les appartemens, & enfin dans la fontaine du parterre par divers tuyaux qu'on a mis en plusieurs endroits pour cet usage. On lave les rues de la ville quand on veut, & l'on pourroit y mettre trois pieds d'eau si l'on vouloit; ce qui se voit rarement dans un terrein élevé comme celui-là, & qui n'a rien de marécageux. On peut marcher sur les toîts des osmasies, & en faire le tour, comme aussi faire courir l'eau tout autour. Dans les grandes chaleurs de l'été, on tend des toiles sur les rues aussi haut que les tuiles des maisons, ce qui les rend fraiches & sombres, & préserve les passans des rayons du soleil, si bien qu'on n'y est presque pas incommodé de la chaleur. On en fait de même dans les cours, & pour cet effet on attache des poulies aux murailles, où l'on passe des cordes attachées aux tentes, & par ce moyen on les élève en haut, pour empêcher les rayons du soleil de donner contre les murailles, & de les échauffer. Toutes ces commodités font que bien que l'été soit fort chaud dans tout le pays, néanmoins il n'est point incommode dans Sévarinde, & je puis dire que je n'en ai passé en aucun endroit de l'Europe où il fût moins fâcheux que dans cette ville, où l'on voit partout de l'eau, de l'ombre, des fleurs & de la verdure.

Les principaux ornemens de la ville sont le palais & le temple du soleil, l'amphithéâtre & le bassin, qui est au bout de l'île; mais comme l'île même est toute environnée de fortes murailles, on la prendroit aisément pour une ville.

Comme Sévarinde est située au milieu de cette île, cette île est aussi presque au milieu des terres qui appartiennent à la nation; car on a pour maxime de ne s'étendre que peu-à-peu aux environs de la ville capitale, à mesure que le peuple s'augmente. Il est vrai qu'on compte depuis la mer jusqu'aux dernières osmasies, au-dessous de Sévarinde, tout le long du fleuve, près de cent cinquante lieues, la plupart de ce pays est habité par les Sévarambes presque comme une ligne; mais si l'on prend la traverse à vingt lieues de chaque côté de l'île, on ne voit plus que de grandes forêts, habitées seulement par des lions, des tigres, des erglantes, des cerfs, des bandelis, & d'autres bêtes sauvages: ces forêts appartiennent aux Sévarambes, à près de cinquante lieues de chaque côté de leur capitale, & encore plus loin tout le long du fleuve en tirant vers la mer, & il y a bien quarante lieues en montant vers Sévaragoundo, qui est la première ville de Sévarambe, sur le haut des montagnes en venant de Sporounde. Tout le pays au-delà des monts sur le rivage de l'Océan, où demeuroient autrefois les Prestarambes, n'est habité que jusqu'aux petites îles du lac, où Maurice & ses compagnons furent pris, encore n'est-ce que sur le chemin de Sporounde à Sévarinde; car Sévarias ayant rassemblé tous ces peuples qui étoient dispersés dans les bois, où ils ne vivoient que de chasse, de fruits sauvages, & de quelques légumes, & leur ayant appris à cultiver la terre à la manière de notre continent, il leur en fallut beaucoup moins occuper, parce qu'un arpent bien cultivé leur rendoit plus de fruits que cinquante arpens cultivés à leur manière. Ils se serrèrent donc autour de Sévarinde au commencement, & de-là ils se sont peu-à-peu répandus tous aux environs à

L iv

près de vingt lieues sur les côtés du fleuve, & à près de trente au-dessous de la ville, du côté de la mer du Sud, où ils s'habituent plus volontiers qu'aux autres endroits, à cause de la commodité du fleuve & des autres rivières qui s'y déchargent. Ils font souvent de nouvelles colonies, car ils multiplient beaucoup, & l'on compte déjà dans toutes leurs terres près de cinq mille osmasies, ramassées en villes ou en bourgs, ou dispersées en divers endroits du païs, trois en un lieu, deux en un autre, mais on en voit aussi de toutes seules.

Toutes les terres cultivées y sont, comme je l'ai déjà dit, d'un grand rapport, tant par leur fertilité naturelle, que par l'industrie des habitans, qui n'en peuvent souffrir d'inutiles autour de leurs habitations, & qui n'épargnent ni soins ni peines, pour fertiliser jusqu'aux lieux les plus stériles, sur-tout aux environs de Sévarinde. Pour cet effet, ils ont creusé divers canaux à travers leurs plaines, pour arroser partout les lieux arides, & d'autres pour dessécher les terres marécageuses. Il y a deux endroits proche de Sévarinde, où se remarquent agréablement, en cela, les effets de leur labeur & de leur industrie.

L'un est à trois milles au-dessous de la ville, & dans la même île où elle est bâtie; l'on y voit de très-belles prairies, & des allées d'arbres fort touffus.

Avant l'arrivée de Sévarias, ce lieu, présentement si beau, n'étoit qu'un marais bourbeux & puant, qui ne produisoit que des roseaux; mais par le moyen des canaux qu'ils y ont creusés, & de la grande quantité de terre qu'ils y ont portée, ils en ont fait un terrein très-fertile & très-agréable.

L'autre endroit est au-delà du fleuve du côté d'occident, à six ou sept milles de la ville. Ce n'étoit autrefois qu'une grande plaine sablonense, où rien ne croissoit; mais par le moyen des rivières qu'on y a conduites par des canaux, & par une invention qu'ils ont trouvée de dissoudre le sable, de l'engraisser & de le convertir en bonne terre, les Sévarambes ont fait de cette plaine un des plus beaux & des plus fertiles lieux du monde; ce qu'il y a de plus étonnant, c'est que ces sables, ainsi dissous & engraissés par les moyens dont ils se servent sans presque aucune peine, au lieu de s'amaigrir par les fréquentes récoltes qu'on en tire, deviennent toujours plus gras & plus fertiles. Il y a une infinité de terroirs sablonneux dans notre Europe, qui ne servent à rien, & que l'on pourroit rendre très-féconds & très-profitables, si l'on avoit cette invention. Je la trouvai si merveilleuse, que je ne fus jamais content que je n'en eusse appris le secret, ce qui ne me fut pas fort difficile, d'abord que j'eus appris la langue du pays, parce que les Sévarambes, qui ne sont guidés par aucune avarice particulière, & qui ne sont riches qu'avec l'état, ne font nul mystère des choses de cette nature. J'espère de publier cette invention en Europe, si jamais j'y arrive, & que j'y trouve des personnes assez raisonnables, & assez puissantes pour vouloir entreprendre de tels ouvrages, où la dépense n'est pas fort grande, & dont les profits ne manquent jamais d'être très-considérables & très-avantageux au public & aux particuliers.

Après avoir fait une description succinte de la ville de Sévarinde, comme elle nous parut à notre arrivée, je crois qu'il est tems de traiter de l'histoire des loix & des mœurs de Sévarambes, en commençant par la vie de Sévarias, que j'ai eu le loisir de lire assez souvent, durant plusieurs années de séjour que j'ai fait dans Sévarambe, & d'y remarquer ce qu'il y a de plus considérable, pour descendre ensuite à celle de ses successeurs.

# TROISIEME PARTIE.

*Histoire de SÉVARIAS, législateur des Sévarambes, premier vice-roi du soleil, & celle de ses successeurs.*

JE serois trop long, si je rapportois ici tout ce qu'on a écrit de la vie de ce grand homme, dont la sage conduite & les actions admirables ont fait la matière de plusieurs volumes. J'en choisirai seulement les endroits les plus remarquables & les plus essentiels à l'histoire de ce peuple heureux, qui croit devoir toute sa félicité aux soins & à la prudence de ce législateur incomparable. Il étoit persan de nation & de fort ancienne origine, puisqu'il descendoit des parsis, dont on voit encore plusieurs familles dans la Perse, qu'on distingue par ce nom, des tartares qui se sont emparés de cet ancien royaume. Ces parsis, qui sont les véritables originaires du pays, ont retenu plusieurs coutumes de leurs ancêtres, dont celle d'adorer le soleil & le feu, est une des principales. Ils n'ont point embrassé le mahométisme, comme le sophi & ses autres sujets: de sorte que Sévarias, étant né parsis, fut élevé dès sa plus tendre jeunesse dans la religion de ses peres. Il s'appelloit dans son pays, Sévaris-Ambarcès; étant le fils aîné d'un seigneur nommé Alestan-Hosser Ambarcès, qui parmi ceux de sa religion étoit grand-prêtre du soleil. Le lieu de sa naissance & de sa demeure n'étoit pas éloigné de cette partie de la Perse, qui s'étend le long du golfe persique. Sa famille s'y étoit conservée avec éclat pendant toutes les guerres, malgré les persécutions des tartares, jusqu'au tems de cet Alestan, qu'elle perdit beaucoup de son ancienne splendeur, par la malice des puissans ennemis, que l'envie lui avoit suscités.

Les Sévarambes comptent le tems par dirnemis, qui contient chacun sept révolutions solaires. Suivant leur supputation, pour l'accommoder à la nôtre, Sévaris naquit l'an de grace 1395, & trente-deux ans après il fit sa première descente dans les terres australes; c'est-à-dire l'an 1427, qui est celui où ces peuples ont établi leur principale époque.

Pendant les six premières années de sa vie, Sévaris fut élevé parmi les femmes du palais de son père, selon les mœurs & les coutumes de sa nation; mais Alestan, qui étoit un homme d'esprit, & très-habile dans l'astronomie & dans toutes les sciences reçues parmi les parsis, ayant remarqué dans cet enfant tous les caractères d'un naturel extraordinaire ; qu'il observoit & vouloit imiter presque tout ce qu'il voyoit faire aux autres ; & que même il y réussissoit au-delà de tout ce qu'on auroit pu espérer dans une si tendre jeunesse ; il résolut de cultiver son esprit avec soin, & de lui donner une éducation proportionnée à l'excellent génie qu'il faisoit déjà paroître. Il se porta d'autant plus facilement à cette résolution, qu'il avoit la commodité de l'exécuter par le moyen d'un de ses esclaves, nommé Giovanni, qui étoit homme de vertu, très-fidèle & très-savant.

Ce Giovanni étoit vénitien de naissance, & chrétien de religion ; il avoit déjà servi Alestan trois ou quatre ans de suite, avant qu'il lui donnât la conduite de son fils. Quelque tems auparavant il avoit été pris par des pirates, & puis acheté par quelques marchands, qui le vendirent au grand-prêtre du soleil. Il avoit naturellement de l'esprit & de la vertu ; & comme dès ses jeunes ans on avoit eu soin de l'élever aux belles-lettres, il en avoit acquis une connoissance plus que médiocre, avant que son malheur lui eût fait perdre la liberté. Ses premiers maîtres, qui étoient des gens ignorans & grossiers, ne prirent pas garde à ses bonnes qualités : mais Alestan, qui, comme je l'ai déjà dit, étoit homme d'esprit, connut bientôt le mérite de son esclave, & le traita avec tant de douceur & d'humanité, qu'il l'engagea par une forte inclination à préférer le service d'un si bon maître, à la liberté qu'il lui avoit souvent offerte, quoiqu'il eût une grande envie de le retenir dans sa maison, pour la conduite de son fils. Quand Sévaris fut entré dans la septième année de son âge, Giovanni prit le soin de son éducation. Alestan, après lui avoir donné toute l'autorité qu'il faut à un gouverneur, ne lui ordonna pas seulement d'instruire son fils dans les sciences & dans les arts, mais encore de le former à la vertu, sans quoi les lumières de l'esprit ne sont pas seulement inutiles, mais très-dangereuses. Il lui remit devant les yeux la douceur avec laquelle il l'avoit toujours traité, & les marques particulières qu'il lui avoit souvent données de son estime & de sa bienveillance; enfin il lui dit, que pour dernière preuve de cette estime, & de la confiance qu'il avoit en lui, il commettoit à sa sage conduite le plus précieux de tous ses biens, qui étoit son fils. Giovanni reçut avec un profond respect ces témoignages avantageux de la bonté de son maître, & s'attacha si fortement au service & à l'éducation du jeune Sévaris, que dans peu d'années il lui fit faire des progrès extraordinaires dans l'étude des belles-lettres, & dans les exercices du corps, mais sur-tout dans la pratique de la vertu. Il est vrai qu'il trouva un sujet bien disposé; car outre la douceur naturelle, & l'inclination honnête qui paroissoit dans ce jeune prince, il vit bientôt briller en lui un esprit vif, pénétrant & judicieux, accompagné d'une mémoire très-heureuse, ce qui se rencontre rarement dans une même personne. Il sut si bien cultiver ces belles dispositions, qu'à l'âge de seize ans, Sévaris savoit parfaitement la langue italienne, entendoit assez bien la latine & la grecque, & avoit lu dans toutes ces langues les auteurs qui pouvoient le plus contribuer à polir son esprit, & le confirmer dans l'amour de la justice & de la sagesse. Outre ces belles qualités de l'ame, il avoit toutes les parties du corps nécessaires à un honnête-homme. Il étoit bien fait de sa personne; il avoit, outre une taille riche, & un beau visage, une physionomie douce & majestueuse, qui le faisoit aimer & respecter en même tems de tous ceux qui le regardoient. Il jouissoit d'une santé ferme, & son corps, robuste & vigoureux, plein de force & d'agilité, le fit parfaitement bien réussir dans tous les exercices qu'on lui fit apprendre.

Tant de qualités éminentes le rendoient l'amour de ses parens, l'admiration & l'espérance des parsis, & un objet d'envie aux ennemis de sa maison. Car la longue prospérité de sa famille avoit suscité bien des envieux à son père; & lui en auroit suscité beaucoup davantage, si par son adresse & sa modération, Alestan n'eût étouffé dans leur naissance, mille mauvais desseins, que plusieurs, jaloux de son bonheur, avoient formés contre lui. Mais, quelque sage & modéré qu'il fût, il ne put empêcher qu'un seigneur de ses voisins ne lui fît plusieurs insultes, sous prétexte de quelques intérêts qu'ils avoient à démêler ensemble. Comme leur haine s'augmentoit tous les jours par de nouveaux sujets, ils se firent enfin une guerre ouverte, & l'ennemi d'Alestan lui dressa diverses embûches pour le tuer, mais pas une ne réussit.

Ces mauvais succès ne l'empêchèrent pourtant pas de lui en dresser de nouvelles, jusques-là, qu'il vint un jour lui-même, accompagné d'un grand nombre de gens armés, attendre Alestan & son fils dans un bois, où ils étoient à la chasse.

Par bonheur un seigneur parsis, de leurs amis, les y étoit venu rencontrer, quoiqu'on ne l'eût pas invité; & comme il avoit mené beaucoup de monde avec lui, il fortifia extrêmement le parti d'Alestan, qui, sans cela, auroit couru
grand

grand risque d'être accablé par le nombre de ses ennemis. Ils ne manquèrent pas de se jetter sur lui & sur les siens, une heure après qu'il fut arrivé dans le bois, où ils ne croyoient pas le trouver si bien escorté. Néanmoins, comme ils étoient encore les plus forts en nombre, & qu'ils s'étoient préparés de longue main, ils mirent d'abord les gens d'Alestan en désordre, & sans doute ils auroient poussé leur pointe plus loin, si le jeune Sévaris, accompagné de son gouverneur & de deux de ses domestiques, voyant le danger évident où étoit son père, n'eût, avec un courage héroïque & un bonheur extraordinaire, poussé son cheval au milieu de ses ennemis, & tué leur chef de sa propre main. La mort de ce chef, & la valeur de ce jeune prince, jettèrent l'étonnement & l'épouvante parmi ces assassins; si bien qu'Alestan, ayant promptement rallié son monde pour aller secourir son fils, n'eut pas beaucoup de peine à rompre & à mettre en fuite ceux qui purent échapper à son juste ressentiment.

Mais la joie que lui donna cette victoire ne fut pas de longue durée. Elle se changea bientôt en tristesse, quand il vint à considérer les malheurs où elle pourroit le précipiter lui & sa famille. Son ennemi étoit mort à la vérité, mais l'inimitié n'étoit pas éteinte; il avoit laissé de

*Tome V.* M

puissans amis dans la cour du Sophi, & dans le pays même, qui devoient apparemment faire tous leurs efforts pour perdre Alestan & son fils. Ils étoient tous mahométans, & par conséquent très-capables d'opprimer un prince, qui n'étoit considérable que dans une religion persécutée, & auprès d'une nation soumise à la loi d'un cruel vainqueur.

Toutes ces considérations, & sur-tout la crainte de voir périr son fils, qu'il aimoit plus que sa vie, lui firent prendre la résolution de l'éloigner, pour l'arracher à la vengeance de ses ennemis. Sans perdre donc beaucoup de tems, il fit venir Sévaris & Giovanni dans son cabinet; après leur avoir fortement représenté le déplorable état de ses affaires, & le danger qui les menaçoit, il dit au gouverneur, que comme son fils avoit reçu de lui son éducation, & qu'après son père, il étoit obligé de le considérer comme l'homme du monde auquel il devoit le plus de respect & de reconnoissance; aussi, pouvoit-il raisonnablement attendre de lui plus d'affection & de fidélité que d'aucun autre; que depuis treize ou quatorze ans qu'il étoit dans sa famille, il avoit donné des preuves si claires de son zèle & de sa prudence, que ce seroit pécher contre la raison & contre la justice, de ne pas avoir une entière confiance en lui. Que comme, jusqu'alors, il avoit eu la conduite de son fils, il étoit juste qu'il eût encore le soin de sa personne durant le reste de sa jeunesse; & qu'enfin les liens qui les attachoient l'un à l'autre étoient si forts, que rien ne devoit les rompre, ni même les relâcher.

Vous avez, dit-il, fidèle Giovanni, cultivé jusques ici cette jeune plante, mais vous n'aurez rien fait encore, si, lorsqu'elle commence à porter des fruits, & à remplir notre espérance, vous ne la sauvez du danger qui la menace. Je vous la remets donc entre les mains comme un dépôt sacré, dont je vous demanderai compte, & que je vous conjure de tenir cher comme vos yeux. Fuyez ces lieux infortunés, où l'injustice opprime l'innocence, & menez mon fils dans tous les pays de l'Asie & de l'Europe, où vous pourrez tous deux vivre en sûreté, & jouir du commerce des honnêtes gens. J'ai déjà donné ordre à tout ce qui vous est nécessaire pour votre voyage, & je n'attends rien avec plus d'impatience que l'heure de votre départ.

Ce discours imprévu étonna fort le jeune Sévaris, qui ne vouloit point quitter son père, & desiroit partager avec lui tous les dangers & toutes les peines, où les malheurs de sa fortune pourroient le précipiter. Mais toutes les prières furent inutiles, Alestan voulut être obéi, & mettre son fils à couvert de l'orage qui le menaçoit.

Ils partirent donc secretement lui & son gouverneur, ne prenant avec eux qu'une seule personne pour les servir dans leur suite, & traverserent plusieurs provinces, avant même que leurs ennemis eussent rien appris de leur départ.

Cependant Alestan ayant mis ordre à ses affaires domestiques, s'éloigna pour quelque tems de son pays, & se tint caché jusqu'à ce que ses ennemis eussent assouvi leur rage par la ruine de ses maisons, & par celle de tout ce qu'il n'avoit pu mettre à couvert. Enfin, après trois ans d'exil, il ménagea un accommodement avec eux ; & pour quelque somme d'argent, il fut rétabli dans la possession de ses biens & de ses dignités. Alors il tourna toutes ses pensées vers son fils, & l'envoya chercher, par un messager fidèle, à la cour du grand seigneur, où il s'étoit arrêté après avoir parcouru une bonne partie de l'Asie. Mais lorsque ce messager y fut arrivé, les personnes à qui on lui avoit ordonné de s'adresser, lui dirent que Sévaris étoit parti avec ses gens pour aller voir l'Europe, & que depuis six mois qu'ils avoient quitté l'Asie, on en avoit eu aucune nouvelle. Après cette réponse, ce messager voyant qu'il ne le pouvoit trouver en Asie, résolut de l'aller chercher en Europe, & particulièrement à Venise, parce que c'étoit le pays de Giovanni. Pour cet effet, il prit la route d'Italié, & s'enquit avec un soin extrême des personnes qu'il y cherchoit. Mais après une longue & inutile recherche, il fut enfin obligé de s'en retourner en Perse, rapporter à son maître le mauvais succès de son voyage.

Ces tristes nouvelles touchèrent sensiblement Alestan. Il s'imagina que son fils étoit mort, & il en conçut un tel déplaisir, que trois mois après l'arrivée du messager, ce père désolé mourut de tristesse, & laissa ses biens & ses dignités à son second fils, plus jeune de quatre ans que Sévaris.

Revenons maintenant à ce jeune seigneur, que la providence avoit conservé pour les grandes choses, dont il fut ensuite l'instrument, & que, pour cet effet, elle avoit garanti d'une infinité de dangers. Il avoit quitté la cour du grand seigneur pour aller voir l'Italie, & s'étoit embarqué dans un vaisseau chargé pour Venise, pays de Giovanni son gouverneur. Ils furent assez malheureux pour être pris par des corsaires, qui venant à partager leur butin, les séparèrent malgré les prières & les promesses qu'ils leur faisoient d'une rançon considérable, s'ils vouloient les laisser ensemble, jusqu'à ce qu'ils eussent de quoi les satisfaire. Giovanni fut ramené en Asie, & Sévaris fut envoyé à Naples pour être donné à un marchand de cette ville, qui avoit part aux prises que faisoient ces corsaires. Il n'eut pas long-tems demeuré avec ce marchand, que son mérite fut remarqué par un seigneur de qualité, qui l'acheta pour le donner à un jeune gentilhomme Sicilien, qui devoit bientôt retourner en son pays. Ce seigneur s'intéressoit beaucoup dans l'éducation de ce gentilhomme, parce qu'il étoit son proche parent, & qu'il n'avoit ni père ni mère. Il avoit lui-même examiné Sévaris dans les sciences & dans les langues, & avoit reconnu qu'outre un savoir extraordinaire aux personnes de son âge, il avoit une beauté de génie & une solidité d'esprit incomparables. Ces belles qualités lui acquirent l'estime & l'affection de ce seigneur Néapolitain, qui fut assez généreux pour ne le donner à son jeune parent, qu'à condition qu'il lui rendroit sa liberté après trois ans de service. Sévaris partit donc pour la Sicile avec son nouveau maître, qu'il servit avec beaucoup de zèle & de fidélité durant l'espace de deux ans, & sans doute il auroit continué jusqu'au tems qu'on lui avoit prescrit, si la malice d'une femme qu'il avoit méprisée ne lui eût suscité de fâcheuses affaires, qui pensèrent le perdre, & dont il eut beaucoup de peine à se tirer.

Elle l'avoit faussement accusé d'avoir voulu attenter à son honneur, & en avoit secretement averti son mari, qui croyant les plaintes de sa femme justes, voulut se venger de cette injure

Mais après bien des persécutions & des peines qu'on fit souffrir à Sévaris, à la fin son innocence triompha de la malice de ses ennemis, & parut si clairement, qu'il ne leur resta que la honte d'avoir voulu opprimer un étranger éloigné de sa patrie, & destitué de parens & d'amis. Néantmoins, quelqu'innocent qu'il fût, il ne se seroit pas facilement tiré d'affaire, si le seigneur, qui l'avoit acheté, venant à savoir le tort & la persécution qu'on lui faisoit, ne se fût employé pour lui, & ne lui eût fait obtenir sa liberté, même plus d'une année avant qu'on fût obligé de la lui rendre ; & pour comble de bonté, n'eût ajouté à ce bienfait des récompenses pour lui aider à se retirer chez lui.

Ainsi, notre jeune affranchi ayant quitté la Sicile, passa le plus promptement qu'il put en Italie, & fut tout droit à Venise, espérant d'y apprendre des nouvelles de son gouverneur, mais tous ses soins furent inutiles. Delà il voyagea presque par toute l'Italie, & vit ce qu'il y avoit alors de plus remarquable ; après quoi il retourna à la cour du grand seigneur, où il avoit laissé des amis & de l'argent.

Ce fut là qu'il apprit que son cher Giovanni étoit esclave en Egypte, ce qui l'obligea d'y aller avec toute la diligence possible pour le tirer d'esclavage, & reprendre avec lui le chemin de la Perse. Il l'en tira, & eut plus de bonheur dans ce voyage qu'il n'en avoit eu dans le précédent ; mais la fin en fut fort triste : car il ne fut pas plutôt arrivé en un lieu d'où il pouvoit apprendre des nouvelles de son père, qu'il reçut celle de sa mort. Cette mort inespérée lui causa une douleur extrême, & le fit résoudre à ne pas retourner de long-tems chez lui. Il dit donc à Giovanni, qu'après avoir vu la Grece, l'Italie, & la plupart de l'Asie du côté d'occident, il désiroit de voir l'Asie orientale, & de passer jusques dans les Indes ; que, pour cet effet, il le prioit d'aller trouver son frère, pour lui communiquer son dessein, & pour tirer de lui ce qui étoit nécessaire pour son voyage. Giovanni exécuta ses ordres, & l'ayant rejoint dans une ville dont ils étoient convenus, ils passèrent tous deux aux Indes, delà aux îles du Japon, & enfin au royaume de la Chine. Ils eurent, dans tous ces pays, diverses aventures, où Sévaris eut occasion d'exercer sa vertu, & où il acquit cette grande sagesse dont on voit encore aujourd'hui les effets parmi les Sévarambes. Il fut aussi long-tems dans ses voyages d'orient, qu'il avoit été dans ceux d'occident, puis il s'en retourna chez lui, où il espéroit se reposer de toutes ses fatigues durant le reste de sa vie, ne sachant pas que le ciel l'eût choisi pour les grands desseins, qu'il lui fit ensuite exécuter. Mais il ne l'avoit fait naître avec tant de belles qualités, & n'avoit préparé son ame par tant d'épreuves & de traverses, que pour le faire l'auteur des loix les plus justes qu'on ait jamais faites, & l'instrument de la félicité du plus heureux peuple du monde.

Quand Sévaris fut arrivé chez lui, il n'entra pas seulement en possession des biens de son père; il fut aussi reçu dans la charge de grand-prêtre du soleil, qui étoit héréditaire dans sa maison, & que son frère n'avoit exercée, durant son absence, que pour la lui remettre à son retour. Or cette charge étant la plus éminente qui fût alors parmi les Parsis, elle faisoit considérer ceux qui l'exerçoient comme des souverains, & leur autorité étoit d'autant mieux établie, que les peuples s'y soumettoient volontairement, & croyoient même y être obligés par la religion. Et comme les grandes charges ne font pas seulement honneur à ceux qui les exercent, mais qu'elles en reçoivent aussi un nouvel éclat, quand ils ont du mérite, Sévaris, qui en avoit infiniment, porta sa prêtrise jusqu'à un degré de gloire & de majesté, tout à fait singulier. Sa belle éducation, ses longs voyages & ses adversités passées avoient de beaucoup augmenté les lumières naturelles de son esprit, & lui donnoient des avantages peu communs aux orientaux. Auſſi tous ces grands avantages, joints à la nobleſſe de ſon extraction, à l'éclat de ſes dignités & à la grandeur de ſa fortune, lui aquirent bientôt, parmi les Parſis, une réputation de prudence & de ſageſſe, qui le faiſoit conſidérer beaucoup au-delà de tous ceux qui l'avoient précédé. On le venoit conſulter de toutes parts ſur les affaires les plus épineuſes, & il donnoit des avis, ou rendoit des jugemens ſi ſages & ſi équitables, que tout le monde en étoit ſatisfait.

Deux ou trois ans après ſon retour, il ſurvint un grand différent entre le maître d'un navire & un marchand du pays, dont le jugement lui fut déféré.

Le marchand, d'un côté, ſe plaignoit que les mariniers qu'il avoit employés pour tranſporter des marchandiſes aux Indes, & pour en rapporter d'autres de ce pays-là, s'étoient mal acquittés de leur commiſſion. Il ajoutoit qu'après l'avoir engagé à faire une grande dépenſe, & avoir conſommé beaucoup de ſes denrées, ils étoient enfin revenus ſans achever le voyage, & lui alléguoient des raiſons chimériques, inventées à plaiſir, pour le fruſtrer de ſon bien.

Les mariniers, au contraire, pour ſe juſtifier de cette accuſation, ſoutenoient qu'ils avoient été poussés par la tempête vers les mers du midi, au-delà desquelles ils avoient trouvé un pays habité, où ils avoient été contraints de demeurer durant l'espace de sept ou huit mois, avant que d'en pouvoir revenir ; que pendant leur séjour dans cette terre inconnue, ils s'étoient vus obligés de se défaire d'une partie de leur cargaison pour subsister, & pour se munir des choses nécessaires pour leur retour.

Sévaris entendant parler d'une nouvelle découverte vers le sud, où l'on croyoit alors qu'il n'y eût que des mers, interrogea ces matelots en particulier sur un sujet si surprenant & si nouveau, & apprit qu'en effet la tempête les avoit jettés sur un grand pays vers le midi. Et comme il leur fit plusieurs demandes sur tout ce qu'ils avoient pu remarquer dans cette nouvelle terre ; ils firent les réponses suivantes.

Qu'ils y avoient vus des hommes & des femmes d'une taille extraordinaire : mais qui d'ailleurs étoient fort bien faits, & de plus fort doux & fort traitables ; qu'ils en avoient reçu, dans leur nécessité, toutes les choses nécessaires à la vie, pendant le séjour qu'ils avoient fait parmi eux, & qu'on ne leur avoit fait aucune injure, dans leurs biens ni dans leurs personnes ; que ces peuples habitoient dans des hutes & des cabanes ; qu'ils alloient tout nuds, & ne couvroient que les parties du corps que la nature enseigne de cacher; que les femmes y étoient fort belles, même sans l'aide des ornemens, & qu'on leur en avoit fourni d'assez aimables, aussi bien que des vivres & des logemens; que les hommes n'avoient que des arcs & des fléches, ou de grands bâtons pour toutes armes, & qu'ils étoient fort adroits à tirer de l'arc; que la chasse étoit leur exercice le plus ordinaire, & que leur pays étant très-bon, & leur climat très-beau, ils y pourroient vivre heureux, à leur manière, si la cruelle guerre que leur faisoient les habitans d'un autre pays au-delà de certaines montagnes, n'eût troublé leur tranquillité.

Ces matelots ajoutèrent qu'ils avoient compris que les causes de cette guerre venoient de quelques différens de religion; que ceux de par-delà les monts avoient innové dans le culte du soleil, dont ils étoient tous adorateurs, & qu'ils faisoient la guerre à ceux-ci, parce qu'ils ne vouloient pas recevoir leurs innovations, ni approuver les cérémonies superstitieuses, que les autres avoient mêlées au culte de ce grand astre.

Sévaris étant persuadé, par le témoignage unanime de ces matelots, que cette relation étoit véritable, quelque surprenante qu'elle parût, se sentit touché d'un desir curieux d'aller lui-même voir cette nouvelle terre. Pour cet effet il engagea, par des bienfaits & par des promesses, tous ces mariniers à son service; &, pour faire cesser les plaintes du marchand, il leur donna de quoi le dédommager. Après cela il mit tous ses soins à recouvrer les choses nécessaires pour son voyage, & fit enfin équiper deux navires, outre celui des matelots qu'il avoit engagés. Quelque tems après il partit sous leur conduite, avec un assez bon nombre de soldats qu'il avoit choisis entre ceux des Parsis qui voulurent suivre sa fortune. Ils furent fort long-tems en mer, contraints d'essuyer beaucoup d'orages avant qu'ils pussent arriver à ce pays nouvellement découvert: mais enfin ils y arrivèrent heureusement. Avant que de mettre lui-même pied à terre, il y fit descendre ceux de ses matelots qui savoient le mieux s'expliquer en la langue du pays. Il leur ordonna de faire entendre à ces peuples qu'un fidèle ministre du soleil, qui offroit sacrifice à ce grand astre pour plusieurs de ses véritables adorateurs, étoit arrivé sur leurs côtes avec des forces suffisantes pour les défendre contre tous leurs ennemis, quoique le nombre de ses soldats ne fût pas grand; mais qu'étant armés des foudres du ciel, ils étoient capables de dissiper les armées les plus nombreuses.

En effet, il avoit bien prévu que par le moyen de l'artillerie, & des autres armes à feu dont il avoit eu foin de fe munir, il ne manqueroit pas de repandre la terreur parmi tous ces peuples ignorans, qui n'en connoiſſoient point l'uſage, & qui n'en avoient pas même ouï parler. Dans cette vue, il en avoit apporté tout autant que le nombre & la grandeur de ſes vaiſſeaux l'avoit pu permettre, quoiqu'il eût bien eu de la peine pour en recouvrer, parce qu'en ce temps-là l'uſage n'en étoit pas encore commun dans la Perſe. Mais comme il avoit de fort bonnes correſpondances dans le royaume de la Chine, où l'invention de l'artillerie étoit dès-lors ancienne, quoiqu'elle fût nouvelle ailleurs, il en avoit fait venir de ce pays-là.

Cependant les gens qu'il avoit envoyés à terre, où ils étoient déjà connus, ne manquèrent pas d'y exécuter ſes ordres, & leur propoſition ayant été examinée, on la trouva trop avantageuſe pour ne pas la recevoir. Ainſi trois jours après l'arrivée des Parſis ſur leurs côtes, les principaux du peuple avec une grande ſuite de gens armés de flèches & de bâtons, vinrent vers le rivage, portant des préſens de leurs meilleures viandes, & de leurs meilleurs fruits, pour les offrir à Sévaris, & pour le prier de mettre pied à terre. Il reçut quelques-uns de leurs chefs dans ſes vaiſſeaux, dont ils admiroient la grandeur & la fabrique, & les y traita avec tant de douceur & de bonté, qu'il acquit leur eſtime & leur amitié dès la première entrevue. Enſuite ayant appris qu'il y avoit un port commode ſur ces côtes, il y fit conduire ſa petite flotte, pour la mettre à couvert des tempêtes qui pourroient ſurvenir. Ce port étoit juſtement la baie que nous découvrîmes, & près de laquelle nous transférâmes notre camp; de ſorte que Sévaris ſuivit la même route que nous, quand nous montâmes vers Sporounde. Il eſt vrai qu'il y entra du côté du ſoleil couchant, où l'embouchure eſt plus large, & plus commode, que du côté du levant, par où Maurice entra dans ce grand lac.

Avant que de faire ſa deſcente, Sévaris prit toutes les précautions qu'il falloit prendre, & ne voulut pas imprudemment ſe commettre avec des gens dont il ignoroit encore les mœurs & les coutumes. Pour être donc à couvert de toutes ſortes d'inſultes, il ſe campa dans une petite île proche du continent, vis-à-vis de Siden-bourg. Ce fut là que pendant quelques jours, il reçut les viſites & les hommages des peuples d'alentour, auxquels il fit entendre ſes canons, pour leur imprimer la crainte & le reſpect. Le bruit épouvantable de ces machines inconnues, leur caufa tant d'étonnement & d'admiration, qu'ils fe perfuadèrent facilement, que les Parfis étoient envoyés du foleil pour leur délivrance, & qu'ils en avoient apporté les foudres pour la punition de leurs ennemis.

Quand Sévaris fe fut bien informé des mœurs de ces peuples, il trouva qu'ils vivoient en commun, & qu'ils étoient diftribués par grandes familles, chacune defquelles avoit une efpèce de gouvernement particulier; que néanmoins, pour leur confervation mutuelle, ils élifoient tous les ans un capitaine général, auquel chaque famille envoyoit un certain nombre d'hommes armés, qu'il menoit à la guerre contre les montagnards, leurs ennemis, quand ils defcendoient dans la plaine pour les attaquer ou pour ravager leur pays. Au refte, il trouva que felon le rapport de fes matelots, ces peuples alloient tous nuds, & qu'ils couvroient feulement les parties que la pudeur défend de nommer, de la dépouille des animaux qu'ils tuoient à la chaffe; qu'ils fe nourriffoient principalement des fruits des arbres, de diverfes racines qu'ils plantoient, & d'une efpèce de légume qu'ils prenoient foin de cultiver, & dont ils avoient de très-grandes récoltes. Que d'ailleurs la pêche, la chaffe des

cerfs

cerfs & celle des bandelis faisoit leur exercice le plus ordinaire, & que tous les ans ils offroient au soleil les prémices de tous leurs fruits.

Sévaris, s'étant ainsi fait instruire des mœurs de ces peuples, qu'il trouva très-conformes à ses sentimens, & ayant pris toutes ses précautions, crut qu'il étoit de son intérêt & de sa gloire de se signaler au plutôt par quelque action guerrière contre les ennemis.

Pour cet effet, il se fit montrer les lieux par où ces barbares descendoient tous les ans de leurs montagnes dans les plaines, & fit faire des retranchemens, où il mit plusieurs pièces d'artillerie, & un bon nombre de mousquetaires. Il avoit amené de Perse six cens hommes ou environ, tous braves & fort adroits, qu'il arma d'épées, de piques & de mousquets. Il y avoit un bois au-delà de son retranchement, dans lequel il posa cent de ses Parsis, & deux cens Prestarambes, ou habitans du pays. Dans un autre bois encore plus avancé vers les montagnes, il mit une pareille embuscade, & se tint lui-même avec le reste de ses gens dans son nouveau retranchement. Il l'avoit fait faire dans un lieu fort étroit, afin que son artillerie fît un plus grand effet contre les barbares dans leur passage. Quand il eut ainsi disposé ses gens, il envoya un grand parti de Prestarambes pour donner l'allarme aux ennemis jusques dans leurs montagnes, & leur ordonna de feindre une fuite, quand les autres viendroient pour les repousser, afin de les attirer dans ses embuscades. Ceux-ci étant entrés chez les Stroukarambes, (car c'est ainsi qu'ils nommoient les montagnards leurs ennemis) se jettèrent sur quelques-unes de leurs habitations, où ils mirent tout à feu & à sang. Cette insulte allarma fort cette nation fière, qui n'avoit pas accoutumé d'en souffrir de pareilles, quoique tous les ans elle en fît de semblables aux Prestarambes. Ils s'assemblèrent donc de toutes parts pour repousser la violence par force, & vinrent enfin, au nombre de dix ou douze mille, fondre sur le parti qui les avoit insultés, & résolurent de les pousser jusqu'au rivage de la mer, & de les exterminer tout à fait. Les autres les voyant venir, prirent la fuite, selon les ordres de Sévaris, & les attirèrent insensiblement devant l'artillerie, qui prenant fort bien son temps, fit une décharge si terrible sur eux, & leur donna tant d'épouvante, que, tout en désordre, ils prirent la fuite vers leurs montagnes. Mais leur consternation fut encore plus grande, quand ils tombèrent dans les autres embuscades qu'on leur avoit dreſſées. Alors ils crurent que les foudres du ciel étoient lancées ſur eux de toutes parts, & qu'elles les pourſuivoient en tous lieux; ce qui acheva de les diſperſer. Dans cette confuſion & cette déroute générale, les Preſtarambes qui étoient à leurs trouſſes avec la mouſqueterie des Parſis, en firent un horrible carnage, & vengèrent, dans ce jour, les injures & les violences qu'ils avoient ſouvent ſouffertes de la part de ces barbares.

Ils en tuèrent plus de trois mille, & en firent preſque autant priſonniers; après quoi ils s'en retournèrent triomphans à leurs demeures, & témoignèrent leur reſpect & leur reconnoiſſance à Sévaris & à ſes gens, que depuis cette victoire ils commencèrent à regarder comme leurs libérateurs & leurs dieux tutélaires. Il reçut leurs hommages avec beaucoup de modération, & leur fit comprendre qu'ils devoient donner la gloire de cette action au grand dieu de la lumière, qui avoit envoyé les Parſis pour les défendre & les protéger. Il ajouta qu'il étoit raiſonnable, & de leur devoir, de lui faire un ſacrifice ſolemnel, pour le remercier de l'heureux ſuccès qu'il avoit donné à leurs armes.

Cette pieuſe exhortation ayant été reçue de tout le monde, on fit incontinent élever un autel dans le champ de bataille, & Sévaris s'étant vêtu de ses habits sacerdotaux les plus riches & les plus éclatans, & usant de cérémonies pompeuses, offrit au soleil les armes & les dépouilles des ennemis. A ce sacrifice, il en ajouta un autre de parfums, dont l'usage étoit alors ignoré des Prestarambes, qui, pendant cette action, étoient remplis de respect & d'admiration, à la vue d'un sacrifice, dont l'éclat & la magnificence surpassoit de beaucoup la simplicité des leurs.

Après cet acte de piété & de reconnoissance, Sévaris reprit le chemin de son camp, que dans peu de jours delà, il fit transférer à l'une des îles du lac de Sporaskompso, auprès desquelles Maurice fut pris dans sa pinasse quand il alloit à la découverte du pays. Ce lieu étoit plus sûr & plus commode que celui où il étoit auparavant, & même beaucoup plus près des montagnes, & dans une distance raisonnable de la mer. Il n'y fut pas plutôt établi, qu'il renvoya deux de ses vaisseaux en Perse, sous la conduite de Giovanni, auquel il donna ordre d'amener autant de Parsis qu'il en pourroit engager à son service : outre cela, il lui dit de porter tout ce qu'il jugeroit nécessaire pour un solide établissement ; & sur toutes choses il lui ordonna de ne parler de leur aventure qu'aux Parsis qu'il pourroit obliger à le suivre. Il ajouta qu'il falloit leur recommander le secret, parce qu'il étoit à craindre que les usurpateurs de la Perse, pour s'opposer à leurs desseins, ne les empêchassent de sortir du pays, & d'aller demeurer dans cette nouvelle terre, qu'il sembloit que la providence leur eût donnée, pour y rétablir l'ancienne splendeur des véritables Persans, & le vrai culte de l'astre du jour. Giovanni ayant reçu ces ordres, se mit en mer avec un vent favorable, cinglant vers la Perse, où, dans peu de tems, il arriva heureusement.

Cependant ceux des Stroukarambes, qui étoient échappés du combat, étant de retour chez eux, y jettèrent tout le monde dans une extrême consternation, par le récit qu'ils leur firent de la bataille, où la foudre (disoient-ils) avoit fait un horrible carnage de leurs gens. La renommée porta bientôt cette nouvelle au-delà des monts, parmi les Stroukarambes, habitans du plat pays, où Sévarinde est présentement située. Une aventure aussi extraordinaire fit grand bruit parmi eux, & ne manqua pas de leur causer un merveilleux étonnement. Elle leur fit même craindre, par avance, un châtiment pareil à celui de leurs voisins; & cette crainte facilita beaucoup les entreprises de Sévaris, lorsque fortifié d'un nouveau secours de Parsis, il porta jusques dans leurs plaines ses armes victorieuses.

Durant l'absence de Giovanni, il fut élu capitaine général de tous les Prestarambes; après quoi s'occupant à reconnoître leur pays, & à faire un dénombrement de leur nation, il trouva qu'elle consistoit en plus de trois cens mille ames, hommes, femmes & enfans compris. Or, comme ces peuples vivoient en communautés, qu'ils étoient exposés aux courses de leurs voisins, qui venoient tous les ans désoler leurs frontières; ils usoient d'une grande économie, & faisoient toujours des amas de grains pour deux ou trois ans. Pour les conserver, ils creusoient de grands trous dans la terre, & les recouvroient ensuite si adroitement, qu'il étoit fort difficile à leurs ennemis de les découvrir. Sévaris fit ouvrir plusieurs de ces magasins, & en fit transporter les grains à l'île du lac, où il avoit transféré son camp, afin que delà il en pût commodément tirer pour ses divers usages.

Quand il eut ainsi pourvu à la subsistance de ses troupes, il fit entendre aux Prestarambes, que c'étoit peu que d'avoir défait les ennemis sur la frontière, s'ils ne songeoient à les aller attaquer dans leur pays même; &

s'ils ne se mettoient en devoir de les subjuguer tout à fait, pour s'assurer la paix, & pouvoir vivre tranquillement chez eux; qu'ils ne jouiroient jamais d'un parfait repos, tant que leurs voisins seroient en état de les troubler, & que l'expérience du passé leur étoit une preuve sensible de ce qu'ils devoient espérer à l'avenir. Outre ces raisons solides, il leur dit, que s'ils avoient quelque généreux ressentiment des outrages qu'ils avoient si souvent soufferts de la part de leurs ennemis, ils feroient leur dernier effort pour en tirer réparation, & pour se venger des ravages & des cruautés que ces peuples farouches avoient depuis longtemps exercées sur leurs ancêtres, & sur eux. Il ajouta qu'il croyoit que tous les avantages que leurs ennemis avoient remportés, venoient plutôt de leur multitude que de leur valeur; mais qu'à l'avenir leur grand nombre ne serviroit qu'à rendre les victoires des Parsis & des Prestarambes plus éclatantes; & que le succès de la dernière, & la faveur de leur dieu glorieux, qui pour cet effet leur avoit prêté ses foudres, leur promettoit une conquête facile & assurée.

Ce discours toucha fort les Prestarambes, leur inspira une nouvelle ardeur, & redoubla l'impatient désir qu'ils avoient de se venger de leurs ennemis. D'une commune voix, ils prièrent Sévaris de les mener au combat, lui promirent de le suivre par-tout où il voudroit les conduire, & lui jurèrent qu'ils n'avoient point de plus forte passion que celle de vaincre ou de mourir avec lui. Il loua leur courage & leur générosité, & les assura que, dès que le renfort, qu'il attendoit tous les jours, seroit arrivé, il les meneroit à la guerre.

Quelque tems après, Giovanni revint de Perse en Prestarambe, qui étoit alors le nom du pays, que présentement on nomme Sporoumbe, conduisant avec lui plus de mille Parsis armés, & pourvus de toutes choses nécessaires pour la guerre. Il avoit pris soin d'engager à sa suite tout autant de maçons & de charpentiers qu'il avoit pu, & d'apporter tous les instrumens propres à bâtir & à remuer la terre.

Avec ce nouveau renfort, Sévaris résolut de passer les montagnes, dès que les neiges seroient fondues; & fit, pour cet effet, tous les préparatifs nécessaires pour cette expédition.

Depuis la victoire obtenue, il avoit pris soin de faire apprendre l'exercice des armes aux plus adroits jeunes hommes des Prestarambes, dans le dessein de les mener avec ses

Parfis, & d'en former un bon corps d'infanterie, quand il auroit des armes pour leur donner. On lui avoit amené de Perse une cinquantaine de bons chevaux, qu'il lui furent fort utiles ; ce qui fut cause qu'il renvoya souvent ses vaisseaux pour en apporter davantage, afin d'en pouvoir faire des haras dans Prestarambe.

Dès que la saison fut propre, & qu'il eut pourvu à la subsistance de ses troupes, il se mit en campagne avec toute son armée, qui se trouva forte de huit mille hommes effectifs, dont il y en avoit plus de trois mille qui portoient des armes à feu. Il se servit des prisonniers qu'il avoit faits après le combat, pour porter ses vivres & traîner son artillerie, qui ne consistoit qu'en petites pièces de campagne faciles à traîner. Et comme ses prisonniers étoient de grands & puissans hommes pour la plupart, ils portoient le bagage ou traînoient le canon presque aussi bien que des chevaux. Sévaris ayant ainsi bien disposé toutes choses, suivi de son armée, il prit son chemin vers les montagnes. Le bruit de sa marche y avoit déjà porté une si grande terreur, que tous les habitans des lieux par où il devoit passer, avoient abandonné leurs habitations. Sans trouver donc d'autres obstacles que ceux des chemins, il traversa tout le pays jusqu'aux plaines de Stroukarambe. Ce terroir, qui naturellement est très-beau & très-fertile, lui plut tant, qu'il résolut de s'y établir, s'il pouvoit une fois subjuguer les peuples qui l'habitoient. Il forma aussi le dessein d'y transférer la meilleure partie de la nation des Prestarambes, dont le pays n'étoit ni si bon ni si agréable que celui-ci.

La marche soudaine de son armée surprit extrêmement les habitans des plaines, mais elle ne les étonna pas tant, qu'ils ne s'attroupassent en divers endroits, à dessein de le combattre. Dans moins de quinze jours, ils assemblèrent plus de vingt mille hommes, qui étoient résolus de l'attaquer, & qui se moquoient de ceux qui leur disoient que les Parsis lançoient les foudres du ciel. Ils traitoient cela de mensonge, & d'un prétexte adroit dont leurs voisins s'étoient servis pour couvrir la honte de leur défaite. Dans cette confiance, ils s'avancèrent vers l'armée de Sévaris, qui s'étoit campée à côté d'un bois tout auprès d'une grande rivière, & qui, de peur d'être attaqué dans son camp, l'avoit fortifié par les endroits où les ennemis y pouvoient entrer. Il avoit sur la main droite le grand fleuve, que de son nom on a depuis appellé Sévaringo; sur la gauche, le bois le mettoit à couvert de leurs insultes, & par derrière il fit faire une profonde tranchée depuis le fleuve jusqu'au bois, dont il fit abattre plusieurs arbres, qui étant couchés en travers, en défendoient fortement l'accès. Pour la tête du camp, il ne la fortifia que de son artillerie, & ne voulut opposer aux ennemis que la vigilance & la valeur de ses soldats. Quand il les vit assez près pour leur donner bataille, il mit tous les Prestarambes, qui n'étoient armés que de flèches & de bâtons, à la tête de son armée. Il leur commanda d'aller au-devant des ennemis, de les attaquer les premiers, de soutenir quelque tems le combat, & enfin de céder peu-à-peu, jusqu'à ce qu'ils les eussent attirés tout auprès de son artillerie; ce qu'ils observèrent ponctuellement.

Les barbares ne voyant d'abord que des Prestarambes, qu'ils avoient accoutumé de vaincre, & dont les armes étoient semblables aux leurs, les reçurent avec beaucoup de courage, & méprisant le petit nombre de leur armée, ils crurent pouvoir facilement les accabler par leur multitude. Ceux-ci, de l'autre côté, voyant qu'ils avançoient vers eux avec beaucoup d'ardeur, leur cédèrent peu-à-peu le terrein, jusqu'à ce qu'ils les eurent attirés près du canon. Alors ils s'ouvrirent tout d'un coup selon les ordres de Sévaris, & ce fut dans cet instant que l'artillerie commença de foudroyer les ennemis, & que la mousquerie des flancs redoublant le feu, en fit une si horrible boucherie, qu'il en tomba plus de cinq cens dès la première décharge. Le bruit épouvantable du canon, & la mort si subite de tant d'hommes, réprima d'abord l'ardeur des barbares, & puis les consterna si fort, que jettant bas les armes, ils prirent tous la fuite & se renversèrent les uns sur les autres, ce qui causa leur entière défaite. Dans ce désordre, les Prestarambes les chargèrent vigoureusement, en tuèrent un grand nombre, & ne se relâchèrent point qu'ils ne les eussent tout-à-fait dispersés. Le desir de vengeance qui les animoit, les fit passer même au-delà des bornes d'un ressentiment ordinaire, & contrevenir aux ordres de Sévaris, qui leur avoit commandé de ne plus tuer d'ennemis, dès que la victoire seroit assurée : mais, malgré cette précaution, il y eut cinq ou six mille hommes de tués dans cette bataille, & plus de trois mille de pris ; les misérables restes de cette grande armée trouvèrent leur salut dans la fuite.

Après cette défaite, tous les habitans de ces plaines furent persuadés que les Parsis portoient avec eux les foudres du ciel, & que le rapport des montagnards étoit véritable; desorte qu'ils en furent saisis de crainte & d'étonnement. Dans un temps si favorable à ses desseins, Sévaris ne manqua pas de profiter de leur consternation. Après donc qu'il eut fait un nouveau sacrifice au dieu de la lumière, il marcha plus avant dans leur pays tout le long du fleuve, sans trouver aucune résistance, parce que les ennemis fuyoient toujours devant lui, & quittoient leurs demeures pour se cacher dans les forêts. Quand il ne trouva plus rien qui lui osât résister, il résolut de gagner ce peuple par la douceur. Dans cette vue, dès qu'il fut arrivé vis-à-vis de l'île où présentement Sévarinde est située, il y fit son camp, & le fortifia, pour delà pouvoir, en toute sûreté, traiter avec eux, & leur persuader d'accepter la paix. Mais afin qu'ils vinssent la demander eux-mêmes, il fit élargir plusieurs de ses prisonniers, après les avoir traités fort humainement. Il leur ordonna de dire à leurs compatriotes, qu'il n'étoit pas venu pour les détruire, ni les chasser de leur pays, mais seulement pour les châtier, à cause des cruautés qu'ils avoient exercées sur les Prestarambes. Il ajouta que le soleil les prenoit désormais sous sa protection, & qu'il les y prendroit auſſi lui même, s'ils vouloient ſe ſoumettre, ſans répugnance, aux loix de ce dieu de tous les hommes, dont il étoit le principal miniſtre ici-bas.

Cet expédient produiſit bientôt l'effet que Sévaris en avoit attendu; car, dans moins de huit jours, on lui envoya des députés de toutes parts pour lui demander la paix aux conditions qu'il voudroit la leur donner. Il leur en fit de très-raiſonnables, & ne leur preſcrivit d'abord que quelque tribut de grains, de fruits & d'autres proviſions pour la ſubſiſtance de ſon armée. Enſuite il leur dit qu'une autre fois, quand ils auroient plus de loiſir, & qu'ils ſe connoîtroient mieux les uns les autres, ils pourroient faire de nouveaux traités. Les Stroukarambes qui n'eſpéroient pas d'en être quittes à ſi bon marché, ſe ſoumirent volontiers à des conditions ſi douces, & portèrent au camp des Parſis une grande abondance de toutes les choſes néceſſaires à la vie.

Peu de jours après la concluſion de cette paix, Sévaris prit une partie de ſes gens, & laiſſant le gros de ſon armée dans le camp, ſous le commandement de Giovanni, il alla reconnoître le pays d'alentour à plus de dix lieues à la ronde; il en revint enſuite fort ſatisfait, & de plus en plus confirmé dans la réſolution de s'y établir, parce qu'il le trouvoit beaucoup meilleur que celui des Prestarambes. Mais comme il ne pouvoit y faire un solide établissement sans y bâtir quelque ville, il avoit autant fait ce voyage pour y chercher une assiette commode, que pour la curiosité de voir la campagne. Les habitans de ces plaines demeuroient alors dans des hutes & des cabanes, & n'avoient jamais vu, ni même oui-parler de bâtimens de pierre, de manière qu'on ne pouvoit trouver parmi eux des gens qu'on pût employer à de tels ouvrages. Il est vrai que parmi les Parsis il y avoit des maçons & des charpentiers, mais le nombre en étoit si petit, qu'ils n'auroient pu de long-tems achever aucun grand édifice, sans l'aide de plusieurs mains. Néanmoins on crut que si l'on entreprenoit quelque chose d'éclat & d'un usage public, on pourroit avec le tems tirer de grands secours des gens du pays, & qu'en attendant on feroit venir de Perse tout autant d'ouvriers qu'on en pourroit tirer. Pour avoir donc un sujet spécieux de les employer, Sévaris leur dit qu'il avoit ordre du soleil de leur déclarer de sa part, qu'il vouloit qu'on lui bâtît un temple dans le pays, & que, s'ils obéissoient à cet ordre avec un zèle respectueux, il les beniroit désormais de ses plus bénignes influences; mais que si tout au contraire, ils refusoient d'obéir à ses commandemens, il détourneroit d'eux ses regards favorables, & les affligeroit de mille calamités. Cet ordre fut reçu de tout le peuple avec beaucoup de joie & de respect. L'on envoya de tous côtés pour découvrir des carrières, d'où l'on pût tirer les matériaux nécessaires pour ce bâtiment. On en trouva en deux ou trois endroits vers les montagnes, & fort près du fleuve, mais, faute de bateaux, on n'auroit pu les porter bien loin, outre que les lieux où on les trouvoit n'étoient pas si beaux ni si commodes, qu'une isle qu'il y avoit au milieu du fleuve. On avoit résolu de bâtir dans cette isle, tant à cause de la beauté du lieu, qui étoit très-agréable & très-fertile, que pour la force de sa situation naturelle. Mais pour venir à bout de ce dessein, il falloit y faire transporter des pierres, & cela paroissoit très-difficile. Néanmoins le hasard, ou plutôt le bonheur de Sévaris, leva cette difficulté; car comme il se promenoit sur une montagne qui s'élevoit vers le bout de l'isle opposé au courant de l'eau, & que, pour prendre le frais, il fut entré dans un antre qui s'y trouvoit, il observa que cette montagne étoit d'un certain rocher blanc fort facile à tailler, & dont on se pourroit servir commodément pour les édifices qu'il avoit projettés. De cette découverte il prit adroitement occasion de persuader aux Stroukarambes

rambes que le soleil lui avoit révélé, que, dans l'île même, il trouveroit les matériaux nécessaires à la construction de son temple. En effet on reconnut par l'exacte recherche qu'on en fit ensuite, que cette montagne étoit pleine d'une espèce de marbre, qu'il y en avoit de plusieurs couleurs, & qu'en divers endroits de l'île il croissoit de grands cèdres & d'autres arbres de haute futaie fort propres pour la charpente du grand édifice qu'on y vouloit élever. Présentement il ne reste plus rien de ces rochers, parce qu'on les a tous employés à bâtir la ville de Sévarinde, si bien que l'île est toute unie, & n'a que fort peu de penchant, vers le courant du fleuve, du côté d'en bas. Sévaris traça lui-même le lieu où l'on devoit poser les fondemens du temple, & des plus anciennes maisons qu'on y voit aujourd'hui.

Cependant quoiqu'il fût occupé à ces bâtimens, il ne laissoit pas de tenir la main à ses autres affaires. Premiérement il eut soin de se bien assurer du passage des montagnes ; ensuite il fit un grand amas de vivres, & pour en avoir à l'avenir une plus grande abondance, il ordonna aux Stroukarambes, de semer diverses sortes de grains qu'il avoit fait venir de Perse. Il fit faire quantité de bateaux, & en montra l'usage à ces peuples qui ne se servoient aupa-

*Tome V.*                  O

ravant que de petits canots faits d'écorces d'arbre. Après cela Sévaris exhorta plusieurs des Prestarambes à quitter leurs demeures pour s'établir avec lui dans leur ancienne patrie ; & pour les y attirer plus facilement, il leur dit qu'il avoit effacé de son esprit toutes les pensées de s'en retourner en Perse. De tems en tems, il venoit des Parsis, auxquels ses heureux succès étoient déjà connus, & qui, voyant comme renaître en lui la splendeur & l'ancienne gloire de leur nation, presque effacée dans leur patrie, venoient à l'envi offrir leurs services à ce restaurateur du nom persan.

Dans le commerce qu'il avoit avec les Stroukarambes, Sévaris s'attacha fort à remarquer leurs inclinations, leurs mœurs, leurs loix & leurs coutumes. Il fit aussi de grandes remarques sur leur langue, & l'apprit en fort peu de tems. Par la recherche exacte qu'il fit de toutes ces choses, il trouva que c'étoit des gens naturellement spirituels, & qui avoient plusieurs semences de générosité, bien que leurs mœurs fussent alors grossières ; ils vivoient à-peu-près comme les Prestarambes, par grandes familles ou communautés, & quand la nécessité de leurs affaires le demandoit, ils choisissoient des chefs pour leur administrer la justice, ou pour les mener à la guerre ; ils punissoient sévérement le larcin, parce que tous leurs biens étant à découvert, il étoit fort facile, & qu'on pouvoit par-là leur causer de grandes pertes. Quant au mariage, ils le pratiquoient d'une manière qui lui déplut extrêmement, & qu'ensuite il tâcha d'abolir. Comme ils vivoient tous par grandes familles, ils jouissoient en commun des biens & même des personnes qui dépendoient de leur communauté. Ils ne se faisoient nul scrupule d'épouser leurs propres filles & leurs propres sœurs, & ce mélange incestueux ne leur sembloit point criminel; au contraire, ils en avoient une idée toute différente de la nôtre, & croyoient qu'il étoit plus honnête de prendre en mariage une personne de son sang, que de s'associer avec un étranger. Ils ne laissoient pourtant pas de s'allier souvent avec leurs voisins, & de recevoir leurs filles chez eux, mais les garçons ne sortoient jamais de leur famille. Celui qui épousoit une femme en étoit réputé le seul mari, & le père des enfans qu'elle lui donnoit; mais il n'en étoit pas le seul possesseur, car il étoit permis à tous ceux de la famille qu'elle voudroit recevoir, d'en jouir aussi librement que celui qui l'avoit épousée, qui avoit aussi le même droit sur les femmes des autres: mais si quelqu'une de ces femmes se prostituoit à un étranger, on regardoit son action comme un crime énorme, &

on la punissoit de mort. On punissoit aussi les hommes qui se mêloient avec les femmes de leurs voisins; dans chaque communauté on choisissoit de tems en tems un chef & d'autres officiers pour le gouvernement économique de la famille, où les vieilles gens étoient les plus honorés après ces magistrats. Ce chef, avec son conseil, avoit puissance de vie & de mort sur tous ceux qui dépendoient de son autorité, & disposoit souverainement des biens & des personnes de ses sujets. On ne pouvoit sortir de la famille, ni contracter aucune alliance sans sa permission, & chacun étoit obligé d'obéir à ses ordres. Pour le gouvernement de toute la nation, on envoyoit des députés de chaque communauté; tous ensemble composoient le grand conseil, qui assistoit le général dans toutes les délibérations publiques, & c'est ainsi que ces peuples étoient gouvernés. Pour ce qui est de leur langue, Sévaris trouva qu'elle étoit douce, méthodique, & fort propre à la composition, quoiqu'elle fût bornée, & n'eût pas beaucoup de termes, parce que les notions de ces peuples étoient seulement des choses communes, & qu'ils ignoroient alors les sciences & les arts que les Parsis leur ont enseignés, depuis qu'ils se sont mêlés avec eux. Il s'appliqua fort à l'apprendre, & comme il en savoit déjà plusieurs, qu'il étoit habile & pénétrant, & que d'ailleurs il avoit une mémoire fort heureuse, dans peu de tems il y fit de si grands progrès, qu'il se faisoit facilement entendre aux Stroukarambes & aux Prestarambes, qui n'avoient qu'une même langue, quoique les dialectes en fussent différens. Ces derniers vivoient à-peu-près de la même manière que les premiers, à la réserve des mélanges incestueux dont nous avons parlé, qu'ils avoient en grande horreur. Ils disoient que cette coutume s'étoit introduite chez leurs ennemis, par l'exemple de quelques-uns de leurs voisins, qui habitoient les parties méridionales du pays, tirant vers le pôle antarctique, pour parler à notre manière. Ils ajoutoient que cela s'étoit fait depuis qu'ils s'étoient séparés, ( car autrefois ils ne faisoient tous qu'une même nation ) par les persuasions d'un insigne imposteur, dont ils portoient alors le nom, qui les avoit fascinés, avoit corrompu leurs bonnes coutumes, & causé mille maux à tous les habitans de ces contrées, qui, avant lui, étoient appellés Séphirambes.

Cependant les murailles du temple s'avançoient tous les jours, & quoique d'abord elles n'eussent pas tous les ornemens de l'architecture, elles ne laissoient pas d'être belles & solides, & Sévaris en régla si bien le corps, que dans la suite il fut facile de les embellir. Il traça tout alentour de ce temple le deſſein d'une nouvelle ville, & en accommoda les édifices au modèle du gouvernement qu'il ſe propoſoit d'établir parmi ces peuples. Il en avoit fait le projet depuis qu'il avoit reconnu le pays, qu'il s'étoit informé de leurs coutumes, & depuis que le ſuccès de ſes armes lui faiſoit raiſonnablement eſpérer d'acquerir ſur eux une autorité ſouveraine. Quand le temple fut achevé, il invita les principaux de la nation à la ſolemnité de ſa dédicace, & pratiqua dans cette rencontre toute la magnificence & tout le faſte extérieur dont il put s'aviſer pour donner de l'éclat à cette action. Il avoit fait venir de Perſe ſes femmes & ſes enfans, ſi bien qu'il auroit pu ſe paſſer des femmes du pays; mais comme chez les Perſans, la polygamie étoit permiſe, il crut, qu'en bon politique, il devoit ſe faire des amis par de nouvelles alliances avec les Preſtarambes & les Stroukarambes. Dans cette vue, il épouſa la fille d'un des principaux de ces premiers, & quelque tems après la nièce d'un des chefs des derniers, qu'il avoit honoré de ſa confiance & de ſon amitié. Il obligea auſſi ſes Parſis d'en faire autant, & cette conduite lui fut fort avantageuſe, en ce qu'elle affermit beaucoup ſon autorité, & que ces alliances lui ſervirent puiſſamment, lorſqu'il s'agit de se faire déclarer chef de toutes ces nations.

Cependant le nombre des Parsis & des Prestarambes qui lui obéissoient s'étoit extrêmement accru, & s'augmentoit tous les jours; de sorte que par leur moyen il se voyoit de plus en plus en état de se faire craindre par tout le pays. Il les exerçoit souvent à la discipline militaire, & le reste du tems, il les employoit à bâtir & à travailler à la terre, qui, étant cultivée à la manière des nations polies, rapportoit infiniment plus qu'elle ne faisoit par la culture des sauvages. Il avoit fait venir de Perse des chevaux, des bœufs, des chameaux, & plusieurs autres animaux qu'il n'avoit point trouvés dans la terre australe; mais il y en avoit aussi trouvé beaucoup d'autres que nous ne connoissons point dans notre continent, & sur-tout les bandelis, dont nous avons fait la description dans la première partie de cette histoire: c'est une espèce de cerf, dont on voyoit dès-lors en ce pays-là de grandes troupes, qui paissoient dans les forêts. Sévaris en fit prendre quelques-uns dans des filets, & en ayant bien considéré la taille, la force & le naturel, il crut qu'on pourroit facilement les apprivoiser & les dompter, ce qui réussit selon sa pensée. Il en fit donc prendre tout autant qu'il put, défendit qu'on en tuât de jeunes, & promit aux auſtraux des récompenſes pour tous ceux qu'on lui amèneroit. Ils avoient accoutumé de les tuer à coups de traits, & d'en manger la chair, qui eſt auſſi bonne que celle des cerfs. Dans peu de tems, il en recouvra un aſſez grand nombre, qu'il fit dreſſer, & s'en ſervit enſuite utilement, tant pour le charroi & les attelages, que pour un corps de cavalerie qu'il forma de ces bandelis, & des chevaux qu'on lui avoit amenés d'Aſie. Dans trois ans de tems il fit toutes ces choſes; & quand il vit que le temple étoit preſque achevé, qu'il avoit outre cela déjà bâti quatre grandes maiſons carrées, qu'il appella oſmaſies, c'eſt-à-dire communautés, dont chacune pouvoit contenir mille perſonnes ou environ; qu'il avoit fait cultiver l'iſle & le pays d'alentour, enſorte qu'il en tiroit une grande abondance de vivres pour en remplir ſes magaſins; alors il crut qu'il ne devoit plus différer de ſe faire élire chef de toutes les nations qu'il avoit ſoumiſes. Pour cet effet, il inſtitua une fête ſolemnelle en l'honneur du ſoleil, & voulut qu'on la célébrât tous les ans, & qu'on y fit des ſacrifices, des feſtins & des réjouïſſances publiques. Il y convia les principaux des Preſtarambes & des Stroukarambes; & comme il les vit tous de bonne humeur, & pleins d'admiration pour la magnificence de la fête, il leur fit proposer, par un de leurs commandans nommé Hostrebas, d'élire un chef de toutes les deux nations, auquel on donneroit une autorité souveraine pour les gouverner & pour les défendre. Comme cet Hostrebas avoit beaucoup de crédit, & qu'il étoit appuyé de tous les alliés des Parsis, sa proposition fut bien reçue, & d'un consentement universel, on déféra l'honneur de la royauté à Sévaris; il le refusa d'abord, & dit qu'il ne pouvoit pas accepter une dignité si éclatante, sans premièrement consulter le soleil, dont il étoit le ministre, & sur la volonté duquel il devoit régler toutes ses actions ; que pour cet effet, s'ils le trouvoient à propos, il lui offriroit un sacrifice de parfums, pour prier ce grand astre de les diriger & les conduire dans une affaire si importante, & leur faire connoître de quelle manière ils devoient agir dans cette rencontre. Ils acquiescèrent tous à ce sentiment modeste & raisonnable, & le suivirent au temple, où il offrit des parfums au soleil, & lui fit à haute voix cette oraison, ou plutôt ce panégyrique, devant toute l'assemblée.

Le style en est un peu poétique, & dans plusieurs endroits, on y peut remarquer une cadence & quelques transpositions qu'on ne souffre que dans les vers ; mais parce que cela ne s'est pas fait sans dessein, & que d'ailleurs ce roulement de paroles dans un tel sujet, touche mieux le cœur qu'une prose plate & diffuse, je n'ai pas cru devoir m'en éloigner.

Peut-être que cette manière d'écrire ne sera pas du goût de tout le monde, & que les vers entiers, avec les transpositions fréquentes qu'on y trouvera presque par-tout, donneront lieu aux censeurs d'exercer leur critique; mais les personnes éclairées, qui connoissent la force de la poésie, en jugeront, je m'assure, tout autrement; sur-tout quand elles seront averties que Sévaris, qui étoit fort versé dans les poëtes grecs & latins, cultivoit beaucoup la poësie.

Un grand poëte nommé Kodamias, c'est-à-dire, esprit divin, l'a depuis mise en vers métriques.

On verra, sur la fin de cette relation, l'histoire de ce fameux poëte, qui, par beaucoup d'autres ouvrages excellens, s'est acquis parmi les Sévarambes, une réputation à-peu-près semblable à celle que s'acquirent autrefois Homère & Virgile chez les Grecs & les Romains; mais de tous ses écrits, il n'en est point que ces peuples regardent avec plus d'estime & de vénération que l'oraison du soleil, parce qu'elle contient en abrégé ce qu'il y a de plus essentiel dans leur religion, & que d'ailleurs cet excellent poëte a suivi dans ses vers, autant que son art le pouvoit permettre, les pensées de Sévaris, qui, comme nous l'avons déjà dit, le prononça devant le peuple en la manière suivante.

*Oraison de Sévaris au soleil.*

« Source féconde de lumière & de vie, bel astre qui brillez d'un éclat sans pareil, & dont nos foibles yeux ne sauroient soutenir les divins regards; nous ne voyons rien de si glorieux que vous, ni rien de si digne de notre admiration, lorsque nous jettons la vue de tous côtés, sur les objets charmans que vous seul nous rendez visibles. Vous êtes souverainement beau par vous-même; vous embellissez toutes choses, & rien ne peut vous embellir. Tout ce que les corps lumineux soumis à votre empire ont de brillant & de splendeur, ils l'empruntent de vos rayons. Ce sont ces beaux rayons qui peignent les lambris des cieux & les nuages de l'air de mille couleurs différentes; ce sont eux qui dorent le sommet des montagnes & la vaste étendue des plaines; ce sont eux qui, chassant les noires ombres de la nuit, servent de guide à tous les animaux; ce sont eux enfin qui leur font voir tous les objets que vous éclairez. Vous êtes infiniment aimable & rien n'est aimable sans vous: rien ne peut étaler ses charmes sans l'aide de votre clarté. Lorsque vous commencez à paroître sur notre horison, toutes choses se réjouissent de votre venue & rompent leur morne silence pour vous saluer à leur réveil. Vous arrachez les humains appesantis dans leurs couches d'entre les bras du frère de la mort, comme pour leur annoncer une nouvelle vie. Mais quand, au soir, vous leur ôtez votre lumière pour la porter en d'autres lieux, ils sont d'abord enveloppés d'épaisses ténèbres, images du trépas, qui leur seroient insupportables, s'ils ne se consoloient du doux espoir de votre retour. Quand votre corps lumineux s'obscurcit & s'éclipse au milieu du jour, les mortels en pâlissent comme vous, & leurs cœurs sont saisis de crainte & d'épouvante. Mais la joie & l'allégresse succedent bientôt à leur crainte, lorsqu'ils vous voient hors de travail. Vous parcourez l'immense voûte des cieux d'une course rapide & fournissez tous les ans votre vaste carrière pour nous marquer les tems & les saisons d'un mouvement juste & réglé. Lorsque vous approchez de nous, toutes choses se renouvellent & prennent un éclat nouveau. La nature, comme percluse par les neiges & les glaçons, rompt les liens & les chaînes à l'aide de votre chaleur vivifiante. Alors la terre se couvre de verdure, & vous la parsemez de fleurs & la rempliffez de fruits, que vous mûriffez par vos douces influences pour en nourrir les animaux des champs, les oifeaux du ciel & les poiffons des eaux. C'eft de votre bonté célefte qu'ils tirent toute leur fubfiftance comme ils en ont reçu la vie. Vous êtes l'ame du monde, puifque vous animez toutes chofes & que rien ne peut fe mouvoir fans vous. Lorfque votre chaleur divine nous abandonne, incontinent fuccèdent les froides horreurs de la mort, & tous les animaux ceffent de vivre quand ils ceffent de vous fentir. Leur ame n'eft qu'un rayon de votre lumière incorruptible, & lorfque vous retirez ce rayon du corps terreftre où il étoit enfermé, ce corps fe corrompt, fe diffipe & retourne dans fon néant. Quand vous vous éloignez de nous, felon l'ordre des faifons, tout fent les fâcheux effets de votre éloignement; tout fe ternit; tout devient trifte, & la terre fe couvre de deuil. Vous étendez vos bienfaits fur tous fes habitans; mais vous ne favorifez pas également tous les peuples & tous les climats. Quelques-uns n'ont qu'un foible ufage de votre chaleur & de votre lumière, & fe voient le plus fouvent plongés dans les horreurs de longues & noires ténèbres, & dans les rigueurs des hivers, où ils languiffent & foupirent dans l'attente de votre retour. Ils ont des preuves très-sensibles que vous êtes la source de tous les biens, ou du moins le canal favorable par où coulent jusques à eux les bienfaits & les graces du grand être qui vous soutient, & dont vous êtes le ministre glorieux. Mais ceux qui, comme nous, jouissent d'un plus doux aspect de vos yeux, voient toujours leurs champs couverts de fleurs & de fruits, & vous doivent aussi bien plus d'amour & de reconnoissance. Vous nous rendez tous les matins la la lumière que vous nous ôtez tous les soirs; & si quelquefois des humides vapeurs de la mer, vous formez des nuages épais qui nous cachent votre face lumineuse, ce n'est que pour les résoudre en pluies rafraîchissantes & en douces rosées, qui engraissent & fertilisent nos plaines & nos côteaux.

Mais si votre bienfaisance est adorable & s'étend ainsi par-tout, votre colère n'est pas moins à craindre & ne se fait pas moins sentir en tous lieux ; car lorsque notre ingratitude & nos crimes vous ont irrité contre nous, vous avez cent verges pour nous châtier, & pour nous faire éprouver les effets de votre justice. Quelquefois vous convertissez votre chaleur bénigne, qui fait croître & mûrir nos fruits, en feux ardens qui les ravissent & les brûlent. D'autres fois vous changez les douces rosées du ciel en pluies impétueuses & en grêles bruyantes qui détruisent les richesses de nos arbres & de nos guerets. Vous tournez les douces haleines des zéphirs en tourbillons & en orages redoutables. Vous entassez les nues obscures les unes sur les autres; vous élevez des brouillards épais pour nous dérober votre lumière, & au lieu de vos regards propices, vous envoyez des éclairs terribles, & faites gronder le tonnerre épouvantable pour nous reprocher nos forfaits & pour nous avertir de votre juste courroux. Quelquefois vous lancez vos foudres redoutables & en frappez les arbres les plus orgueilleux & les monts les plus superbes, pour faire voir aux mortels que vous pouvez abattre tout ce qui s'éleve & qui s'enorgueillit, & que, si votre bonté ne retenoit votre colère, vous écraseriez les impies & les rebelles qui n'adorent point votre divinité.

Pour nous qui sommes assemblés dans votre temple pour vous rendre nos vœux & nos hommages, & pour faire fumer vos autels, nous reconnoissons que c'est à vous seul que nous devons l'être & la vie, & tous les biens que nous possédons, comme le reste des hommes. Mais nous sentons que nous sommes obligés de vous révérer d'une manière toute particulière, parce que vous nous avez fait & nous faites tous les jours des faveurs & des graces que vous ne faites point aux autres peuples de la terre. Vous nous avez prêté vos foudres terribles pour soumettre nos ennemis, & nous donnez des lumières & des connoissances utiles & agréables dans la vie, que vous n'avez départies qu'à nous. Vous nous instruisez dans nos affaires les plus importantes, quand nous avons recours à vos oracles sacrés, & faites réussir nos entreprises, malgré les obstacles les plus difficiles à surmonter. Enfin vous nous faites connoître de quelle manière nous devons régler notre adoration, & les marques extérieures de notre respect religieux, afin que nous ne fassions rien qui vous déplaise ni qui soit contraire au véritable culte de votre divinité. Pour cet effet vous nous conduisez comme par la main, dans vos routes lumineuses & assurées, pendant que les autres hommes s'égarent dans les sentiers obscurs & incertains de leurs vaines imaginations. Les uns se font des idoles foibles & impuissans, & les autres se forment de vains fantômes pour adorer en eux les folles pensées de leurs esprits. Mais nous, qui sommes guidés par des lumières plus simples, plus pures & plus naturelles, nous adorons un dieu visible & glorieux, dont nous connoissons la puissance, & dont nous éprouvons tous les jours les graces & les bontés. Veuillez,

Veuillez, ô divine lumière, les répandre toujours sur nous, & dissiper les nuages & les ténèbres qui pourroient obscurcir & séduire notre raison. Mais parce que d'elle-même elle est trop foible & trop bornée, nous avons recours à vos divines clartés, dans le choix que nous devons faire d'un chef & conducteur capable de nous gouverner selon votre volonté. Si c'est votre plaisir de nous en donner un, faites, ô bel astre, qu'il ait toutes les qualités que demande un emploi si relevé, afin qu'il nous guide & nous serve d'exemple dans toutes nos actions, qu'il nous protège contre nos ennemis ; qu'il fasse fleurir parmi nous la paix, la justice & toutes les vertus ; enfin, qu'il sache nous instruire dans le culte & le respect que nous vous devons rendre ; afin que vous étant toujours agréables, & ne faisant rien qui puisse attirer votre colère, nous jouissions à jamais de vos douces influences, & des témoignages de votre bonté particulière ».

Cette oraison, que Sévaris prononça avec beaucoup de zèle, toucha le cœur des assistans, & leur fit concevoir une haute estime pour la piété de ce prince : mais ils furent agréablement surpris, quand dès qu'il eut achevé de parler, ils ouïrent une douce harmonie vers la voûte du temple, qui sembloit venir de loin & s'approcher peu-à-peu. Lorsqu'elle fut assez près, on entendit la voix charmante d'une femme ou d'un jeune garçon, qui après avoir chanté quelque tems fort mélodieusement, dit à toute l'assemblée, qu'il étoit envoyé de la part du soleil pour leur annoncer que ce dieu glorieux avoit écouté leur prière, qu'il avoit reçu leur sacrifice, & même jetté les yeux sur l'un d'entre eux pour l'élever en dignité au-dessus des autres. Mais qu'il ne vouloit pas que ce fût en qualité de roi, parce que nul mortel n'étoit digne de commander souverainement à un peuple qu'il avoit choisi entre tous ceux de la terre, pour être ses sujets & ses vrais adorateurs ; qu'il vouloit lui-même être leur monarque, comme il étoit déja leur dieu ; afin qu'ils se gouvernassent entièrement selon ses loix ; qu'il leur en donneroit de très-justes & de très-expresses par les mains de celui qu'il avoit choisi pour son lieutenant dans la monarchie, comme il l'avoit auparavant élevé au suprême degré de la prêtrise ; que la personne dont il avoit fait choix, étoit son grand-prêtre Sévaris, qu'il déclaroit publiquement avoir élu pour son lieutenant ; & qu'enfin il leur ordonnoit de le recevoir en cette qualité pour lui obéir à l'avenir, à lui & à ses successeurs, selon les célestes loix qu'il inspireroit lui-même à ce ministre, qu'il avoit choisi pour être l'interprète de ses volontés, & le dispensateur de ses graces.

Après cette harangue, on ouït une harmonie plus douce encore que la première, qui sembloit s'éloigner peu-à-peu, jusqu'à ce qu'on ne l'entendit plus.

Cependant le peuple étoit dans une profonde admiration, & croyoit en effet que c'étoit une voix du ciel qui leur avoit annoncé la volonté de leur dieu. Ils lui obéïrent sur le champ, d'autant plus volontiers, qu'ils voyoient que ce roi glorieux avoit pris pour son lieutenant celui qu'ils avoient voulu choisir pour leur souverain, &, qu'à cette grace, il ajoutoit l'honneur éclatant de vouloir lui-même les gouverner, & prendre un soin tout particulier de leur nation. Sevaris fut donc reçu du peuple en qualité de vice-roi du soleil, & les principaux de ses sujets lui rendirent hommage & lui jurerent fidélité. Je trouve sa conduite, dans cette rencontre, fort remarquable & digne de son esprit & de sa prudence ; car il ne fit pas seulement comme ont fait plusieurs grands législateurs, qui, pour autoriser leurs loix, disoient les avoir reçues de quelque divinité : mais de plus il fit dire au peuple par une voix du ciel (comme on lui fit accroire) quelle étoit la volonté de leur dieu. Il crut aussi que, refusant l'autorité suprême & l'attribuant toute au soleil, le gouvernement qu'il avoit dessein d'établir parmi ces peuples, seroit plus ferme & plus respecté ; & que lui-même, devant être le lieutenant & l'interprête de ce glorieux monarque, il seroit beaucoup plus honoré & mieux obéi que s'il recevoit son autorité des hommes mortels. Il aimoit fort la musique, & l'entendoit passablement : ce qui me persuade que, lorsqu'on bâtit le temple, il fit faire dans la voûte quelque vuide secret pour y mettre la simphonie dont nous venons de parler, & qu'il avoit quelque invention pour faire que les sons semblassent s'approcher & s'éloigner ensuite. Néanmoins le commun peuple des Sévarambes croit encore aujourd'hui, que la voix qui annonça la volonté du soleil à leurs ancêtres, venoit de sa part, & que Sévaris fut choisi par l'ordre de ce grand astre. Mais presque tous les gens d'esprit avec qui j'ai conversé familiérement à Sévarinde, m'ont avoué qu'ils croyoient que ce n'avoit été qu'une adresse de leur législateur pour donner plus de poids & d'autorité à son gouvernement. Cela paroît encore par la conduite des Parsis de ce tems-là, qui faisoient accroire aux Austraux que le soleil leur avoit enseigné les arts qu'ils leur portèrent de notre continent, & qu'il les honoroit d'une révélation particulière. Sévaris en dit autant lui-même dans son oraison à cet astre, quand il le remercie des dons & des graces, qu'il dit n'avoir départis qu'à lui & à ses sujets.

Les Stroukarambes, selon le génie de leur langue, qui ajoute la terminaison *as* au nom des personnes élevées en dignité, appellèrent Sévaris *Sévarias*. Ils changèrent aussi le nom de leur pays, que les Prestarambes appelloient alors Stroukarambe en celui de Sevarambe, joignant les premières syllabes du nom de ce prince à la diction *arambe*, qui en leur langue signifie pays, contrée ou patrie. Ils en avoient fait autant du nom de Stroukaras, qui signifie fourbe ou imposteur, en haine de cet ancien ennemi de leur nation: mais ceux qui l'avoient reçu pour leur chef, & qui ensuite lui rendirent des honneurs divins l'appelloient Omigas, & de son nom s'appellèrent eux-mêmes Omigarambes. Mais quand ces deux peuples furent réunis sous l'autorité de Sévaris, ils s'appellèrent Sévarambes, & c'est encore aujourd'hui le nom de toute cette nation.

Sévarias étant enfin parvenu à son but principal, & se voyant revêtu de l'autorité souveraine, s'appliqua fortement à faire cultiver & embellir le pays, à composer des loix pour les faire ensuite recevoir à ses nouveaux sujets. Il fut quelque tems en balance sur le choix des divers modèles de gouvernement que lui & Giovanni s'étoient proposé.

Le premier projet qu'ils firent, étoit de diviser le peuple en diverses classes, dans l'idée qu'ils eurent d'abord de partager les terres, & d'en laisser la propriété aux particuliers, à l'exemple de presque toutes les nations de notre continent. Tous les Parsis étoient pour ce partage, & l'on fut sur le point de distribuer la nation en sept classes subordonnées les unes aux autres.

La première devoit être des laboureurs & de tous ceux qui travaillent à la terre. Dans la seconde on devoit ranger tous les gens qui exercent des métiers mécaniques, comme les massons, charpentiers, tisserans & leurs semblables.

La troisième devoit contenir ceux qui travaillent à des arts plus subtils & plus ingénieux, comme sont les peintres, les brodeurs, les menuisiers & autres tels artisans. Dans la quatrième devoient être compris les marchands & les revendeurs de toutes sortes de denrées ou marchandises.

Les riches bourgeois, les gens de lettres, & tous ceux qui exercent les arts libéraux, devoient composer la cinquième. Les simples gentilshommes devoient être rangés dans la sixième; & enfin la septième & la plus honorable devoit être celle des seigneurs diversement qualifiés. Dans le partage des terres, on en devoit réserver une bonne partie pour l'entretien ordinaire de l'état; & dans les occasions extraordinaires, chaque classe devoit contribuer selon son rang & ses moyens, sans que personne pût jouir d'aucune exemption ou privilége particulier; parce qu'il semble injuste, & tout à fait contraire à la droite raison, que ceux qui sont membres d'un état, qui sont protégés par les loix, & qui jouissent des avantages de la société, ne contribuent en rien au soutien de cette société, pendant que les autres sont accablés de tailles & d'impôts. Le seul domaine du prince en devoit être exempt, & tous les sujets devoient également contribuer aux dépenses publiques, chacun selon son rang & selon sa puissance, dans une égale distribution. Mais afin qu'ils reconnussent perpétuellement l'autorité du souverain, & qu'ils se fissent tous une habitude de lui payer tribut, on avoit dessein d'imposer sur chaque personne parvenue à l'âge de vingt ans, une taille modique & annuelle, qu'on auroit nommée capitation. Outre cela, tous ceux qui seroient parvenus à la jouissance légitime de biens & de richesses jusqu'à une certaine valeur limitée par les loix, & qui auroient voulu monter à un degré plus haut, devoient être obligés de payer à l'état une somme d'argent, selon les réglemens qu'on auroit faits pour ce sujet. Chaque classe auroit été distinguée par des habits différens, afin que les inférieurs ne pussent jamais usurper les honneurs, & qu'ainsi chacun tînt son rang & sa dignité. Il y devoit avoir divers autres réglemens dans ce projet, dont je pense que Giovanni étoit le véritable auteur. Mais Sévarias, après avoir examiné ce modèle de gouvernement & quelques autres qu'on lui avoit proposés, les rejetta tous & en fit un lui-même, incomparablement plus juste & plus excellent que tous ceux qu'on a pratiqués jusqu'ici : car comme il avoit une prudence & une sagesse singulières, il se mit à rechercher & à examiner avec soin les causes des dissentions, des guerres & des autres maux qui affligent ordinairement les hommes & qui désolent les peuples & les nations. Dans cette recherche il reconnut que les malheurs des sociétés, dérivent principalement de trois grandes sources, qui sont l'orgueil, l'avarice & l'oisiveté.

L'orgueil & l'ambition portent la plupart des hommes à vouloir s'élever au-dessus des autres pour les maîtriser, & rien ne nourrit tant cette passion que les avantages d'une extraction illustre dans les lieux où la noblesse est héréditaire. L'éclat d'une haute naissance éblouit si fort ceux qui l'ont reçu des mains de la fortune, qu'ils en oublient leur condition naturelle pour n'attacher leur esprit qu'à ce bien extérieur, qu'ils ne doivent qu'à leurs ancêtres & non à leur propre vertu. Ils s'imaginent le plus souvent, que les autres hommes leur doivent être soumis en toutes choses, & qu'ils sont nés pour leur commander, sans considérer que la nature nous a faits tous égaux, & qu'elle ne met point de différence entre le noble & le roturier; qu'elle nous a tous assujettis aux mêmes infirmités; que nous entrons dans la vie les uns comme les autres; que les richesses ni la qualité ne sauroient ajouter un moment aux jours des souverains, non plus qu'à ceux de leurs sujets; & qu'enfin la plus belle distinction qu'il puisse y avoir entre les hommes est celle qu'ils tirent des avantages de la vertu. Pour remédier donc aux désordres que produit l'inégalité de la naissance, Sévarias ne voulut pas qu'il y eût d'autre distinction entre ses peuples que celle des magistrats & des personnes privées; & que parmi ces derniers l'inégalité de l'âge décidât seule de l'inégalité du rang.

Et comme les richesses & la propriété des

biens font une grande différence dans la société civile, & que de-là viennent l'avarice, l'envie, les extorsions, & une infinité d'autres maux; il abolit cette propriété de biens, en priva les particuliers, & voulut que toutes les terres & richesses de la nation appartinssent proprement à l'état, pour en disposer absolument, sans que les sujets en pussent rien tirer que ce qu'il plairoit au magistrat de leur en départir. De cette manière, il bannit tout-à-fait la convoitise des richesses, les tailles, les impôts, la disette & la pauvreté, qui causent tant de malheurs dans les diverses sociétés du monde. Depuis l'établissement de ces loix, tous les Sévarambes sont riches, encore qu'ils n'ayent rien en propre. Tous les biens de l'état leur appartiennent, & chacun d'eux se peut estimer aussi heureux que le monarque du monde le plus opulent. Si dans cette nation un sujet a besoin de quelque chose nécessaire à la vie, il n'a qu'à la demander au magistrat qui la lui accorde toujours. Il n'est jamais en souci pour sa nourriture, pour ses habits, ni pour son logement, pendant les divers degrés de son âge ; ni même pour l'entretien de sa femme & de ses enfans, quand il en auroit des centaines & des milliers. L'état pourvoit à tout cela, sans exiger ni tailles, ni impôts ; & toute la nation vit dans une heureuse abondance & dans un repos assuré sous la conduite du souverain. Mais parce que le magistrat qui est la tête du corps politique a besoin des autres membres pour en tirer de l'aide & du secours, & que d'ailleurs il est bon de les exercer de peur qu'ils ne se rébellent dans l'aise & les plaisirs, ou ne s'amollissent dans l'oisiveté, Sévarias voulut donner de l'occupation à tous ses sujets, & les tenir toujours en haleine par un travail utile & modéré.

Pour cet effet, il partagea le jour en trois parties égales, & destina la première de ces trois parties au travail, la seconde au plaisir, & la troisième au repos. Il voulut que tous ceux qui seroient parvenus jusqu'à un certain âge, & que les maladies, la vieillesse, ou d'autres accidens ne pourroient justement exempter de l'obligation des loix, travaillassent chacun huit heures du jour, & qu'ils employassent le reste du tems, ou dans les divertissemens honnêtes & permis, ou dans le sommeil & le repos. Ainsi la vie se passe avec beaucoup de douceur, les corps sont exercés par un travail médiocre, & ne sont pas usés par une fatigue immodérée. Les esprits sont agréablement occupés par un exercice raisonnable, sans être accablés par les soins, les chagrins & les soucis. Les divertissemens & les plaisirs qui succèdent au travail récréent & raniment le corps & l'esprit, & le repos ensuite les rafraîchit & les délasse. De cette manière, les hommes étant occupés au bien, n'ont pas le tems de songer au mal, & ne tombent guères dans les vices où les porteroit l'oisiveté, s'ils ne la chassoient par des occupations honnêtes. L'envie qui vient des trois sources dont nous avons parlé, exerce rarement sa rage parmi ces peuples, & leur cœur n'est ordinairement échauffé que d'une noble émulation qui naît de l'amour de la vertu, & du juste desir des louanges que méritent les bonnes actions.

Sévarias n'eut pas beaucoup de peine à faire recevoir ses loix à ses nouveaux sujets : car outre qu'elles étoient autorisées de la Divinité, elles ne s'éloignoient pas beaucoup de leurs coutumes, car ( comme nous l'avons déjà dit ) ces peuples vivoient en communautés, & n'avoient presque rien en propre. Quand nous viendrons à parler du gouvernement des Sévarambes d'aujourd'hui, nous en ferons un détail plus exact; pour le présent, nous nous contenterons d'en dire ici quelque chose en gros. Quoique ce grand législateur ait lui-même posé les fondemens des loix & de l'administration publique, néanmoins il n'a pas fait tous les règlemens qu'on voit aujourd'hui parmi les Sévarambes, ayant laissé à ses successeurs l'autorité de changer, d'ajouter & de diminuer selon les occurrences, ce qu'ils trouveroient à propos pour le bien de la nation. Mais il leur a très-expressément défendu de rien ordonner de contraire au droit naturel, ou aux maximes fondamentales de l'état, qui sont de conserver sur toutes choses un gouvernement héliocratique, c'est-à-dire, de ne pas reconnoître d'autre souverain que le soleil, & de ne recevoir d'autres loix que celles qu'il auroit inspirées à son lieutenant & à son conseil.

De n'admettre à la vice-royauté, que celui que le soleil aura choisi d'entre les principaux ministres de l'état ; ce qui se fait par le sort, comme nous le ferons voir ci-après.

De ne pas souffrir que la propriété des biens tombe en aucune manière entre les mains de personnes particulières ; mais d'en conserver l'entière possession à l'état, pour en disposer absolument.

De ne pas permettre qu'il y ait de rang ni de dignité héréditaire ; mais de conserver avec soin l'égalité de la naissance, afin que le seul mérite puisse élever les particuliers aux charges publiques.

De faire respecter la vieillesse, & d'accoutumer de bonne heure les jeunes gens à honorer ceux qui leur font supérieurs en âge & en expérience.

De bannir l'oisiveté de toute la nation, parce que c'est la nourrice des vices & la source des querelles & des rebellions, & d'accoutumer les enfans au travail & à l'industrie.

De ne point les occuper à des arts inutiles & vains, qui ne servent qu'au luxe & à la vanité, qui ne font que nourrir l'orgueil, & qui engendrant l'envie & la discorde, détournent les esprits de l'amour de la vertu.

De punir l'intempérance en toutes choses, parce qu'elle corrompt le corps & l'ame, & fait tout le contraire de la vertu opposée, qui les conserve l'un & l'autre dans un état tranquille & modéré.

De faire valoir les loix du mariage & les faire observer aux personnes adultes, tant pour la propagation de l'espèce & l'accroissement de la nation, que pour éviter la fornication, l'adultère, l'inceste & d'autres crimes abominables, qui détruisent la justice & troublent la tranquillité publique.

De prendre un soin tout particulier de l'éducation des enfans, & de les faire adopter par l'état dès qu'ils ont atteint la septième année de leur âge, pour leur apprendre de bonne heure l'obéissance aux loix & la soumission qu'ils doivent aux magistrats qui sont les véritables pères de la patrie.

D'instruire la jeunesse de l'un & de l'autre sexe dans l'exercice des armes, pour avoir en tout tems des gens capables de repousser les ennemis de l'état.

Enfin, de faire valoir la religion pour lier les hommes par la conscience, leur persuadant que rien n'est caché à la Divinité, & que non-seulement dans cette vie, mais aussi qu'après le trépas, elle a ordonné des récompenses pour les bons, & des châtimens pour les méchans.

Voilà en abrégé les principaux articles des loix de Sévarias, qui furent publiquement reçues cinq ans après son arrivée aux terres australes, & que ses successeurs ont religieusement fait observer depuis leur premier établissment. Après leur publication, il s'appliqua fortement à les faire observer par la douceur & par la crainte de ses armes. Il avoit pris des mesures si justes pour parvenir à ses fins qu'il trouva fort peu d'obstacles à son dessein, & il n'y eut guères de gens qui osassent s'y opposer ; car si d'un côté ses loix n'étoient pas agréables aux méchans, tous les bons les approuvoient, parce qu'elles étoient fort justes & fort équitables. Il est vrai que les Parsis eurent quelque peine à s'accommoder de la communauté des biens ; mais comme ils étoient tous étrangers, & que leur fortune dépendoit absolument de celle de leur chef, ils se soumirent enfin à ses volontés, d'autant plus facilement, qu'ils voyoient que les Stroukarambes qui étoient déjà tout accoutumés à vivre en communautés, s'y soumettoient sans répugnance. Ceux qui avoient toujours vécu dans l'oisiveté eurent plus de peine à se réduire à un travail réglé, c'est pourquoi on ne leur fit point observer cet article avec sévérité ; mais on le fit exactement pratiquer aux jeunes gens ; de sorte que, dans moins de vingt ans, il étoit généralement observé, & l'on ne voyoit plus de fainéans, que parmi les personnes d'un âge avancé.

Sévarias régna trente-huit ans dans une continuelle prospérité, & vit rendre à ses loix une parfaite obéissance dans toutes les terres de sa domination, sans que jamais personne osât s'opposer à ses volontés. Pendant ce long règne, son peuple s'accrut prodigieusement ; jusques-là, que le nombre de ses sujets, dont il faisoit le dénombrement de sept ans en sept ans, se monta au-dessus de deux millions, bien qu'il n'en eût pas plus de huit cents mille au commencement de son règne. Il les distribua tous par osmasies, grands bâtimens quarrés, où il les faisoit vivre en commun, en quoi leurs

descendans

descendans les ont toujours imités depuis.

De son tems la ville de Sévarinde s'aggrandit beaucoup, lui-même y posa les fondemens de quarante osmasies, & en fit bâtir beaucoup d'autres jusqu'à Sporounde, dont il fut aussi le fondateur. Il fit faire divers canaux dans les plaines de Sévarambe pour les fertiliser davantage, quoiqu'elles fussent naturellement très-fertiles, & conçut le dessein de plusieurs ouvrages publics, que ses successeurs ont exécutés dans la suite.

De dix ou douze femmes qu'il eut pendant sa vie, lui naquirent beaucoup d'enfans, dont la postérité s'est fort accrue, & qui sont fort respectés parmi les Sévarambes. Ils jouissent même de plusieurs privilèges, qui ne sont pas communs aux autres sujets, dont le principal est celui d'être admis à la magistrature trois ans avant les jeunes gens des autres familles.

Durant plusieurs années, Sévarias prit beaucoup de peine pour cultiver & pour enrichir la langue du pays, & ses soins furent suivis de tant de bons succès, que, de son tems, elle égaloit toutes les langues d'orient en politesse & en douceur. Il y fit de si belles observations, & en accommoda si bien les parties fondamentales, pour exercer ceux qui viendroient après lui, que dans le cinquième règne, elle se

*Tome V.* Q

trouva plus belle & plus abondante que n'a jamais été la langue latine ni même la grecque.

Enfin, après avoir régné trente-huit ans entiers, étant dans la soixante & onzième année de son âge, & commençant à sentir les incommodités de la vieillesse, il résolut de résigner l'empire à un autre, & de passer le reste de ses jours dans le repos d'une vie privée. Pour cet effet, il convoqua tous les osmasiontes de la nation, c'est-à-dire tous les gouverneurs des osmasies, qui composent encore aujourd'hui le conseil général, & leur fit sçavoir sa résolution. En même temps, il les exhorta de procéder au choix d'un nouveau vice-roi, & de consulter le soleil, sur la volonté duquel ils devoient se régler dans une affaire si importante; les assurant que ce roi glorieux ne manqueroit pas de leur faire connoître par le sort, celui qu'il avoit destiné pour son successeur, s'ils le jettoient selon les ordres qu'il avoit déjà prescrits. Mais voyant que ce discours attristoit tous ceux de l'assemblée, il leur représenta qu'il étoit déjà fort avancé en âge, & que les forces commençant à lui manquer, il n'étoit plus capable désormais de tenir les rênes du gouvernement; & qu'il étoit dû bien public, de choisir un chef plus jeune & plus vigoureux que lui, pour la conduite de l'état ; qu'après avoir travaillé trente-huit ans pour le bien & la félicité de la nation, il étoit juste qu'il songeât enfin à son repos particulier. Il ajouta qu'outre ces raisons solides, il avoit de secrets avertissemens de la part du soleil de se retirer des affaires, & de remettre à un autre l'administration de l'état & la charge de grand-prêtre, qui devoit être inséparable de la vice-royauté. Quand il eut achevé ce discours, qui attrista beaucoup tous ceux qui l'avoient écouté, les divers membres du conseil, après lui avoir témoigné leur respect, leur reconnoissance, & le regret qu'ils avoient d'être gouvernés par un autre que lui, le prièrent de garder jusqu'à la fin de ses jours, la dignité dont il étoit en possession depuis si long-temps, & qu'il avoit exercée avec tant de gloire, ou du moins de leur donner un de ses fils pour régner à sa place, s'il persistoit dans la résolution de résigner l'empire à un autre. Ils ajoutèrent que la nation ayant, pendant tout son règne, vu des marques si sensibles de sa prudence, de sa vertu, & de l'amour qu'il avoit pour son peuple, pourroit à peine se consoler de sa perte, & que le seul moyen d'adoucir la douleur qu'elle alloit causer à tous ses sujets, étoit de mettre sur le trône celui de ses enfans qu'il jugeroit lui-même le plus digne de lui succéder ; afin qu'en sa personne & en celle de ses descendans, on pût toujours voir la vivante image de leur auguste prédécesseur, & révérer en eux la sagesse profonde & les vertus incomparables d'un prince à qui la nation devoit tout son bonheur. Dans cette vue, ils lui offrirent de rendre ses dignités héréditaires à sa famille, & de préférer un sang aussi illustre que le sien, à tous les hommes de la terre. A ces raisons pressantes, ils en ajoutèrent plusieurs autres, & se servirent de tous les argumens & de tous les moyens dont ils se purent aviser, pour lui faire accepter les offres qu'ils lui faisoient. Mais rien ne put ébranler ce grand homme ; il résista fortement à leurs raisons & à leurs prières ; & sa vertu triompha, dans cette occasion, de toutes les foiblesses de l'esprit humain. Il leur dit donc que l'état étant purement héliocratique, il ne pouvoit accepter les offres qu'ils lui faisoient, parce que dans le choix d'un vice-roi, il falloit, selon les loix établies, se gouverner entièrement par la volonté du soleil, qui leur feroit connoître par le sort, lequel de ses sujets lui étoit le plus agréable & le plus digne de commander à son peuple. Il les remercia néamoins de leur zèle & de leur affection, & leur dit que, bien qu'il eût autant d'amour & de tendresse pour ses enfans, qu'un père en pouvoit avoir, il ne s'écarteroit jamais de l'obéissance qu'il devoit rendre au roi glorieux qui l'avoit élevé sur le trône ; que, lorsqu'il s'agissoit du bien public, on devoit imposer silence à l'amour paternel, & faire céder tous les intérêts particuliers à celui de l'état, dont le prince se doit toujours montrer le véritable père. Il ajouta qu'en de pareilles occasions, il espéroit de la vertu de ses successeurs, qu'ils imiteroient son exemple, & feroient voir à la postérité que l'honneur & la gloire des souverains consiste uniquement à faire tous leurs efforts, pour rendre heureux les peuples, dont le ciel leur a commis le gouvernement & la conduite.

KHOMÉDAS, *deuxième vice-roi du soleil.*

Les Osmasiontes du conseil voyant par cette réponse la nécessité indispensable qui les forçoit à changer de vice-roi, choisirent quatre hommes de leur corps, & le sort tomba sur l'un d'eux nommé Khomédas, qu'ensuite ils appellèrent Sévarkhomédas, ajoutant à son nom les deux premières syllabes de celui de Sévarias, ce qu'on a fait depuis à ses successeurs.

Trois jours après cette élection, Sévarias accompagné de tous les grands officiers de l'état, mena Khomédas au temple pour y pratiquer les cérémonies de son installation, qu'il vouloit être fort magnifiques, pour faire honneur à son successeur, & montrer au peuple par son exemple, quel est le respect qu'on doit rendre à un souverain. Il offrit sur l'autel un sacrifice au dieu de la lumière, & prononça pour la seconde fois l'oraison qu'il lui avoit faite lorsqu'il fut choisi par une voix du ciel, y ajoutant seulement, qu'il plût à ce bel astre d'éclairer & de conduire le nouveau lieutenant qu'il avoit choisi pour gouverner son peuple après lui.

Ensuite se tournant vers celui qui alloit être son successeur, il lui parla à haute voix devant tout le peuple, à-peu-près de cette manière.

« Avant que de vous résigner ce qui me reste encore d'autorité, je me sens obligé, ô Khomédas, de vous faire quelques remontrances : je m'y sens obligé pour la gloire de notre divin monarque, pour le bien de son peuple, & pour votre instruction particulière.

Le dessein qui nous amène dans ce temple, a quelque chose de fort étonnant : vous étiez hier mon sujet, & vous allez devenir aujourd'hui mon souverain ; je descends volontairement d'un trône où vous allez monter sans obstacle ; &, par cette action, nous allons laisser à la postérité un exemple aussi remarquable qu'un souverain ait jamais laissé. Il arrive peu de ces changemens dans un état, si l'amour paternel ou la foiblesse des princes n'en sont le véritable motif, ou si la loi d'un vainqueur n'en impose la nécessité. Il n'en est pas de même dans cette occasion; ce n'est ni le sang ni la nature qui me sollicitent en votre faveur; ce n'est ni votre force, ni ma foiblesse, qui m'obligent à vous résigner le sceptre & le diadême du soleil; c'est la pure volonté de ce roi glorieux & l'obéissance que je rends à ses ordres sacrés, qui vous élèvent à la haute dignité où vous allez monter. Le choix qu'il a fait de votre personne pour être son lieutenant & mon successeur dans la monarchie, peut justement remplir votre ame de pensées sublimes; mais il ne doit pourtant pas vous inspirer de l'orgueil, ni vous faire oublier votre condition naturelle. Souvenez-vous que vous êtes homme; que par les loix de la naissance, vous n'avez aucun avantage sur les autres; que vous êtes, comme eux, sujet aux infirmités de la nature & à l'inconstance de la fortune, & que le terme fatal qui finit leur destinée, doit aussi terminer la vôtre. Considérez sérieusement quel est le poids de la couronne, de qui vous la tiendrez & à qui vous serez obligé d'en rendre compte. Faites réflexion sur le bonheur du règne précédent: voyez quel exemple vous aurez à suivre, & quel exemple vous devez donner. Les fonctions de la vicesoyauté où vous êtes appellé sont toutes grandes & relevées ; elles demandent une application sérieuse, un esprit droit, un courage intrépide, une constance inébranlable & une prudence extrême. Je ne doute point que vous n'ayez toutes ces qualités, puisque le dieu lumineux qui nous éclaire, qui voit & qui sait toutes choses, vous a préféré à tous ses autres sujets pour vous faire son premier ministre. Souffrez néanmoins que je vous dise, que dans la conduite d'un état, il y a deux chemins qui menent à des fins bien différentes. Le premier est celui des bons princes, & l'autre est celui des tyrans : l'un conduit tout droit à la gloire, & l'autre mène à l'infamie. Les tyrans lâchent la bride à leurs passions, & s'abandonnant au mauvais penchant de leur cœur, ils détruisent toujours par leurs vices les ouvrages de leur prudence. Ils pensent rarement à l'auteur de leur puissance ; ils songent peu au compte qu'ils ont à lui en rendre, & ils ne considèrent jamais que plus les effets de sa justice sont lents, plus ses jugemens sont redoutables. De-là vient que leur domination est odieuse, leur fin le plus souvent tragique, & leur mémoire toujours détestée.

Les bons princes, au contraire, ne se conduisent que par les lumières de la droite raison ; ils se font une règle inviolable de leur devoir,

& suivant par-tout les conseils d'une juste prudence, ils affermissent leur trône sur des fondemens que rien ne sauroit ébranler. On les aime pendant leur vie ; on les regrette après leur mort, & le souvenir de leur règne, est toujours cher & précieux à la postérité.

Bien loin de croire que vous puissiez balancer un moment sur le choix de l'une de ces deux routes, je suis persuadé que vous avez déja fait une généreuse résolution d'imiter la conduite des bons princes, avec autant de soin que vous avez résolu de fuir les maximes des tyrans. Votre devoir, votre honneur & votre intérêt particulier vous y obligent indispensablement ; & de plus, je vous y exhorte de la part de celui dont vous devez être la vivante image dans cet état. Il nous a donné des loix dont il vous fait aujourd'hui le dépositaire, l'interprète & l'exécuteur ; ces loix sont les décrets d'une sagesse, qui n'étant pas sujette au changement, n'en veut point souffrir dans les constitutions fondamentales de ce royaume. Respectez le principe d'où elles viennent ; prenez garde de n'y rien changer, & ne manquez pas de punir la témérité de ceux qui voudroient profaner les ordonnances sacrées du soleil, par le mélange impur de leurs imaginations. Usez du pouvoir absolu que ces loix vous donnent pour faire exercer la justice, pratiquer la tempérance & pour faire fleurir la paix. C'est dans la paix que se trouve le repos & le bonheur des peuples; mais pour la conserver, il faut cultiver avec soin l'innocence des mœurs & corriger sévérement la licence des vices. On règne facilement sur les gens de bien; mais il est difficile de régner sur les méchans, & l'unique moyen de régner avec gloire, est de dispenser avec justice, les récompenses & les peines. Pour cet effet, il faut qu'un prince soit toujours armé dans la paix & dans la guerre, afin qu'il puisse, en tout tems, repousser les injures étrangères, réprimer les rébellions intérieures, & faire également craindre & respecter en tous lieux, la puissance de ses armes & la sainteté de ses loix. J'ai tâché par mes actions passées d'établir la vérité de ces maximes, comme je vous les propose aujourd'hui solemnellement par mes paroles, devant le dieu qui nous éclaire, & devant ce peuple qui m'écoute; c'est à vous à faire votre profit de mes remontrances. Après cela je vous remets la couronne & le sceptre du soleil, comme les dernières marques de l'autorité que je vous résigne par ses ordres. Répondez par votre conduite, à l'intention de ce divin monarque; remplissez nos souhaits & notre attente, & tenez enfin pour une maxime certaine, que la gloire d'un véritable prince brille moins par l'éclat de son diadême, que par le bonheur de ses sujets ».

Dès qu'il eut achevé ce discours, il prit Khomédas par la main, le mena à l'autel, lui fit jurer par le dieu invisible, éternel & infini, par le soleil visible & glorieux, & par l'amour de la patrie, d'observer religieusement les loix fondamentales de l'état, & de n'y rien ajouter ni diminuer. Ensuite le faisant asseoir sur le trône, il lui mit la couronne sur la tête & le sceptre à la main; le salua vice-roi du soleil, & lui rendit, le premier, hommage. Il invita tous les officiers de l'état qui étoient là présens, à suivre son exemple; & puis se tournant vers le peuple, il lui fit plusieurs belles exhortations: Il lui représenta sur toutes choses que le plus grand devoir des sujets consistoit dans le respect, l'obéissance & la fidélité qu'il faut rendre à l'autorité souveraine ; que, quoique leurs suffrages & leur consentement fussent nécessaires pour l'établir, ils ne devoient pourtant pas s'imaginer que leur volonté en fût la cause principale; que la providence avoit beaucoup plus de part dans l'établissement des princes, que les ordonnances des hommes, & qu'on devoit les regarder ici-bas comme les plus vives images de la divinité; que, quand même ils ne s'acquitteroient pas bien de leur devoir, les sujets ne devoient pas pour cela s'éloigner du leur; que le ciel autorisoit souvent les actions injustes des souverains, pour châtier les peuples lorsque, par leurs offenses ils avoient, attiré les effets de sa justice; qu'ils devoient souffrir ses châtimens sans murmure & sans jamais écouter les conseils rebelles; que la rebellion n'étoit pas seulement le plus détestable de tous les crimes, mais que c'étoit aussi la plus grande de toutes les folies, puisqu'au lieu de procurer la liberté à ceux qui s'y engageoient, elle les précipitoit, le plus souvent, dans un plus dur esclavage, de quelque côté que se tournât la victoire; qu'enfin ce n'étoit pas seulement le devoir des sujets de se soumettre à l'autorité légitime, mais que c'étoit aussi leur intérêt le plus solide.

Après cette résignation de l'empire, Sévarias se retira avec sa famille dans une osmasie qu'il avoit fait bâtir à une journée de Sévarinde, dans un lieu fort agréable, & dont l'air est fort sain. Il y vécut en personne privée, sans se mêler aucunement des affaires; hormis lorsqu'on le venoit consulter; ce qu'on fit toujours dans toutes les matières importantes, pendant tout le tems qu'il vécut; tant pour lui témoigner le respect & la vénération qu'on avoit pour sa personne, que pour lui faire voir l'estime que l'on faisoit de ses sentimens.

Il vécut encore seize ans après s'être déposé, sans que son esprit participât aucunement aux foiblesses de son âge. Il conserva son jugement & même sa mémoire, jusqu'au dernier soupir de sa vie ; & sentant enfin approcher son heure dernière, il exhorta tous ses enfans à la vertu & à l'amour de la patrie, & leur fit connoître que la véritable gloire consistoit en l'obéissanne des loix, & en la pratique de la justice & de la tempérance. Il ajouta que, bien que son corps fût mortel, son ame étoit immortelle, & que dès qu'elle seroit sortie de sa prison terrestre, elle prendroit son essor vers l'astre glorieux d'où elle avoit pris son origine, pour y être revêtue d'une nouvelle forme plus belle & plus parfaite que la première ; qu'il en arriveroit de même à tous ceux dont la vie & les mœurs étoient pures & justes, & qui obéissoient de bon cœur aux ordonnances de dieu, qui voit toutes choses, qui connoît toutes les actions, & même toutes les pensées des hommes ; qu'au contraire les méchans & les impies, qui n'avoient point obéi à ses loix, ni vécu dans l'innocence, seroient sévèrement châtiés après leur trépas ; & que leur ame seroit revêtue d'un corps plus abject & plus infirme que le premier ; qu'ils seroient enfin jettés en des lieux éloignés de la face lumineuse du soleil, pour y sentir les incommodités & les rigueurs des hivers, & pour y être enfévelis dans les ténèbres d'une profonde nuit, pour y expier leurs crimes.

Après ces exhortations, il rendit l'efprit, & laiffa un regret univerfel de fa perte à toute la nation, qui en mena deuil durant cinquante jours, & témoigna une douleur toute extraordinaire de fon abfence & de fon trépas. Elle le regardoit comme le père de la patrie & l'auteur de toute la félicité dont elle jouiffoit; fi bien que la mémoire de ce grand homme eft encore, & fera toujours fi douce & fi vénérable aux Sévarambes, qu'ils lui auroient élevé des autels & rendu des honneurs divins, fi lui-même, qui en avoit quelque appréhenfion, & qui étoit ennemi capital de l'idolatrie, n'y eût mis ordre avant fa mort.

On lui fit des obfèques royales; on offrit des facrifices tout extraordinaires pour ce fujet, & fon fucceffeur n'épargna rien pour honorer fa mémoire, & pour faire voir à toute la nation, le fenfible regret qu'il avoit de fa mort.

Auffi cette piété & cette fage conduite augmenta de beaucoup l'amour & l'eftime qu'on avoit pour lui, ajouta un nouvel éclat à fon règne, & le fit confidérer comme un digne fucceffeur de Sévarias.

Il regna encore six ans après le décès de ce prince; mais se sentant attaqué d'une maladie violente, il résigna le gouvernement, imitant en cela son prédécesseur, comme il avoit tâché de l'imiter en toute sa conduite.

Durant son règne, il fit faire plusieurs osmasies, & fit fleurir tous les arts qui s'étoient établis du tems de Sévarias, auquel il fit élever un tombeau magnifique, qui se voit encore aujourd'hui dans le temple de Sévarinde. Il fit faire de grands ponts à chaque côté de l'île, pour en rendre la communication aisée, parce qu'auparavant elle ne se faisoit que par le moyen des bateaux, & conçut aussi le dessein de l'environner d'une forte muraille, mais comme il ne vécut pas assez long-temps pour cela, il en laissa le soin à ses successeurs.

BRONTAS, *troisième vice-roi du soleil.*

Celui qui fut élu à sa place s'appelloit Brontas; après son élection, on le nomma Sévarbrontas, selon la coutume. Il suivit les traces de ses prédécesseurs, fit cultiver les plaines & même les montagnes en divers endroits, particulièrement sur le chemin de Sporounde, qu'il rendit beaucoup plus commode qu'il n'étoit auparavant, y posant les fondemens de plusieurs villes, qui se sont fort accrues depuis. Sous son règne, on commença de revêtir tout le tour de l'île de murailles, selon le projet de Sévarkomédas; & par l'étude & la pratique, il devint si savant dans l'architecture, qu'il orna extrêmement tous les édifices que ses prédécesseurs avoient construits. De son tems, il y eut des dissentions parmi les Sévarambes, causées par quelques Parsis nouveaux venus, qui voulurent établir la propriété des biens contre les maximes fondamentales de l'état; ce qui lui donna beaucoup de peine; mais enfin, il en vint à bout; & pour remédier à l'avenir à de semblables désordres, il défendit le commerce de notre continent, & ne voulut plus recevoir de ses esprits turbulens.

Il étoit descendu des Prestarambes, ce qui fut cause qu'il fit fort aggrandir Sporounde, & les autres lieux sur les montagnes, pour en rendre le commerce plus facile. Il régna trente-quatre ans, puis résigna l'empire à un autre, à l'exemple de ses prédécesseurs.

DUMISTAS, *quatrième vice-roi du soleil.*

A Sévarbrontas succéda Sévardumistas, Strou-karambe

karambe d'origine. Il voulut étendre ses limites, & subjuguer une nation qui habitoit les parties inférieures du fleuve, environ quatre-vingt lieues au-dessous de Sévarinde; mais le conseil s'y opposa, & ne voulut pas souffrir que, sans nécessité, on conquît de nouvelles terres, contre les maximes de Sévarias, qui avoit ordonné qu'on fît bien valoir le pays des environs de Sévarinde, avant qu'on touchât aux terres plus éloignées, à moins que ce ne fût sur le chemin de Sporounde. Voyant donc que son dessein ne plaisoit pas, il s'attacha à faire valoir l'agriculture, & fit construire de nouvelles osmasies en divers endroits, & sur-tout à la ville d'Arkropsinde, d'où il étoit natif. Il institua de nouvelles cérémonies dans la religion, seulement pour la pompe extérieure, comme aussi dans l'osparénibon, ou solemnité du mariage. A tout cela, il ajouta divers réglemens touchant les réjouissances publiques, institua de nouvelles danses dans l'erimbasion ou fête du soleil, qui s'observent encore aujourd'hui. On tient que n'ayant pu réussir dans le dessein de faire la guerre, il prit des routes contraires, & s'amusa à l'institution de plusieurs cérémonies. Son règne ne fut que de onze ans, & il fut le premier qui garda l'empire jusqu'à la fin de ses jours. Il est vrai qu'un accident en fut cause, car il mourut soudainement d'une chûte, ce qui causa un interrègne de quinze jours seulement.

SÉVARISTAS, *cinquième vice-roi du soleil.*

A sa place fut élu Sévaristas, issu de Sévarias, & en la personne de qui le sang de ce premier vice-roi du soleil remonta sur le trône. Les vertus & les graces qui brilloient en lui, donnèrent de grandes espérances de son règne, & l'on crut qu'il rempliroit dignement la place de la personne illustre dont il avoit l'honneur de descendre. On ne s'y trompa point aussi, car il en fut la vive image & le parfait imitateur. Il n'avoit que trente ans, quand il fut élevé au gouvernement; mais dans cet âge, il avoit une prudence & une sagesse extraordinaires. La nation s'étoit extrêmement accrue de son tems, & la paix & l'abondance y fleurissoient par-tout si bien, que son règne fut heureux, même dès son commencement. Comme il avoit beaucoup de sujets qu'il falloit employer selon les maximes de l'état, il entreprit des ouvrages d'un grand travail, & d'une difficulté presque insurmontable. Premièrement, il fit achever le palais de Sévarinde, & les murailles de l'île; il fit bâtir le grand amphithéâtre, & fit percer la montagne dont nous avons parlé dans la première partie de cette relation.

Il renouvella le commerce avec la Perse & les autres pays de notre continent, que Sévarbrontas avoit défendu; mais il en changea la manière, & voulut seulement que quelques-uns des Sévarambes vinssent voyager parmi nous, pour y apprendre toutes les sciences & les arts qu'ils jugeroient pouvoir contribuer au bonheur & à la gloire de leur nation, sans qu'il leur fût permis de nous rien faire connoître de leur pays.

Ses soins achevèrent de polir ces peuples, & d'établir entr'eux les belles sciences, les beaux arts & les grands spectacles publics. Il institua la fête nommée Khodimbasion, c'est-à-dire la fête du grand dieu, dont Sévarias avoit eu la première idée, & que ses successeurs n'avoient pas voulu instituer, craignant de ne pas bien comprendre le sens de ce législateur; mais celui-ci, soit par le privilège du sang, ou qu'il eût mieux compris que les autres l'intention de son illustre prédécesseur, passa par-dessus toutes ces difficultés, & voulut, après en avoir réglé la solemnité, qu'elle fût célébrée au commencement de chaque dirnemis, c'est-à-dire, de sept ans en sept ans. Il la fit célébrer six fois lui-même ; car il régna quarante-sept ans, au bout desquels il se démit de l'empire, & vécut encore douze ans.

KHÉMAS, *sixième vice-roi du soleil.*

A ce prince illustre, succéda Sévarkhémas, qui fut grand naturaliste, & qui s'attacha fort à faire valoir la connoissance des simples & des métaux, dont il découvrit plusieurs mines, & même de riches mines d'or, dont il se servit pour l'ornement du temple du soleil & du palais de Sévarinde, car on n'en fait point de monnoie en ce pays-là, où elle n'est pas nécessaire, & où même l'usage en est défendu par les loix fondamentales de l'état.

Ce fut lui qui fit mettre autour du grand globe lumineux du temple de Sévarinde, qui représente le soleil, cette grande plaque d'or massif, coupée & gravée en rayons, qu'on y voit aujourd'hui. Il régna quarante-trois ans, & résigna l'empire.

KIMPSAS, *septième vice-roi du soleil.*

A Sévarkhémas succéda Sévarkimpsas. Celui-ci fut un grand voyageur dans ses états, dont il vit jusqu'à la moindre osmasie. Il aima fort le jardinage, fit accommoder les chemins, & y fit planter par-tout des indices ou des termes pour la commodité des voyageurs. Il fit mesurer & marquer la distance des lieux, & commanda de tenir dans toutes les villes, des femmes esclaves pour le service des passans. Il fit la guerre aux Stroukarambes méridionaux, peuples fiers & brutaux, qui n'avoient jamais reconnu l'autorité de Sévarias, qui en avoit méprisé la conquête, & qui avoit même exhorté son successeur à ne les point attaquer le premier, mais à se contenter des terres qu'ils possédoient, qui, étant bien cultivées, étoient capables de nourrir six fois plus de peuple qu'il n'en avoit. Depuis ce temps-là, on avoit méprisé ces barbares, & l'on ne leur avoit rien dit tant qu'ils s'étoient tenus dans le respect: mais ayant eu l'audace de faire une irruption dans les terres de Sévarkimpsas, il entra chez eux à main armée, les défit en plusieurs rencontres; & leur imposa un tribut annuel de filles & de garçons, pour être les esclaves de Sévarambes: & parce que dans leurs montagnes on trouva de fort bonnes mines, il y fit bâtir des forteresses, & y laissa des garnisons où la jeunesse des Sévarambes va servir tour à tour, selon l'ordre & le tems établi. Il régna vingt-huit ans, & résigna l'empire.

MINAS, *huitième vice-roi du soleil.*

C'est lui qui règne à présent, & c'est par son ordre que nous fûmes menés à Sévarinde. Ce Sevarminas a déjà gouverné long-tems, & lorsque je partis de ce pays pour aller en Perse, on disoit qu'il alloit résigner l'empire, parce qu'il se sentoit déjà vieux. Il a fait plusieurs choses, & entr'autres le grand aqueduc qui porte à Sévarinde toute l'eau d'une rivière qui descend d'une montagne, à six ou sept milles au-delà du fleuve. Son prédécesseur avoit bien commencé cet ouvrage, mais lui, l'acheva pendant les douze premières années de son règne.

C'est un homme juste & sévère, voulant être obéi ; mais aimant d'ailleurs la nation dont il étoit fort aimé. J'ai vécu treize ou quatorze ans sous sa domination, où j'ai vu plusieurs choses qui se sont exécutées pendant ce tems-là, ayant pris la peine d'observer les loix & les mœurs de ces peuples, dont il est tems que je traite plus particulièrement que je n'ai fait jusqu'à présent.

*Des loix, mœurs & coutumes des Sévarambes d'aujourd'hui.*

Dans l'histoire de Sévarias & de ses successeurs, j'ai donné un tableau racourci des loix de ces peuples, & fait voir quelles étoient les principales maximes de leur gouvernement. Je pourrois ici m'étendre plus loin sur cette matière, & décrire tous les réglemens & toutes les ordonnances qui ont été faites par les vice-rois du soleil depuis Sévarias jusques à Sévarminas, à présent régnant ; mais comme un pareil détail seroit trop long & trop ennuyeux, je me contenterai d'en dire ici ce qu'il y a de plus remarquable.

Ce gouvernement est monarchique, despotique & héliocratique au premier chef, c'est-à-dire, que la puissance & l'autorité suprême réside en un seul monarque ; que ce monarque est seul maître & propriétaire de tous les biens de la nation, & que c'est le soleil qu'on y reconnoît pour roi souverain & pour maître absolu. Mais en considérant l'administration de l'état de la part des hommes, on trouvera que cet état est une monarchie successive & despotique, mêlée d'aristocratie & de démocratie.

Cela paroît en ce que le vice-roi, qui seul représente le monarque & le seigneur, n'est pas seulement élevé à cette dignité par le choix du soleil, mais aussi par l'élection du grand conseil, & par celle du peuple ; car lorsqu'il s'agit d'élire un vice-roi, le grand conseil choisit de son propre corps quatre personnes qui tirent au sort, & celui de ces quatre à qui la figure du soleil échet, est par-là déclaré chef, comme par le choix de ce bel astre.

Tous ceux qui sont élevés aux offices, le sont premièrement par le choix du peuple dans chaque osmasie, jusques à la charge d'osmasiontes, ou cœnobiarque; mais quand un homme est parvenu à ce rang, il est membre du conseil général, & a voix délibérative & négative pour l'osmasie qu'il représente. Au commencement, quand la nation étoit peu nombreuse, ces osmasiontes étoient du conseil ordinaire; mais quand elle s'augmenta, on les fit tous du conseil général, & l'on en prit un pour le conseil ordinaire, qui représentoit quatre osmasies, dans la suite il en représentoit six, & présentement il en représente huit. De ces huiteniers qu'ils appellent brosmasiontes, on choisit ceux qu'on veut faire sénateurs, selon le tems de leur réception; ainsi le plus ancien d'entr'eux remplit la place du sénateur nouvellement décédé; je dis le plus ancien en office, car on n'y regarde pas à l'âge. Ces sénateurs sont présentement au nombre de vingt-quatre, qui assistent le vice-roi dans toutes les grandes affaires, & composent le grand conseil d'état. On les appelle Sévarobastes, c'est-à-dire, aides de Sévarias, ou de ses successeurs.

Il y a un autre corps inférieur composé de brofmafiontes, au nombre de trente-six, d'où l'on tire des gens pour les élever à la dignité de févarobaftes, quand il en vaque quelque place, ou pour les faire gouverneurs des villes de la campagne, excepté de celles de Sporounde & d'Arkropfinde, qui font gouvernées par un févarobafte, tels que font Albicormas & Brafindas, parceque ces gouvernemens font fort confidérables.

Outre le foin de donner des confeils au viceroi, prefque tous les févarobaftes ont quelque charge particulière, & des plus confidérables de l'état comme celle de général d'armée, d'amiral, de préfet des édifices, des vivres, des facrifices, des écoles, des fêtes folemnelles, & de plufieurs autres chofes; ils ont aufli chacun leur confeil particulier pour l'exercice de ces charges.

Chaque gouverneur de ville encore, a fon confeil particulier pour le gouvernement de fa place ou province; comme il nous parut d'abord à Sporounde, le premier gouvernement & le plus confidérable de tout l'état, car il comprend toutes les villes au-delà des monts, & tout ce qui refte de la nation des Preftarambes, dont la plus grande partie a quitté fon pays pour s'établir en Sévarambe. On envoye en leur place toutes les personnes défectueuses, ou de corps, ou d'esprit, & c'est delà qu'on appelle le pays Sporounde, comme nous l'avons déjà dit.

Outre ces magistrats & ces officiers que je viens de nommer, il y en a plusieurs autres inférieurs, entre lesquels ceux qui ont la conduite de la jeunesse sont fort considérés, parce que de la bonne éducation des enfans, dépend le salut de l'état, & celui de toute la nation.

Les intendans de plusieurs arts sont aussi fort estimés, & particulièrement ceux qui ont soin de l'agriculture, ou de l'intendance des édifices, ces deux emplois étant les plus utiles, & ceux auxquels la nation s'exerce le plus.

Comme les magistrats sont élevés au-dessus du peuple, & que leurs fonctions étant plus nobles que celles des gens du commun, ils méritent de plus grandes récompenses, ils en reçoivent aussi de proportionnées au rang qu'ils tiennent dans la république: premièrement ils ont la gloire de commander, & le plaisir d'être obéis. Les loix leur permettent d'épouser plus de femmes que les autres sujets, & d'avoir chacun un nombre d'esclaves pour les servir. Ils sont ordinairement mieux logés, mieux nourris & mieux vêtus que les particuliers, & tout le monde les respecte & les honore, selon leur qualité. D'ailleurs, dès le moment qu'un homme est entré dans la magistrature, il peut aspirer à la souveraine puissance, & y monter par les divers dégrés où il faut passer. Tous les vice-rois, depuis Sévarias, y sont arrivés de cette manière, on n'en a point d'autre pour y parvenir ; ce qui fait que tous ceux qui ont du mérite & de l'ambition tâchent de s'acquerir l'amour & l'estime de leurs concitoyens, pour avoir leurs suffrages lorsqu'il s'agit de quelque élection. Si l'on fait une sérieuse réflexion sur ces coutumes & sur ces manières des Sévarambes, on trouvera que, dans le fond, nous avons les mêmes desirs & le même but qu'eux, dans le soin que nous prenons d'avancer notre fortune, pour jouir des commodités de la vie.

Mais il y a cette différence entre eux & nous, que les moyens dont ils se servent pour s'élever, sont tous honnêtes & légitimes, & que le plus souvent nous mettons en usage la bassesse & le crime pour nous tirer de l'obscurité & de la misère. Et, si par des voies justes ou injustes nous acquérons des richesses & des honneurs, nous en abusons ordinairement, ou nous les laissons à nos enfans, avec plein pouvoir d'en disposer comme il leur plait. Mais les Sévarambes, auxquels il n'est permis de faire que de bonnes actions, ne peuvent conserver leurs biens & leurs dignités que par une constante pratique de la vertu, & ne laissent à leurs enfans que leur bon exemple à imiter.

S'il arrivoit un interrègne, le plus ancien des Sévarambes gouverneroit à la place du vice-roi, jusqu'à ce que le grand conseil eût choisi un successeur.

La première chose que fait un nouveau lieutenant, est de convoquer le conseil général de toute la nation, où tous les osmasiontes, & généralement tous les grands officiers assistent. Alors il leur déclare le choix que le soleil a fait de sa personne, & leur demande s'ils ne veulent pas volontairement se soumettre à la volonté de leur dieu & de leur roi, & le reconnoître pour son lieutenant; à quoi tous crient, à haute voix; *Erimbas imanto*, c'est-à-dire, que le roi de la lumière soit obéi. Après, on le suit au temple, où il offre des parfums au soleil, & lui rendant graces de la faveur spéciale qu'il lui a faite, il se consacre à son service, lui promet fidélité, & au peuple, justice & protection. Cela fait, il va s'asseoir sur le trône, où nous vîmes Sévarminas, quand nous eûmes audience. Tous les sévarobastes le suivent, le plus ancien lui met sur la tête la gloire ou l'ombelle radieuse dont nous avons parlé. Alors chacun des sénateurs lui promet aide & fidélité, & tous les autres, soumission & obéissance, à lui & à son conseil. Si pour l'heure il a quelque loi à proposer, il la déclare devant tous les assistans, l'appuie de raisons, en fait donner des copies à tous les osmasiontes, & les prie de la bien examiner, & de lui en dire leur sentiment. Neuf jours après, dans une autre assemblée pareille à celle-ci, cette loi est confirmée & établie devant tous, dont chacun prend des copies pour porter chez soi ; après quoi le vice-roi congédie tout ce monde, & s'en va lui-même à son palais.

Toutes les fois qu'il s'agit de faire passer quelque nouvelle loi, on convoque ainsi ce conseil général, & tout s'y fait de la manière que je viens de dire.

Les charges & les offices ne subsistent qu'autant de tems qu'il plaît au vice-roi & à son conseil; mais il arrive rarement qu'on les ôte à ceux qui en sont une fois pourvus, à moins qu'ils ne s'en démettent eux-mêmes, ( ce qu'ils font ordinairement quand ils ont atteint l'âge de soixante ou soixante-dix ans ) ou bien qu'ils ne fassent mal leur devoir, ce qui se voit rarement. Mais si, par hasard, il arrivoit que le vice-roi fût méchant, impie & tyrannique, & qu'il voulût violer les loix fondamentales ; en ce cas-là on feroit tout ce qu'on pourroit pour le ramener à la raison ; & si enfin on n'y pouvoit pas réussir, le plus ancien sévarobaste convoqueroit le conseil général, & leur en diroit les causes, leur demandant leur avis ; & s'ils ne trouvent pas à propos de demander au soleil un tuteur pour son vice-roi, afin de faire exécuter ses loix, & les maintenir dans leur entière force & autorité, selon les constitutions de Sévarias & de ses successeurs, les autres répondroient affirmativement ; alors tous iroient au temple, & après avoir offert de l'encens, & fait une prière au soleil, ils jetteroient au sort parmi les sévarobastes, & celui à qui la figure du soleil écherroit seroit déclaré tuteur du vice-roi, qui en cette occasion doit être supposé avoir perdu son bon-sens. Après cela il ne seroit plus reçu dans le conseil, on le garderoit dans un palais à part, où néanmoins il seroit traité avec toute sorte de douceur & de respect, jusqu'à ce qu'il plût à la divinité de lui rendre sa raison égarée ; & quand il paroîtroit qu'il voudroit faire son devoir, il seroit publiquement remis dans son autorité & dans l'exercice de sa charge, de la même manière qu'il en auroit été privé.

C'est-là une clause des loix de Sévarias sur ce sujet, en cas que telle chose arrivât, mais elle n'est pas encore arrivée, ni peut-être n'arrivera-t-elle jamais. La même clause regarde ceux qui en effet seroient hors de leur bon-sens, & qui ne voudroient pas volontairement se dépouiller de l'empire.

Sévarias a laissé des formulaires pour toutes ces choses, comme aussi pour quelques oraisons qu'on doit faire au soleil en diverses rencontres, & sur-tout celle que nous avons traduite, qui se doit réciter toutes les fois qu'on procède à l'élection d'un vice-roi.

Je crois qu'il est maintenant à propos de faire voir comment subsiste ce grand état, & de quelle manière on y fait des magasins publics, & comment on en dispose.

Nous avons déjà dit qu'une des principales maximes du gouvernement étoit d'ôter la propriété des biens aux sujets, & de la laisser toute entière au souverain. Cela s'est toujours pratiqué depuis Sévarias, & pour pouvoir entretenir les gens, & les faire vivre chacun à son aise ; on a fait des magasins publics de toutes les choses nécessaires & utiles à la vie. On en a fait aussi de celles qui servent aux plaisirs honnêtes ; & c'est de ces magasins qu'on les tire pour en départir à chaque osmasie, selon ses besoins. Chaque osmasie a son magasin particulier, qui se fournit de tems en tems des magasins généraux, pour pouvoir distribuer à chacun ce qui lui est nécessaire, tant pour sa subsistance, que pour l'exercice de son art ou métier. Aux osmasies de la campagne, on s'attache principalement à la culture des terres, & l'on nourrit le peuple, des fruits qu'on en recueille. Premièrement, chaque osmasie champêtre prend du bled, du vin, de l'huile, & autres fruits, tout autant qu'il lui est nécessaire pour continuer l'agriculture, & pour nourrir toutes les personnes qu'elle contient; le surplus est envoyé aux magasins publics. On en fait de même des bestiaux dans les lieux où l'on en nourrit un grand nombre.

On a des préfets pour la chasse, pour la pêche & pour toutes les manufactures, qui prennent les matières nécessaires à leurs ouvrages dans les lieux où elles croissent, & les font transporter dans ceux où on les travaille. Par exemple, il y a des lieux où l'on fait du coton, du lin, du chanvre & de la soie; ceux qui ont l'intendance de ces choses, en font des amas, & les envoient aux villes, où l'on en fait des étoffes; & des villes, on envoie ces étoffes à tous les lieux de la campagne où l'on en a besoin. On en fait de même de la laine, du cuir, des métaux, & de toutes les autres choses dont on se sert dans la vie. Pour ce qui est des matériaux dont on bâtit, l'intendant des bâtimens en fait faire des magasins, & en tire tout ce qui lui est nécessaire pour la construction des nouveaux édifices, pour la réparation & l'entretien des anciens. On en fait de même pour les choses destinées aux réjouissances publiques, aux solemnités, aux spectacles,

tacles, & il y a sur toutes ces choses des intendans, & des officiers sous eux qui commandent à un certain nombre de personnes destinées à travailler à tous ces ouvrages. Il y a diverses osmasies où l'on élève les enfans de l'un & de l'autre sexe, mais chaque sexe à part ; & il y a là-dedans des directeurs & des précepteurs qui prennent soin d'instruire la jeunesse. Il y en a où on leur enseigne des arts & des métiers, & chacune de ces osmasies a ses magasins particuliers, ses officiers, & un nombre d'esclaves pour faire les ouvrages les plus sordides. De ces magasins particuliers, on tire ce qui est nécessaire à l'entretien de chaque personne.

Si l'on considère la manière de vivre des autres nations, on trouvera que dans le fond on a des magasins par-tout, que les villes tirent de la campagne, & la campagne des villes ; que les uns travaillent de leurs mains, & les autres de leurs têtes; que les uns sont nés pour obéir, & les autres pour commander ; qu'on a des écoles pour l'éducation de la jeunesse, & des maîtres pour leur enseigner des métiers ; que parmi les emplois de la vie, il y en a pour la nécessité de subsister, d'autres pour vivre plus commodément, & enfin d'autres purement pour le plaisir. Les choses sont les mêmes dans le fond, mais la manière de les distribuer est différente. Nous avons parmi nous des gens qui regorgent de biens & de richesses, & d'autres qui manquent de tout. Nous en avons qui passent leur vie dans la fainéantise & dans la volupté, & d'autres qui suent incessamment pour gagner leur misérable vie. Nous en avons qui sont élevés en dignité, & qui ne sont nullement dignes ni capables d'exercer les charges qu'ils possèdent; & nous en avons, enfin, qui ont beaucoup de mérite, mais qui manquant des biens de la fortune, croupissent misérablement dans la boue, & sont condamnés à une éternelle bassesse.

Mais parmi les Sévarambes, personne n'est pauvre, personne ne manque des choses nécessaires & utiles à la vie, & chacun a part aux plaisirs & aux divertissemens publics, sans que pour jouir de tout cela, il ait besoin de se tourmenter le corps & l'ame, par un travail dur & accablant. Un exercice modéré de huit heures par jour lui procure tous ces avantages, à lui, à sa famille, & à tous ses enfans, quand il en auroit mille. Personne n'a le soin de payer la taille, ni les impôts, ni d'amasser des sommes d'argent pour enrichir ses enfans, pour doter ses filles, ni pour acheter des héritages. Ils sont exempts de tous ces soins, & sont riches dès le berceau: & si tous ne sont pas élevés aux dignités publiques, du moins ont-ils cette satisfaction, de n'y voir que ceux que le mérite & l'estime de leurs concitoyens y ont élevés. Ils sont tous nobles & tous roturiers; & nul ne peut reprocher aux autres la bassesse de leur naissance, ni se glorifier de la splendeur de la sienne. Personne n'a ce déplaisir de voir vivre les autres dans l'oisiveté, pendant qu'il travaille pour nourrir leur orgueil & leur vanité; enfin, si l'on considère le bonheur de ce peuple, on trouvera qu'il est aussi parfait qu'il le puisse être en ce monde, & que toutes les autres nations sont très-malheureuses au prix de celle-là.

Si l'on compare aussi le bonheur des rois, des princes & des autres souverains, avec celui de vice-roi du soleil, on y trouvera des différences notables. Ceux-là ont ordinairement de la peine pour tirer les subsides nécessaires au soutien de leur état, & sont souvent contraints d'user de force & de cruauté pour venir à leurs fins. Celui-ci ne se sert point de tous ces moyens: il est déjà le maître absolu de tous les biens de la nation; & nul de ses sujets, ne peut lui refuser l'obéissance qui lui est due, ni prétendre aucun privilège particulier. Il donne & ôte quand il lui plaît; il fait la paix & la guerre quand il le trouve à propos; tout le monde lui obéit, & nul n'oseroit résister à sa volonté. Il n'est pas exposé aux rébellions & aux soulèvemens des peuples; personne ne doute de son autorité, & tout le monde s'y soumet, il ne la doit à personne, & personne n'ose entreprendre de la lui ôter. Car, qui seroit assez téméraire pour se révolter contre le soleil & contre ses ministres? Qui seroit si vain que de se croire plus digne de commander, que ceux que ce roi lumineux a choisis pour ses lieutenans? Et quand quelqu'un seroit assez insensé pour vouloir usurper le gouvernement, comment le pourroit-il faire, & où trouveroit-il des gens qui voulussent appuyer sa folie, & devenir esclaves pour le rendre souverain? Ajoutez que la religion lie fort les Sévarambes à l'obéissance de leurs supérieurs; car ils ne reconnoissent pas seulement le soleil pour leur roi, mais ils l'adorent comme leur dieu, & croient qu'il est la source de tous les biens qu'ils possèdent; de sorte qu'ils ont une grande vénération pour ses loix, & pour le gouvernement qu'ils croient qu'il a lui-même établi parmi eux, par le ministère de Sévarias. D'ailleurs, leur éducation étant si bonne, ils sont accoutumés de si bonne heure à l'obéissance de ses loix, qu'elle leur est naturelle, & ils s'y soumettent d'autant plus volontiers, que plus ils raisonnent, & plus ils les trouvent justes & raisonnables.

### De l'éducation des Sévarambes.

Le sage législateur faisant de si belles loix pour ses peuples, n'avoit garde de négliger le soin de faire élever la jeunesse, sachant bien que de son éducation dépend la conservation ou la ruine de ces mêmes loix, & que la corruption des mœurs produit ordinairement de grandes illusions dans la politique. Il est bien difficile qu'un homme vicieux & mal élevé soit jamais un habile ministre ni un bon sujet. Car, d'un côté, la violence de ses passions l'entraîne dans le vice, &, de l'autre, son ignorance ne lui permet pas de faire un juste discernement du bien & du mal, du vrai & du faux. Les hommes ont naturellement beaucoup de penchant au vice, & si les bonnes loix, les bons exemples & la bonne éducation ne les en corrigent, les mauvaises semences qui sont en eux s'accroissent & se fortifient, & le plus souvent elles étouffent les semences de vertu que la nature leur avoit données. Alors ils s'abandonnent à leurs appétits déréglés, & laissant l'empire de leur raison à leurs passions impétueuses & farouches, il n'y a point de maux où elles ne les précipitent. Delà viennent les violences & les rapines, l'envie, la haine, l'orgueil & le desir de dominer; les rébellions, les guerres, les massacres, les incendies, les sacrilèges, & tous les autres maux dont les hommes sont ordinairement affligés.

Une bonne éducation corrige le plus souvent, & même quelquefois étouffe les semences vicieuses qu'ont les hommes, & entretient celles qu'ils ont pour la vertu.

C'est ce que comprit fort bien le grand Sévarias, & c'est pour cette raison qu'il fit plusieurs ordonnances, pour l'éducation des enfans. Car, premièrement, ayant reconnu que leurs pères & leurs mères les gâtent le plus souvent, par une folle indulgence, ou par une trop grande sévérité, il ne voulut pas laisser ces jeunes plantes entre les mains de personnes si peu capables de les cultiver.

Pour cet effet, il institua des écoles publiques, pour les y faire élever en commun, & sous la conduite de personnes choisies & habiles, qui, n'étant préoccupées ni d'amour ni de haine, instruiroient indifféremment tous les enfans par préceptes, par corrections & par exemples, pour les porter à la haine du vice, & à l'amour de la vertu. Mais afin que les parens ne puissent les contrarier dans l'exercice de leurs charges, il voulut qu'après qu'ils auroient rendu à leurs enfans les premiers foins paternels, & qu'ils auroient témoigné leur première tendreffe à ces précieux fruits de leur amour, il voulut, dis-je, qu'ils fe dépouillaffent de leur autorité paternelle, pour en revêtir l'état & le magiftrat, qui font les pères politiques de la patrie.

Selon cette ordonnance, dès que les enfans ont atteint leur feptième année, à de certains jours réglés, & quatre fois tous les ans, le père & la mère font obligés de les mener au temple du foleil, où après qu'on les a dépouillés des habits blancs qu'ils portoient depuis leur naiffance, on les lave, on leur rafe la tête, on les oint d'huile, on leur donne une robe jaune, & puis on les confacre à la divinité. Le père & la mère fe démettent entièrement de l'empire que la nature leur avoit donné fur eux, ne fe réfervant que l'amour & le refpect, & dès ce moment, ils deviennent enfans de l'état. Incontinent après on les envoie à des écoles publiques, où pendant quatre ans entiers, on les accoutume à l'obéiffance des loix, on leur enfeigne à lire & à écrire, on les forme à la danfe, & à l'exercice des armes.

Quand ils ont ainfi demeuré quatre ans dans

ces écoles, & que leur corps s'est fortifié, on les envoie à la campagne, où ils apprennent pendant trois ans à cultiver la terre, à quoi on les fait travailler quatre heures du jour, & on les fait exercer les quatre autres heures aux choses qu'ils avoient déjà apprises dans les écoles. On éleve les filles de la même manière que les garçons, sans beaucoup de différence ; mais c'est en des lieux séparés : car on a des osmasies pour les deux sexes, & d'ordinaire celles de la campagne sont éloignées les unes des autres.

Lorsqu'ils sont parvenus à leur quatorzième année, on leur fait changer de demeure & d'habit ; on leur ôte leurs vêtemens jaunes, pour leur en donner de verds ; & alors on les appelle, en langue du pays, *Edirnai*, c'est-à-dire vivant dans la troisième septénaire de leur âge. Ceux du premier septénaire sont appellés *Adirnai*, & ceux du second *Gadirnai*. On les appelle autrement de la couleur de leurs habits : *Alistai*, c'est-à-dire habits blancs ; *Erimtai*, c'est-à-dire habits jaunes ; & *Forruai*, c'est-à-dire verds. Pour les filles, on ne fait que changer la terminaison *ai* en *ei*, comme *Adirnei*, *Alistei*, & ainsi des autres. Alors on leur enseigne les principes de la grammaire, & on leur donne le choix d'un métier ; quand ils ont fait quelque tems d'épreuve, si l'on voit qu'ils y soient propres, on les donne à des maîtres, qui ont soin de les leur enseigner; mais s'ils n'y ont pas de fort grandes dispositions, on leur donne le choix d'être laboureurs ou maçons, qui sont les deux plus grands exercices de la nation.

Pour les filles, on les élève à des métiers affectés à leur sexe, qui ne sont pas si pénibles que ceux des garçons. Elles s'occupent à filer, à coudre, à faire de la toile, & à plusieurs autres exercices, où la force du corps n'est pas si nécessaire qu'à ceux des hommes.

Quand elles ont atteint leur seizième année, & les garçons leur dix-neuvième, il leur est permis de faire l'amour & de songer au mariage, ce qui se fait en la manière suivante.

Quand ils sont parvenus à cet âge, on leur permet de se voir en présence de leurs conducteurs à la promenade, au bal, à la chasse, aux revues, & à toutes les solemnités publiques. Dans ces occasions, les garçons peuvent s'adresser aux filles, & leur dire librement je vous aime, & les filles peuvent sans honte recevoir leur déclaration. La naissance, les richesses, les charges, ni tous les autres dons de la fortune, ne font point de différence entr'eux; car ils sont tous égaux en cela,

& ne diffèrent que de sexe, & de trois années d'âge que les garçons ont au-dessus des filles; car les mariages inégaux ne sont permis qu'à celles qui, ne pouvant trouver de mari particulier, sont obligées de choisir un homme public pour les tirer d'entre les vierges. S'il y en a que quelque infirmité naturelle, ou quelque accident, exempte de l'obligation de se marier, on les envoie en Sporoumbe; car on ne veut pas souffrir de tels gens en Sévarambe. Dans les assemblées des filles & des garçons, l'amour joue son rôle, & fait de grandes conquêtes sur les cœurs. Chacun tâche de se faire aimer, par la beauté de son visage, & par les charmes de son esprit. Ceux en qui l'on en voit briller beaucoup, & qui y joignent de la probité & de la vertu, sont le plus souvent préférés aux autres, & les filles prudentes voient bien qu'ils parviendront facilement aux charges; &, qu'ainsi, elles auront part aux honneurs & aux dignités de leurs maris. Mais il s'en trouve dont la prudence est toute contraire; car de peur qu'un homme de mérite parvenant aux emplois, n'ait en même tems le privilège dû à sa charge, qui est d'avoir plus d'une femme, s'il le veut, elles aiment mieux épouser une personne sans mérite, que de s'attacher à un homme, qui s'élevant dans la fortune, pourroit partager un cœur qu'elles voudroient posséder tout entier. Ainsi chacun accommode sa politique à son inclination; les uns aiment les plaisirs, les autres les honneurs, & chacun a son penchant particulier.

Comme les Sévarambes ont naturellement de l'esprit, & qu'ils sont bien élevés & polis, les amans ne manquent pas dans les rencontres, de mettre en usage les présens de fleurs & de fruits, les ris, les chansons & les discours éloquens, pour témoigner leur passion à leurs maîtresses. Tout cela leur est permis, & personne n'y trouve à redire; au contraire, on méprise ceux qu'on ne voit pas touchés d'amour, on les regarde comme des gens de méchant naturel, comme des citoyens indignes des faveurs de la patrie.

Mais dans toutes ces occasions, on ne s'écarte que rarement des règles de la modestie, & l'on ne fait, ni ne dit rien qui puisse choquer la pudeur; car cela est expressément défendu, & les plus impudens même n'oseroient rien faire contre la bienséance, parce qu'ils ne parlent aux filles qu'en public, & devant leurs gouvernantes.

Pendant dix-huit mois, les filles à marier, qu'on appelle *Enibei*, & les garçons, *Sparai*, ont le loisir de se voir, de se connoître, &

de s'aimer sans rien conclure; mais ce tems-là expiré, c'est la coutume de tomber d'accord, & de se donner la foi; après quoi les rivaux rejettés se retirent, & la fille ne reçoit que l'amant qui lui a promis mariage. Quand le tems de l'osparénibon, c'est-à-dire, des solemnités du mariage est venu, ils vont au temple, & sont mariés en la manière dont nous avons fait la description dans la première partie de cette histoire.

Lorsqu'ils sont mariés, on donne des habits bleus aux garçons, à cause de leur vingt & unième année, & aux filles aussi parce qu'elles leur sont jointes; mais pour marquer que la fille n'est pas encore parvenue à sa quatrième dirnémis, c'est-à-dire, au-delà de vingt & un ans, elle porte des manches vertes sur son habit bleu, jusqu'à ce qu'elle ait vingt-un ans complets; alors elle prend un voile sur la tête, & cache ses cheveux, qu'elle laisse voir à découvert avant cet âge-là.

Le soir de la noce on leur fait un festin, où se trouve un grand nombre de gens de tout âge & de tout sexe, & où la musique & la danse ne manquent pas. Cela se fait dans une des salles de l'osmasie, où ils doivent demeurer, & dans laquelle on leur a préparé deux chambres de plein-pied, dont l'une regarde fur la rue, & l'autre fur la cour, & c'est-là qu'ils confomment leur mariage; mais on ne leur permet de coucher enfemble que de trois nuits une, pendant les trois premières années de leur union, & puis de deux nuits une jufqu'à leur vingt-huitième année; après quoi ils font libres, & peuvent coucher enfemble quand il leur plaît. Le plus grand honneur des femmes eft d'aimer leurs maris, & d'élever elles-mêmes plufieurs enfans à la patrie. Entre les femmes des particuliers, celles qui en ont le plus, font le plus honorées, mais parmi les femmes des magiftrats on regarde le mari. Les femmes ftériles font fort méprifées, & lorfqu'un homme en a gardé une cinq ans, il lui eft permis d'époufer quelque veuve ou quelque fille qui ne trouve point de mari, ou de tenir une efclave en qualité de concubine. L'unique moyen qu'ont les femmes ftériles d'effacer leur opprobre, eft de fervir les malades, ou fi elles font habiles, de s'employer à l'éducation de la jeuneffe. Chaque mère eft obligée d'allaiter fon enfant, à moins qu'elle ne fût fi foible que de ne pouvoir pas le nourrir fans beaucoup hafarder fa fanté; car, en ce cas-là, on lui donne une autre nourrice de celles qui ont perdu leurs enfans, qui font fort eftimées, quand, au défaut de leur propre fruit, elles nourriffent celui d'une autre, & élevent un enfant à la patrie.

Voilà quelle est la manière ordinaire d'élever & de conduire la jeuneffe parmi les Sévarambes. Mais ceux de leurs enfans qui ont un génie extraordinaire, & qui font propres aux belles fciences & aux arts libéraux, ne font pas élevés de même ; car on les exempte des travaux du corps, pour les employer à ceux de l'efprit. Pour cet effet, il y a des collèges faits tout exprès pour leur éducation, & c'eft du nombre de ceux-ci qu'on prend, de fept ans en fept ans, des gens pour voyager dans notre continent, & pour y apprendre tout ce que nous avons de particulier ; ce qu'ils ont pratiqué depuis que Sévariftas en rétablit le commerce, & ordonna ces fortes de voyages. Ceux-ci ne peuvent fortir du pays, fans y laiffer du moins trois enfans pour affurance de leur retour ; je ne fais fi c'eft la raifon pourquoi ils ne manquent jamais, s'ils le peuvent, de retourner chez eux ; mais je n'ai pas ouï dire que, depuis que cette coutume eft établie, il s'en foit trouvé un feul qui ait déferté fa patrie, pour demeurer ailleurs, & que ceux qui ne font pas morts dans leurs voyages, aient manqué d'aller revoir leur patrie.

Ces voyages font caufe qu'il y a plufieurs

personnes à Sévarinde & aux villes d'alentour qui savent parler diverses langues de l'Asie & de l'Europe, qu'ils enseignent d'ordinaire à ceux qui sont destinés pour le voyage, avant qu'ils partent de leur pays, & c'est la raison pourquoi Sermodas, Carchida & les autres furent capables de s'entretenir d'abord avec nous, parce qu'ils savoient déjà plusieurs de nos langues, ayant conversé des années entières parmi les Asiatiques & les Européens, sans qu'on sût de quel pays ils venoient; car ils passent d'ordinaire pour Persans ou pour Arméniens.

# QUATRIÈME PARTIE.

*Des mœurs & coutumes particulières des Sévarambes.*

LE gouvernement sous lequel vivent les Sévarambes & l'éducation qu'ils reçoivent, ne peuvent pas manquer de faire de grandes impressions sur leurs esprits, & de les tourner au bien, s'ils y ont quelque penchant naturel. Sévarias remarqua d'abord que l'humeur de ces peuples étoit un peu fière, & cela continue toujours. Il est vrai que leur éducation tourne cette fierté en une noble ambition de bien faire, & d'acquérir de l'estime; si bien que ce qui dans un autre état seroit un penchant au vice, leur sert ici d'un aiguillon à la vertu. Ils sont fort amoureux des louanges, & lorsque quelqu'un de leurs magistrats les loue de s'être bien acquittés de leur devoir, ou d'avoir fait quelque action généreuse, ils en sont plus contens que nous ne le sommes quand on nous fait de riches présens. Les femmes ne sont pas moins avides de louanges que les hommes, ce qui se remarque surtout en celles qui ont nourri beaucoup d'enfans, & qui ont toujours fait profession d'honneur & de chasteté. Elles en conçoivent une fierté qui
se

se lit sur leur visage, malgré toute la modestie dont elles tâchent de la voiler. Rien entre elles n'est plus détestable que le nom d'une débauchée, & elles se croiroient criminelles d'avoir seulement parlé à une personne qui n'eût pas bonne réputation, ou qui auroit dit quelque chose de contraire à la pudeur de leur sexe. Nonobstant cela elles ne sont pas beaucoup scrupuleuses; car, conversant tous les jours, dans le travail & dans le repas, avec leurs concitoyens & concitoyennes, elles sont assez familières & disent fort librement leurs sentimens, mais toujours avec beaucoup de modestie. Les hommes n'en font pas une profession moins sévère, & l'on auroit une très-mauvaise opinion d'eux, s'ils avoient fait ou dit quelque chose de sale & de mal-honnête devant les dames. Ils tâchent de s'acquérir l'amour & l'estime de tout le monde, parce que c'est le moyen de parvenir aux charges; ce qui fait que parmi ceux qui aspirent aux dignités, on voit une honnête émulation, qui leur fait prendre soigneusement garde à toutes leurs actions, de crainte de perdre leur crédit. La médisance & les calomnies sont sévèrement punies, & s'il arrive que qu'un d'entr'eux accuse quelqu'un de ses concitoyens sans pouvoir prouver son accusation, il n'est pas seulement noté d'infamie, mais il est

*Tome V.*            T

encore sévérement châtié par les loix. Ils font tous profession de dire la vérité ou de se taire, & l'on punit rigoureusement les enfans quand on les a surpris en mensonge de quelque qualité qu'il puisse être, ce qui les accoutume de bonne heure, à dire la vérité, ou à garder le silence. Quand on leur demande quelque chose qu'ils n'ont pas envie qu'on sache, ils ne répondent rien, & si l'on persiste à les presser, ils s'en fâchent beaucoup, & ne manquent pas de traiter d'importuns ceux qui les pressent ainsi. Il n'y a pas lieu de s'étonner que, parmi des gens élevés comme eux, & qui vivent sous un tel gouvernement, il y ait si peu de personnes adonnées au mensonge, n'ayant pas les motifs de mentir qu'ont les autres nations. Ils n'y sont jamais forcés par la pauvreté ni attirés par l'espoir du gain, encore moins portés par la crainte ou l'espérance de plaire ou de déplaire à leurs supérieurs.

D'ailleurs, quand les exemples sont généraux dans une nation, il n'y a que les vicieux & les perdus qui cherchent à s'écarter de la règle commune, & à faire des actions contraires à la coutume & aux maximes approuvées de tout le monde. Parmi les Sévarambes, l'exemple des vicieux incorrigibles ne va jamais guère loin, car on les châtie fort sévérement; & quand on voit qu'ils ne s'amandent point, on les envoie aux mines, loin de la société des honnêtes gens.

Pour les sermens & les blasphêmes, on ne les connoît seulement pas, & l'on peut dire d'eux, que sans avoir jamais lu l'évangile, ils en observent beaucoup mieux les règles, sur ce point, que les chrétiens mêmes ; car tous leurs discours n'ont que oui, pour affirmer ; & non, pour nier.

L'yvrognerie leur est inconnue ; car outre qu'elle seroit rigoureusement punie, il leur seroit difficile d'avoir de quoi s'enyvrer, vivant sans taverne ni cabaret, & mangeant tous en public, où chacun a seulement ce qu'il peut manger & boire, sans sortir des bornes de la tempérance. D'ailleurs, il ne leur est pas permis de boire du vin ni d'aucune liqueur fermentée, qu'ils ne soient mariés ; de sorte qu'ils sont élevés à la sobriété, & en contractent l'habitude, avant que de pouvoir se débaucher. Les vices où ils sont naturellement le plus enclins, sont l'amour & la vengeance ; mais les loix remédient aux excès du premier, en ordonnant le mariage à la jeunesse, dès qu'elle est capable de cette passion ; & pour l'autre, leur éducation la corrige beaucoup ; parce qu'étant élevés ensemble, ils s'accoutument, dès leur enfance, à souffrir beaucoup de choses de leurs compagnons, par la nécessité de ne pouvoir faire autrement, ou par l'obéissance qu'ils rendent à leurs supérieurs, qui ne manquent pas de les mettre d'accord, dès qu'il s'élève entre eux quelque démêlé considérable. Ils sont naturellement gais, aimant à se divertir quand ils sortent de leur travail journalier. La danse, la musique, la course, la lutte & divers autres jeux, sont leurs récréations les plus ordinaires. Ils sont fort robustes & jouissent d'une grande santé pour la plupart; ce qui vient en partie, de leur naissance, & de leur manière de vivre; & en partie, de leur gaieté.

De leur naissance, parce que leurs pères & mères étant des personnes que l'amour unit, s'aiment beaucoup plus que ne font ceux qui se marient pour d'autres considérations. Et comme ils ont un grand égard à la génération, ils n'habitent que rarement ensemble, d'où vient qu'ils font des enfans plus forts & plus vigoureux qu'on ne fait dans les lieux où l'on n'a pas tous ces égards. Outre que, comme les femmes mariées sont fort honorées quand elles en élèvent beaucoup, elles se font une vertu de ne pas souffrir un commerce assez fréquent de leurs maris, pour être contraire à la génération, & qui rendroit leurs enfans foibles & sujets aux maladies; ou les feroit mourir dans leur plus tendre jeunesse ; ou s'ils en échappoient, les empêcheroit de devenir hommes robustes & vigoureux.

La manière de vivre de ces peuples contribue encore beaucoup à fortifier leurs corps, car ils vivent dans la sobriété, sans souffrir ni faim, ni soif. Ils font beaucoup d'exercice, mais c'est un exercice modéré ; & comme ils ne sont sujets à aucune débauche, on ne voit chez eux ni goûteux, ni gravelleux, ni des gens attaqués de maladies sales & infames, que la pudeur empêche de nommer.

Leurs divertissemens & leur gaieté aident aussi beaucoup à la conservation de leur santé, qui n'est jamais interrompue par les soucis & les chagrins, dont est dévorée l'ame de ceux qui sont obligés tous les jours à subvenir à leurs nécessités présentes, ou à celles de leurs familles, & à se munir contre celles où ils peuvent tomber dans la suite. Ils n'ont ni souci, ni avarice ; ils ne manquent jamais de rien ; & leur plus grand soin, est de jouir avec modération, des plaisirs légitimes de la vie. Cela n'est pas seulement cause qu'ils sont généralement sains & robustes, mais aussi qu'ils vivent long-tems, étant assez ordinaire d'y voir des vieillards de cent & de six vingt ans. Ils sont presque tous grands & de belle taille ; & ceux de la taille médiocre parmi eux, seroient de la plus haute parmi nous. On y voit plusieurs hommes de six à sept pieds de haut, & parmi les femmes on y en voit de hautes à proportion. Ce n'est pas qu'il n'y en ait de beaucoup plus petites, mais il n'est pas étonnant d'y voir des hommes de sept pieds de haut, qui parmi nous passeroient pour des géans.

Tout ce qui contribue à leur santé, ne contribue pas moins à la beauté de l'un & de l'autre sexe; car quoiqu'on n'y voie guère de ces beautés fines & délicates qui ressemblent à des poupées de cire, on y voit des hommes & des femmes qui ont les traits beaux & réguliers, la peau douce & unie, le corps dodu & potelé, le teint passablement blanc & vif, outre un air mâle & vigoureux qui ne se rencontre que rarement parmi nous. Ils ont généralement les cheveux noirs & les yeux de même couleur. Il s'en trouve qui ont les cheveux d'un chatain clair, mais on y voit peu de gens blonds. Leurs habits sont très-propres, mais très-simples, & sont faits de toile, de coton, de laine, ou de soie, dont il y a chez eux de trois sortes. La première se fait d'une espèce d'herbe qu'on sème comme le lin, l'autre de l'écorce intérieure d'un arbre dont on a grand nombre en ce pays-là, & la dernière se tire des vers à soie, comme celle que nous avons. Ils usent aussi de draps d'or & d'argent, mais ils sont réservés aux grands officiers; l'or & les pierreries au vice-roi, l'écharpe de toile d'or aux sévarobastes seulement, & celle d'argent aux osmasiontes & brosmasiontes. Les officiers inférieurs & leurs femmes portent la soie; & les étoffes de lin, de chanvre, de laine & de coton sont pour le commun peuple. Les habits sont de diverses couleurs, selon les divers âges, & l'on change ces couleurs de sept en sept ans. Ceux des petits enfans sont blancs, comme nous avons déjà dit; aux blancs succèdent les jaunes, aux jaunes les verds, aux verds les bleus, aux bleus les rouges, qui sont de deux sortes, l'un pâle & clair, & l'autre obscur; deux sortes de gris succèdent au rouge, au gris le minime ou couleur de suie, & enfin le noir dont sont vêtus tous les gens âgés. La pourpre, l'or & l'argent sont pour les magistrats, & par ces différentes couleurs d'habits, on voit la différence des âges & des dignités. Quelques-uns pourront se moquer de cette bigarrure; mais quand ils sçauront qu'outre les offices, toute la supériorité de ces peuples les uns sur les autres, consiste dans l'âge, & que ces couleurs sont nécessaires pour les faire connoître, afin qu'on puisse rendre l'honneur dû à chacun selon son dégré, je crois qu'ils ne s'en moqueront plus. Les étoffes bigarrées sont réservées aux esclaves & aux étrangers, & c'est la raison pour laquelle les habits qu'on nous donna, en étoient tous faits.

Les hommes couvrent leur tête de bonnets & de chapeaux, de même couleur que leurs habits. Avant leur mariage, ils laissent croître leurs cheveux ; mais étant mariés, il les coupent jusqu'aux oreilles. Ils portent des caleçons, des vestes & des robes qui leur pendent jusqu'au milieu de la jambe. Ils se ceignent d'une ceinture, & usent de bandes de toile peintes autour de leur cou, en forme de cravates. Ils usent de gants, de bas, de souliers de cuir, & de spardilles de corde, comme nous, & ils en font encore avec l'écorce d'un arbre qui nous est inconnu.

Les femmes sont coëffées différemment selon leur âge. Les filles accommodent leurs cheveux en diverses manières, & ne mettent rien sur leurs têtes, que quand elles vont au grand air ; car alors, elles se couvrent de certaines ombelles ou chapeaux, faits d'une herbe dont on tire une espèce de soie ; & toutes les femmes s'en servent dans ces occasions. Les mariées sont toujours voilées de coëffes de toile ou de soie de la couleur de leurs habits.

Celles qui ont eu des enfans, portent autant de bandes de soie couleur de pourpre, qu'elles en ont élevé jusqu'à l'âge de sept ans; car ceux qui sont morts au-dessous de cet âge ne sont comptés pour rien, & les mères n'en sont pas plus honorées, ce qui les rend fort soigneuses de les élever. Le reste de leur habit ne diffère de celui des hommes, qu'en ce que leurs robes sont plus longues, & qu'elles sont ouvertes au sein.

On leur donne tous les ans deux habits neufs, l'un de lin ou de coton, & l'autre de laine. Les hommes en ont autant, & les enfans aussi, de sorte qu'on les voit toujours propres & bien vêtus. On leur donne à chacun une fourniture de linge, de trois ans en trois ans, & l'on renouvelle leurs meubles quand ils en ont besoin. Ces meubles consistent en lits, tables, sièges, & en quelque peu de vaisselle; car ils n'ont pas besoin d'autre chose, parce qu'ils n'apprêtent point leurs viandes, & que mangeant en commun dans toutes les osmasies, on leur apprête tout ce qu'il leur faut.

Ils font généralement trois repas, le jour; qui sont le déjeûner, le dîner & le souper. Ces deux premiers se font en public & le dernier en particulier; car il est permis à chacun de manger le soir chez lui avec sa femme & ses enfans, ou avec tel de ses amis qu'il lui plaît.

Souvent ils font entr'eux de petites sociétés particulières, & se divertissent ensemble ou dans leurs chambres, ou en public ; mais ce n'est que quand ils ont fini leur travail. Par ce moyen, chacun choisit la compagnie de ceux qui lui plaisent le plus, & satisfait son iuclination.

Le bain leur est ordinaire : en hiver ils se baignent toujours dans des bains chauds qu'on fait dans chaque osmasie, du moins une fois en dix jours. En été, ils se baignent le soir dans les rivières, & les hommes mariés, avec leurs femmes, s'y mêlent les uns avec les autres fort librement ; mais les filles & les garçons se baignent à part, &, pour cet effet, il y a des lieux différens destinés pour eux.

Le public fait souvent des parties de chasse, & donne la liberté aux hommes & aux femmes de s'y trouver, tantôt à de certaines compagnies, & tantôt à d'autres. On en fait de même pour la pêche, &, pour cet effet, il y a des gens qui sont ordinairement employés à ces exercices.

Les heures du travail sont réglées, & l'on sonne la cloche pour éveiller les gens, & pour les avertir de leur devoir. En été on se leve fort matin, à cause de la longueur des jours, & en hiver plus tard à cause de leur briéveté ; & l'on avance ou recule les heures, selon la différence des saisons.

Les personnes malades sont exemptées du travail durant leur maladie, comme aussi tous ceux qui ont passé soixante ans, s'ils veulent user de leur privilège ; mais la grande habitude qu'ils ont prise, de travailler, & la honte de ne rien faire, ne leur permet guères de s'en exempter, quand ils se portent bien. Les femmes grosses & les nourrices en sont aussi exemptes ; mais quand elles peuvent faire quelqu'ouvrage aux heures de loisir, elles aiment mieux travailler que de ne rien faire.

La salutation des Sévarambes est différente, selon les personnes. Quand ils passent devant un magistrat ils se découvrent, & font une inclination du corps, qui est plus ou moins profonde, selon son rang & sa dignité. Aux vieillards, ils découvrent seulement la tête, sans faire aucune inclination ; à leurs égaux, ils font seulement un geste de la main, la posant sur leur poitrine, & puis la laissant tomber à côté. Les femmes font la même chose, hormis les filles, qui, au lieu de se découvrir la tête, y mettent leur main gauche, quand elles saluent quelque officier, ou les vieilles gens. Les magistrats saluent la jeunesse, avec un geste de la main; & quand ils veulent donner une marque particulière de leur faveur à quelqu'un d'entr'eux, ils le baisent au front. Ce n'est pas la coutume de baiser les femmes, ni les filles en les saluant, ni même de les toucher, & il y a peu de personnes de ce sexe qui aient jamais été baisées, que par leur père & leur mère dans leur première enfance, & le premier baiser qu'elles reçoivent des hommes, est celui que leur fait dans le temple leur nouvel époux le jour de leur mariage. Ce n'est pas qu'il ne soit permis aux filles de donner leur main à baiser à quelqu'un de leurs amans; mais cela se fait fort rarement, & par une grace toute particulière. C'est dans les danses, & non ailleurs, que les jeunes hommes ont la liberté de leur toucher la main, & pour les personnes d'un même sexe, il leur est permis de se la donner, en signe d'amitié. Pour les complimens qu'ils se font, lorsqu'ils se saluent, ils sont différens; le plus ordinaire est celui-ci : *érimbas erman*, c'est-à-dire, que le soleil vous aime.

Il arrive rarement que les femmes y fassent brêche à leur honneur, quoique cela arrive quelquefois, comme le lecteur aura pu l'obferver dans le châtiment d'Ulisbe & de ses compagnes, & dans celui des jeunes hommes de l'armée dont nous avons parlé; ce qui fait voir qu'il s'en trouve, qui voudroient bien satisfaire leur passion; mais trois choses les en empêchent ordinairement, savoir la rigueur des loix, la rareté des occasions, & le soin qu'on prend de marier bientôt les jeunes gens, comme nous avons dit ailleurs. Toutefois ces raisons sont bien souvent moins puissantes que leurs impatiences amoureuses, comme il arriva trois ans après notre établissement à Sévarinde, à quelques jeunes amans trop amoureux, pour attendre avec patience leur osparénibon, qui leur sembloit trop long-tems à venir.

C'étoit deux jeunes hommes, dont l'un s'appelloit Bémistar & l'autre Pansona. Le premier avoit une sœur nommée Bémiste, qui lui ressembloit parfaitement, & qui n'avoit qu'un an moins que lui. Ils étoient d'une même taille; ils avoient un même son de voix; enfin, jamais deux personnes ne se ressemblèrent mieux. Dans l'osmasie de Bémiste, étoit une fille fort belle, nommée Simmadé, dont Bémistar étoit éperduement amoureux, & qui s'en étoit fait aimer. L'amour de ces deux personnes fit naître de l'amitié entre Bémiste & Simmadé; celle-ci s'attachant à l'autre, parce qu'elle étoit sœur de son amant, & l'autre à celle-ci, parce qu'elle étoit maîtresse de son frère : si bien qu'ayant lié une sorte d'amitié, elles étoient presque toujours ensemble, & sur-tout la nuit ; car étant si bonnes amies, elles avoient fait ensorte de n'avoir qu'une même chambre & un même lit. Bémiste étoit aimée de Pansona, & l'aimoit aussi de son côté, & cette même raison avoit obligé son amant de lier une aussi étroite amitié avec son frère, que Simmadé avoit liée avec elle : de sorte qu'ils logeoient & couchoient aussi ensemble, & se faisoient confidence de leur amour. Par le moyen de Bémistar, qui pouvoit librement entretenir sa sœur, Pansona avoit souvent le bonheur de voir sa chere Bémiste, & de lui dire tout ce qu'il vouloit en présence de son frère ; & celui-ci étoit bien aise de la compagnie de cet amant de sa sœur, afin qu'il parlât avec elle, pendant qu'il entretiendroit sa chere Simmadé. Ils avoient de ces entretiens le plus souvent qu'il étoit possible. Ils sentoient tous les jours augmenter leur amour, par les témoignages mutuels qu'ils s'en donnoient les uns aux autres, & cela causoit en eux des ardeurs & des impatiences qu'ils avoient beaucoup de peine à retenir. Ils faisoient souvent des vœux pour l'arrivée du jour heureux, qui devoit mettre fin à leurs peines; mais ce jour tardoit trop long-tems pour des amans, dont les jeunes cœurs étoient épris d'une passion violente. Bémistar étoit le plus bouillant & le plus emporté de tous; son impatience lui mit dans l'esprit un expédient pour soulager sa peine, en trompant la vigilance des gardes de l'osmasie, où sa maîtresse demeuroit. Il s'imagina que s'il pouvoit persuader à sa sœur de changer d'habit avec lui, & de venir coucher avec Pansona, il pourroit facilement occuper sa place dans le lit de Simmadé. Dans cette pensée, il consulta son ami, qui, n'étant pas plus sage que lui, & qui ayant moins à risquer, le poussa tout autant qu'il pût dans ce dessein. Etant tous deux dans un même sentiment, la difficulté étoit d'y faire aussi entrer les filles. Ils trouvoient cela fort difficile; mais enfin ils résolurent de l'entreprendre, & d'en venir à bout, s'il étoit possible. Après cette résolution, ils firent tous leurs efforts pour séduire ces innocentes filles, & animèrent si bien leurs discours & leurs persuasions, que dans un mois de tems, ils les firent consentir à leur dessein amoureux. Ils prirent si bien leur tems, un jour solemnel, auquel tout le monde étoit occupé à la célébration de la fête, que le frère & la sœur changèrent d'habit, &, par ce moyen, de demeure & de logement. Ainsi Pansona eut l'entière jouissance de Bémiste, & Bémistar celle de sa chere Simmadé; après quoi, quand la solemnité, qui dura sept jours, fut sur sa fin, ils rechangèrent d'habit, & ainsi chacun d'eux retourna chez soi, fort content & fort satisfait, d'avoir, tout à son aise, joui de son amour.

Mais comme les choses violentes sont rarement de durée, le feu de l'emporté Bemistar s'éteignit par la jouissance, & s'alluma pour un autre. Pendant qu'il avoit demeuré avec sa maîtresse, il avoit conversé librement avec plusieurs autres filles de l'osmasie, entre lesquelles il en avoit vu une nommée Ktalipse, en qui il lui sembloit avoir trouvé beaucoup plus de charmes que dans Simmadé, dont il commença à se dégoûter trois jours après en avoir joui. Il dissimula pourtant ses sentimens, & ne fit paroître à sa maîtresse aucun relâchement. Dans toutes les occasions qu'il put avoir de parler à Ktalipse, il tâcha de s'insinuer dans sa bienveillance, avant que de sortir du lieu où elle demeuroit. Cependant, il s'enquit avec soin qui étoient les amans de cette fille, & trouva qu'elle en avoit trois ou quatre, entre lesquels il y en avoit un qu'elle préféroit à tous les autres. Il fit connoissance avec lui le plutôt qu'il put, lui

fit

fit confidence de son amour avec Simmadé, sans pourtant lui rien dire de ce qui s'étoit passé de particulier entr'eux, & lui fit connoître que, par le moyen de sa sœur, il pourroit fort avancer ses affaires auprès de sa maîtresse. L'autre, qui ne demandoit pas mieux, le prit au mot, & le pria de gagner Bémiste en sa faveur, afin qu'elle lui rendît de bons offices auprès de Ktalipse. Dès que Bémistar eut reçu cet ordre, qu'il avoit lui-même recherché, il ne manqua pas de recommander ses affaires à sa sœur, & de l'obliger d'en parler à Ktalipse. Celle-ci écouta volontiers tout ce qu'on lui disoit en faveur d'un homme qu'elle aimoit déjà : si bien qu'elle prit Bémiste en fort grande amitié. Elles étoient très-souvent ensemble, & Simmadé en auroit pu concevoir de la jalousie, si elle n'eût été de la confidence. Et comme c'est la coutume des jeunes filles de coucher souvent ensemble quand elles s'aiment, & qu'elles demeurent dans une même osmasie, Ktalipse voulut quelquefois partager ce bonheur avec Simmadé, & changer de lit avec elle, pour parler plus commodément de son amour avec Bémiste, qui cependant avertissoit son frère de tout ce qui se passoit, afin qu'il en pût instruire l'amant de son amie. Le rusé Bémistar, ravi de voir les choses venues au point où il avoit bien prévu qu'elles arriveroient, exhorta sa sœur de coucher souvent avec Ktalipse, de s'insinuer bien avant dans son amitié, & de rendre à son ami tous les bons offices qu'elle pourroit. Elle, qui ne pénétroit pas dans les desseins de son frère, fit en cette rencontre tout ce qu'elle put pour servir celui qu'il lui recommandoit; elle y réussit si bien, que Ktalipse conçut pour lui un amour fort sincère, mais en même tems fort chaste & fort pur, dans la vue de l'épouser. Le jeune homme, qui reconnut bientôt les bons offices que Bémistar & sa sœur lui avoient rendus, ne pouvoit assez leur en témoigner sa reconnoissance, & confirmoit, de plus en plus, sa maîtresse dans l'amitié qu'elle avoit pour Bémiste.

Cependant les quatre heureux amans attendoient, avec impatience, qu'il vînt une autre solemnité pour favoriser une seconde entrevue, & la fête de l'osparenibon, qui dure cinq jours à Sévarinde, n'étant pas éloignée, ils espéroient, qu'elle favoriseroit autant leurs desseins qu'avoit fait la fête précédente. Mais les espérances que leur donnoit la commodité de cette solemnité, avoient des fins fort différentes; car le rusé Bémistar n'en attendoit pas moins que la jouissance de Ktalipse, & ne regardoit la possession de Simmadé, que comme un moyen pour parvenir au principal but de ses desirs. Pour donc y arriver plus sûrement, il obligea sa sœur, soit par prières, soit par menaces, de persuader à Ktalipse de recevoir son amant, qui avoit trouvé, disoit-il, un moyen assuré de venir de nuit dans sa chambre sans être apperçu, ni même soupçonné, tant que la fête dureroit. Bémiste, selon les ordres de son frère, ne manqua pas de prendre la meilleure occasion qu'elle put trouver ; car, après avoir rendu à Ktalipse une lettre de son amant, fort tendre & fort passionnée, & vu qu'elle en avoit le cœur touché, elle crut que c'étoit le tems le plus propre pour lui faire la proposition de le recevoir. Elle la fit donc avec toute l'adresse dont elle étoit capable, mais ce fut sans aucun succès. Ktalipse lui témoigna d'abord de l'horreur pour ce dessein, lui dit qu'elle ne sacrifieroit jamais son honneur à sa passion, & que, si elle ne pouvoit posséder son amant par des voies légitimes, elle renonçoit à sa possession. Peu après elle lui fit voir quelles seroient les suites funestes d'une entreprise si téméraire, & lui dit que, si une autre qu'elle lui avoit fait une pareille proposition, elle l'en haïroit toute sa vie. Elle ajouta, qu'elle commençoit fort à douter de la sincérité de son amant, puisqu'il avoit pu douter de sa vertu, & que cela lui faisoit voir clairement, qu'il n'étoit pas si honnête homme qu'elle l'avoit cru. Bémiste voyant la colère de cette fille, crut qu'il falloit tourner la chose adroitement pour ne pas rompre avec son amie; si bien que prenant un autre air, se mettant à rire, & puis la baisant & l'embrassant étroitement, elle lui dit, qu'après cette preuve qu'elle venoit de lui donner de sa vertu, elle avoit sujet de l'aimer plus que jamais; qu'elle n'avoit fait cette proposition que pour l'éprouver; que son amant n'y avoit point de part, & qu'elle lui conseilloit de persister dans ces nobles & généreux sentimens, sans jamais prêter l'oreille à rien qui pût être contraire à son honneur ou à son devoir. A tout cela elle ajouta que, si son amant avoit eu seulement la pensée de l'employer dans aucun dessein illégitime, elle ne lui pardonneroit jamais une telle offense. Ces discours artificieux appaisèrent entièrement la sincère Ktalipse, & la conversation finit par de nouvelles assurances d'estime & d'amitié. Peu de jours après, Bémiste fit savoir à son frère ce qui s'étoit passé entr'elle & Ktalipse, & lui donna le chagrin de voir son dessein avorté, & ses espérances presque éteintes: car il se proposoit d'entrer la nuit dans le lit de Ktalipse sous le nom de son amante, & de tromper ainsi cette innocente & vertueuse fille. Mais, malgré ce mauvais succès, il ne perdit pas tout-à-fait l'espérance d'en venir à bout par quelqu'autre moyen. Il ne preſſa donc plus ſa ſœur, que de l'entretenir toujours dans ſon amitié, & attendit le plus patiemment qu'il put, l'arrivée de la ſolemnité. Enfin elle arriva, il ne manqua pas de changer d'habit avec ſa ſœur, & d'aller coucher avec Simmadé; mais les careſſes qu'il lui faiſoit étoient toutes feintes, & ſi elle y eût pris garde de bien près, elle auroit aiſément pû connoître qu'un autre objet qu'elle, captivoit le cœur de ſon amant ; mais comme elle ne le ſoupçonnoit de rien, & qu'il ſavoit bien déguiſer ſes ſentimens, elle le crut toujours fidèle. Cependant il lui demanda comment il ſe ménageroit avec Ktalipſe, qui, le prenant pour ſa ſœur, le preſſoit de venir quelquefois coucher avec elle, de quoi il auroit peine à ſe défendre, ſi elle continuoit. Cela fit rire Simmadé, de voir ſon amant réduit à la néceſſité de refuſer une ſi belle fille. Il faiſoit ſemblant d'en rire auſſi; mais la troiſième nuit, ayant pris ſon tems quand Simmadé étoit endormie, il lui mit dans les narines d'une certaine drogue aſſez commune en ce pays-là, qui la plongea dans un très-profond ſommeil; & lorſqu'il la ſentit ainſi endormie, il ſe leva, & ſortant de ſa chambre, il s'en alla heurter à celle de Ktalipſe qui en étoit fort proche. Cette fille prenant ſa voix pour celle de Bémiste, lui ouvrit d'abord la porte, & Bémistar étant entré, il la pria de dire à sa compagne d'aller occuper sa place au lit de Simmadé, parce qu'elle la vouloit entretenir sans témoin. Et comme dans de pareilles rencontres, elles étoient déjà accoutumé d'en user ainsi, il se vit bientôt seul avec Ktalipse, & dans sa chambre, & dans son lit. Alors se sentant dans un lieu si propre à contenter ses desirs, il voulut se rendre possesseur de cette belle personne ; mais dès qu'elle apperçut qu'elle avoit un homme entre les bras, s'imaginant qu'il avoit contrefait la voix de Bémiste, pour venir ainsi lui voler ce qu'elle avoit de plus cher, elle fit de si hauts cris, que dans peu de tems elle eût alarmé toute l'osmasie. On vint promptement à son secours ; mais avant que personne fût arrivé, Bémistar s'étoit évadé hors de sa chambre, & s'étoit fourré parmi la multitude des femmes qui venoient de tous côtés, les unes avec des flambeaux à la main, & les autres avec des armes. On demande à Ktalipse quelle étoit la cause de ses cris, & pourquoi elle étoit si effrayée. Sa compagne revint de la chambre de Simmadé, qui, seule de toute l'osmasie dormoit encore d'un profond sommeil, & la prenant par la main : ma chere amie, lui dit-elle, qu'est-ce qui vous est donc arrivé depuis que je vous ai quittée, & d'où vient cette grande émotion, & l'étrange alarme que je vois ? Parlez, ma chère, & faites-nous connoître la cause de vos cris & de votre frayeur. A toutes ces demandes, Ktalipse ne répondoit rien : mille différentes pensées lui occupoient l'esprit ; il lui souvint de la proposition que lui avoit fait Bémiste quelque-tems auparavant, de recevoir son amant, s'il la venoit trouver dans sa chambre. Elle s'imagina que n'ayant pu avoir son consentement dans ce dessein, il l'avoit entrepris sans lui en rien dire, croyant venir facilement à bout d'elle, quand il la tiendroit entre ses bras. La pensée d'une entreprise si téméraire, lui donnoit d'abord de l'indignation ; mais, un moment après, l'affection & la pitié se mêlant ensemble, lui faisoient envisager cette action, comme un effet de l'amour violent que son amant avoit pour elle ; si bien que, dans ce moment, elle se repentoit d'avoir fait du bruit, & s'accusoit de ne s'être pas défendue autrement que par des cris. Le chagrin qu'elle en avoit étoit d'autant plus grand, qu'elle voyoit que ses cris avoient causé une étrange confusion dans l'osmasie, ce qui exposoit son amant à des peines & des châtimens très-sévères, & la rendoit elle-même, le sujet des discours & des railleries de toute la nation. Ces réflexions étoient fort raisonnables, mais elles venoient un peu trop tard, & elle eut beau garder le silence pendant qu'elle étoit encore toute éperdue, il falloit enfin dire la cause de ses cris. Sa compagne lui demanda ce qu'étoit devenue Bémiste, & dit à toute la compagnie, comment elles avoient changé de lit. On la va chercher dans la chambre de Simmadé, qui dormoit encore, qui étoit toute seule, & qui ne répondoit nullement aux demandes qu'on lui faisoit. On l'appelle, on la tire, on la pince pour l'éveiller, mais elle dort toujours. Là-dessus quelques filles vont crier qu'elle étoit morte, & cela donne une nouvelle alarme, pire que la première. On lui tâte le pouls, on lui met la main sur le cœur, & on la trouve pleine de vie, mais dans un profond assoupissement. On en demande la cause, & l'on trouve enfin dans ses narines la drogue que Bémistar y avoit mise. Cela donne un nouveau sujet d'étonnement, & personne ne savoit qu'en juger, lorsqu'on apporte d'un certain esprit, qu'elle n'eut pas plutôt senti, qu'elle revint de son assoupissement. On peut facilement s'imaginer quelle fut la surprise de cette fille, quand à son réveil, au lieu de son amant, elle vit tant de femmes autour d'elle, qui lui faisoient des questions, & qui disoient cent choses où elle ne comprenoit rien. Elle crut d'abord que toutes ses intrigues étoient découvertes, & que son amant avoit été trouvé dans son lit. Cette pensée & le remord de sa conscience, joints à la foiblesse que lui avoit causé la drogue qui l'avoit assoupie, lui donnèrent une si vive douleur qu'elle en tomba dans une profonde & dangereuse pamoison. Ce nouvel accident étonna bien des gens, & donna lieu à de nouveaux discours. Mais pendant qu'on lui donne secours, retournons à l'innocente Ktalipse, qui ne pouvant plus garder le silence, & songeant enfin qu'il valoit mieux perdre son amant que son honneur, dit tout haut qu'un homme, qu'elle ne connoissoit pas, étoit entré dans sa chambre sous le nom de Bémiste, dont il contrefaisoit la voix, & qu'il avoit voulu lui faire violence, ce qui l'avoit obligée à crier au secours. Cette confession étant faite devant la gouvernante de l'osmasie, elle fit aussi-tôt redoubler la garde des portes, & appeller Bémiste. On la cherche de tous côtés, on fait retentir son nom par toute l'osmasie, mais elle ne se trouve point; on trouve bien ses habits, mais on ne peut trouver sa personne, quelque diligence qu'on fasse; après l'avoir long-tems cherchée en vain, on fait venir toutes les filles, on les examine toutes, mais on ne trouve point de garçon parmi elles. Cela fait qu'on parle diversement de Ktalipse, & qu'on doute de ce qu'elle avoit dit; mais elle persiste & assure qu'un homme avoit voulu la forcer dans son lit. Là-dessus on cherche de nouveau par tous les coins de l'osmasie, sans négliger aucun endroit, mais inutilement, on ne trouve point d'homme, & Bémiste ne se trouve pas non plus. Cependant le jour étant venu, quelques filles qui avoient fait dessein de se baigner, entrent dans le bain & trouvent la feinte Bémiste, qui, après avoir fait quelque tems le plongeon, fut enfin contrainte de reprendre l'air & de s'exposer à leur vue. Ces filles l'ayant reconnue, en avertissent la gouvernante, qui se vient saisir de sa personne, & qui, l'ayant visitée, trouva, sans beaucoup de peine, de quel sexe étoit le galant, qu'on reconnut pour être le frère de Bémiste. Cependant Simmadé étoit revenue à elle, & Ktalipse ayant su que c'étoit Bémistar qui l'avoit voulu surprendre, découvrit les pratiques de sa sœur, & dit à la gouvernante, qu'elle avoit voulu lui persuader de recevoir son amant dans son lit, sans doute dans le dessein d'y introduire son frère. Là dessus on entra dans un juste soupçon de toute l'intrigue; & bien que le prisonnier ne voulût rien confesser, on envoya visiter sa chambre, & on y trouva la veritable Bémiste couchée avec son amant. On les examina tous trois touchant Simmadé, mais ils ne voulurent jamais l'accuser, & elle auroit pu passer pour innocente, si elle ne se fût accusée elle-même, & n'eût confessé sa faute à ceux qui l'examinoient. On envoya querir la justice; mais avant que de lui mettre Bémistar entre les mains, les filles de l'osmasie lui déchirèrent toute la peau à coups de verges.

Cette aventure fit grand bruit à Sévarinde, & l'on en sçut bien-tôt toutes les particularités. Peu de tems après ces infortunés amans furent publiquement fouettés autour du palais, & Ktalipse fut visitée, mais on la trouva pure; ce qui donna beaucoup de joie à son amant, qui, l'épousa quelque tems après, & qui, je pense, vit encore heureusement avec elle.

Voilà comme quelquefois l'amour se joue de la vigilance des gardes les plus sévères, & porte les amans aux entreprises les plus hazardeuses. Tout le monde n'obéit pas également aux loix, quelques douces & raisonnables qu'elles paroissent être, & par tout on trouve des gens qui n'en appréhendent pas tant la sévérité, qu'ils aiment la passion aveugle qui les porte à les violer, malgré la rigueur des châtimens qu'elles ordonnent.

Les Sévarambes divisent le tems comme nous

par années ou révolutions solaires. Ils le subdivisent aussi par mois ou révolutions lunaires & par demi révolutions : car ils ne comptent point par semaines. Les trois premiers jours de la nouvelle lune & les trois premiers après qu'elle est dans son plein, sont des jours de fête chez eux; ils ne travaillent que trois heures du matin, & le reste du jour se passe en réjouissances. On voit, dans leur païs, presque tous les instrumens de musique connus dans notre continent, & quelques autres que nous n'avons pas. Ils ont retrouvé l'invention des hydrauliques qu'avoient autrefois les grecs & les romains, que nous avons perdues, & se vantent même d'y avoir beaucoup ajoûté. Quoi qu'il en soit, il est certain que leurs hydrauliques ou orgues d'eau sont incomparablement meilleures que celles où l'on ne se sert que du vent. Leurs airs & leurs chansons ont quelque chose de si majestueux & de si charmant tout ensemble, que ce n'étoit pas sans raison, que Maurice trouva leurs concerts beaucoup meilleurs que les nôtres. Ajoutez à cela, qu'étant plus robustes & plus puissans que nous, ils ont aussi la voix plus mâle & plus éclatante. De plus, ils suivent les regles de la poësie métrique, qui est infiniment plus forte & plus énergique que nos barbares vers rimés, comme nous le dirons ailleurs. A tous ces avantages on peut ajouter que, lorsqu'on trouve dans la nation quelque enfant qui a la voix excellente, on l'inſtruit dès l'âge de ſept ans, & on le conſacre au ſoleil, pour être l'un des chantres qui chantent les hymnes qu'on a compoſées à ſa louange.

Pour la peinture, la ſculpture, la gravure, la broderie & tous ces autres arts qui ſont plus pour la curioſité que pour l'utilité, ils ne ſont point exercés par le peuple, mais il y a des lieux où, des perſonnes choiſies, & qui excellent dans tous ces beaux arts, travaillent pour les ornemens publics.

On n'y voit guères de caroſſes, de chaiſes, ni de litières, à moins que ce ne ſoit pour des gens malades, ou des officiers âgés. Les maladies y ſont en petit nombre, & peu de gens en ſont attaqués, ſi ce n'eſt de quelque fièvre ou de quelque pleuréſie, qui viennent de trop grande abondance de ſang, ou de quelque exercice trop violent.

Leurs maiſons ſont ſi bien percées & ſi bien aérées, & ils y vivent ſi proprement, que cela ne contribue pas peu à leur ſanté ; comme auſſi leur manière de vivre ſobre & reglée, leurs exercices moderés, & la ſalubrité de l'air qu'ils reſpirent, & des viandes dont ils ſe nourriſſent.

Aussi ne sont-ils guères incommodés de médecins & d'apothicaires, quoi qu'il y en ait d'établis par le magistrat ; mais ils font grand cas des chirurgiens. Ceux-ci sont principalement employés à embaumer les corps de magistrats illustres qui ont bien mérité du public, & ils y sont si adroits, que j'ai vu de ces corps embaumés depuis plus de cent ans, qui sembloient encore être vivans, sans que l'air leur nuisît aucunement, quand on ouvroit les caisses où ils sont enfermés. Pour le reste du peuple, on brûle leurs corps quand ils sont morts, & l'on recueille les cendres de quelques-uns dans des urnes, à la manière des anciens romains.

Quand ils brûlent un corps, ils croyent que la fumée en emporte les parties les plus subtiles vers le soleil, & qu'il n'y a que les plus terrestres, qui demeurent dans les cendres.

*De la manière dont on exerce la justice, parmi les Sévarambes.*

Comme ils n'ont rien en propre, on ne voit jamais de procès civil parmi eux. Il n'y a que des causes criminelles, qui sont jugées par les osmasiontes, lorsque le fait a été commis dans leur jurisdiction. Chaque juge est assisté par ses deux lieutenans, & par trois vieillards du lieu, que le criminel a la liberté de choisir. Si le crime a été commis par des gens, ou contre des personnes qui demeurent dans des osmasies différentes, la cause est portée devant un bosmasionte & les osmasiontes interessés, qui tous ensemble jugent souverainement, si ce sont de petits crimes; mais les plus grands se jugent devant un brosmasionte & ses huit assistans, & l'on peut en appeller devant eux, pour les affaires considérables. Dans les crimes d'état, les causes sont portées devant un sévarobaste & douze assistans, tous brosmasiontes; & si le fait est fort extraordinaire, on le plaide devant le vice-roi même & son conseil. Les accusés peuvent eux-mêmes plaider leur cause, ou employer quelqu'un de leurs amis qui sache mieux plaider qu'eux.

J'ai souvent assisté aux tribunaux pour voir la décision des causes, & leur manière de les juger, qui est assurément fort digne de louange, tant à cause de la patience & de la modération des juges, que du respect & de la vénération qu'on a pour eux. On n'y entend point ces crieries & ce tumulte qu'on fait en Europe dans les cours où l'on décide les procès. Tout se fait ici avec un silence & un ordre merveilleux, & rarement arrive-t-il, qu'on y rende des jugemens iniques, comme on fait le plus souvent parmi nous, où l'ambition, l'avarice & l'envie corrompent l'esprit des juges, & leur font prononcer des sentences contraires à l'évidence du droit, & aux lumières de la raison. Néanmoins la passion règne par tout où il y a des hommes, la différence n'est que du plus au moins, & la faveur ou la ruse l'emporte bien souvent sur la justice & l'innocence. Cela me parut un jour à la ville d'Arkropsinde, à l'occasion d'une sentence que prononça un juge nommé Nérélias, dans une cause qui lui avoit été déférée.

Un jeune homme fort honnête & fort savant dans les mathématiques, & sur tout dans la partie de cette science qu'on appelle mécanique, avoit trouvé l'invention de faire monter l'eau jusques à une hauteur prodigieuse, par le moyen d'une machine qu'il avoit imaginée, & dont il croyoit que l'effet seroit infaillible. Mais comme il ne voulut que personne sût cette affaire, jusques à ce qu'il la demontrât en public, au tems qu'on distribue le prix de la gloire à ceux qui ont fait quelque chef-d'œuvre, il fut obligé de s'adresser à un homme de sa connoissance, qui avoit l'art de parfaitement bien peindre au crayon. Il lui fit connoître le besoin qu'il avoit de sa main pour représenter sur le papier la machine qu'il avoit imaginée, & le pria

pria de travailler pour lui. Ce que l'autre lui promit de faire & de crayonner inceſſamment ſa machine, ſelon le modèle qu'il lui en donneroit. Le mathématicien ayant tiré cette promeſſe, donna au peintre une partie des figures qu'il avoit groſſièrement tracées de ſa propre main, & le pria de les peindre au net avant que la ſolemnité des prix fût arrivée. Après cet engagement, il ſe paſſa beaucoup de tems, pendant lequel, ſoit par malice ou par faineantiſe, le peintre ne travailla preſque point à l'ouvrage qu'il avoit entrepris, ce qui laſſa la patience du mathématicien, & l'obligea de lui demander ſes modèles, & de ſe fâcher contre lui de ce qu'il lui faiſoit perdre le tems & le moyen de remporter le prix entre ceux de ſon art. Mais le peintre ſe mocqua de ſes plaintes, & après l'avoir long-tems amuſé en vaines promeſſes, lui dit enfin qu'il ne vouloit pas lui rendre ſes originaux, s'il ne jettoit un de ſes ennemis, du pont d'Arkropſinde, dans le fleuve. Il voulut exiger cela de lui, parce que ce mathématicien étoit un homme d'une force prodigieuſe. Cette demande ſurprit ce jeune homme, parce qu'elle étoit injuſte & bizarre; la crainte pourtant qu'il eut de ne pas avoir ſon ouvrage prêt dans le tems qui lui étoit néceſſaire, fit qu'il donna ſa parole au peintre de faire ce qu'il lui demanꝯ doit, pourvû qu'il achevât, dans dix jours, l'ouvrage qu'il avoit entrepris pour lui. L'autre en tomba d'accord ; & le défir de faire un affront à son ennemi, par le moyen d'une tierce personne, sans s'exposer lui-même au danger, fit qu'il travailla sans cesse, à l'ouvrage qu'il avoit commencé long-tems auparavant, si bien qu'il l'acheva dans le jour qu'il lui avoit promis. Il le fit ensuite savoir au mathématicien, & lui offrit de lui donner tout ce qu'il avoit fait pour lui, s'il vouloit exécuter la promesse qu'il lui avoit faite de jetter son ennemi dans le fleuve. Bien que le mathématicien vît sa malice & sa lâcheté, il ne laissa pas de lui confirmer la parole qu'il lui avoit déjà donnée, & le pria seulement, de trouver un moyen pour attirer sur le pont, la personne qu'il devoit jetter dans le fleuve. Le peintre ne manqua pas d'en chercher l'occasion, & l'ayant trouvée, il mena son champion sur le pont, où son ennemi regardoit quelque exercice qu'on faisoit dans l'eau. Il le montra au mathématicien, qui le prit au milieu du corps, après lui en avoir déclaré la cause, &, malgré toute la résistance qu'il pût faire, il le précipita dans la rivière, & demanda ses papiers au peintre, qui les lui rendit incontinent. Il ne les eut pas plûtot serrés, qu'il lui dit, que, puisqu'après l'avoir tenu long-tems en suspens par de belles paroles, il avoit enfin exigé de lui un service qui le rendoit l'instrument de son injuste vengeance, il n'étoit pas moins raisonnable qu'il se servît de ses propres forces, pour satisfaire son juste ressentiment. Alors sans tarder davantage, il prit le peintre & le jetta dans le fleuve, lui disant d'aller tenir compagnie à l'autre, qui méritoit moins que lui le traitement qu'il avoit reçu. Le fleuve Sévaringo est fort large & fort profond, & les ponts d'Arkropsinde ne sont pas fort hauts; ce qui fit que ces deux hommes que le mathématicien y avoit jettés, ne se firent aucun mal, & sachant tous deux bien nager, ils n'auroient couru aucun risque de se noyer, s'ils ne se fussent pris l'un l'autre dans l'eau où ils avoient été jettés presque dans un même tems & dans un même endroit. Le premier attaqua le peintre, l'ayant atteint à la nage, & ne voulut pas porter plus loin les effets de sa vengeance. Il se fit donc un combat fort extraordinaire entr'eux : & si quelques gens n'y fussent accourus avec des bateaux pour les séparer & les tirer de l'eau, l'un des deux, y auroit sans doute été noyé. L'ennemi du peintre l'avoit déjà pris par les cheveux, lui avoit donné plusieurs coups sur le visage, & l'alloit étouffer dans l'eau, quand ces bateaux lui arrachèrent ce misérable des mains,

& les tirèrent tous deux à terre, pour les mener ensuite en prison, jusques à ce que la justice connût de leur différend. Cependant le mathématicien, après avoir vu qu'on les menoit devant le juge, s'y en alla aussi lui-même, & fut envoyé en prison avec eux. A quelque tems de là, les trois criminels furent appellés en jugement devant ce Nérélias dont nous avons parlé, qui, s'étant laissé prévenir, condamna le mathématicien & celui qu'il avoit jetté le premier dans l'eau, à six mois d'emprisonnement, & déclara le peintre innocent, quoiqu'il fût le plus coupable. Lorsqu'il prononça ce jugement, le mathématicien eut beau lui représenter la vérité du fait, & justifier l'ennemi du peintre, qui étoit tout-à-fait innocent, il ne voulut pas seulement l'écouter, ni entendre les témoins qu'il avoit ammenés avec lui. Ce Nérélias étoit un homme assez éclairé & bon justicier, quand il n'étoit pas prévenu; mais la moindre personne qui alloit le solliciter & lui recommander sa cause avant le jugement, étoit mieux écoutée que tout autre ne l'étoit ensuite dans l'audience. Outre cela, il avoit une maxime très-fausse dans ses jugemens, c'est qu'il soutenoit plûtot les esclaves & les gens sans honneur, que les personnes de mérite. Cela s'étoit vu en diverses sentences qu'il avoit données; mais comme c'étoit dans des affaires moins éclatantes que celle-ci, il n'avoit jamais été châtié de ses injustes décisions. Il étoit fantasque & bourru ; & sur le moindre sujet, condamnoit ceux qui avoient eu le malheur de lui déplaire, quelque juste que fût leur cause. Le mathématicien, qui étoit homme de cœur & de probité, fut extrêmement irrité de l'injustice qu'on lui avoit faite, & tourna toute sa colère contre son injuste juge, dans l'espérance de s'en venger quelque jour, s'il en pouvoit avoir l'occasion. Cependant il fut obligé de subir la sentence, parce qu'il n'en pouvoit appeller qu'aux censeurs, lorsqu'ils feroient leur censure, ce qui se fait publiquement de trois en trois ans, & alors il n'est pas seulement permis à ceux qui ont sujet de se plaindre de l'injustice des juges, de porter leurs plaintes devant eux ; mais il leur est même enjoint de le faire. Il crut donc qu'il valoit mieux attendre un tems si favorable à son dessein, que de faire du bruit & des plaintes inutiles. Le tems de cette censure n'étoit pas loin, & comme elle se fait par des Sévarobastes, dans la ville & dans tous les sièges de justice de la campagne, il ne douta point que ces grands ministres n'examinassent sa cause avec plus de justice & d'exactitude que n'avoit fait Nérélias, qui s'étant laissé prévenir par quelques amis du peutre, ne l'avoit pas seulement écouté, & l'avoit même traité indignement, sans répondre que par des regards de mépris, accompagnés de ménace, au respect & à la soumission qu'il lui avoit témoignés, quand il lui avoit demandé audience. Heureusement pour lui, un sévarobaste qui étoit homme d'esprit & grand amateur des sciences & des beaux arts, fut envoyé cette année à la ville d'Arkropsinde pour y exercer la censure. Le mathématicien lui fit ses plaintes contre Nérélias, & en fut favorablement écouté ; il lui montra même quelques pièces de son dessein, que le sévarobaste approuva fort, quoique Nérélias, sans l'avoir aucunement examiné, l'eut traité de chimérique & de confus. Plusieurs autres personnes ayant joint leurs plaintes à celles du mathématicien, les censeurs furent fort irrités contre ce juge inique, qui avoit été si déraisonnable que de condamner des gens, sans examiner leur cause, & sans vouloir même les écouter, ce qui, parmi ces peuples, passe pour la plus grande des injustices, & c'est plus pour cela que pour toute autre chose qu'on punit un juge. Nérélias fut appellé devant les censeurs, & en leur présence le mathématicien, qui étoit un fort honnête homme, & qui ne manquoit pas d'éloquence, prouva ce qu'il avoit avancé contre lui ; de sorte que Nérélias, tant pour la sentence injuste qu'il avoit donnée dans cette cause, que pour plusieurs autres mauvais jugemens, fut démis de sa charge, réduit à la condition de vivre en homme privé, & exposé à la haine & au mépris de tout le monde. Mais il ne vêcut pas long-tems dans cet état; car, ne pouvant supporter la douleur & la honte de sa démission, il en perdit le repos & le jugement; & enfin, par un juste désespoir, il se précipita du pont d'Arkropsinde, dans le fleuve, au même endroit où le mathématicien avoit jetté le peintre, & son ennemi. Mais il n'en sortit pas comme les autres: car s'étant abandonné au courant de l'eau, il en fut étouffé avant qu'on pût l'en tirer, & finit ainsi sa vie. Voilà comment le ciel punit les crimes des juges iniques, & fait voir par de sévères châtimens qu'il n'est rien qui lui déplaise plus que les actions de ceux qui abusent de leur autorité pour opprimer les innocens. J'étois dans la ville d'Arkropsinde lorsque les censeurs examinèrent la sentence de ce Nérélias, & j'entendis peu de tems après, raconter à Sévarinde quelle avoit été sa fin malheureuse.

On ne punit jamais de mort, à moins que ce ne soit pour quelque crime énorme; mais on condamne à plusieurs années d'emprisonnement, selon la qualité du crime. Dans ces prisons on est obligé de travailler beaucoup, & l'on y est souvent châtié, &, de tems en tems, les coupables sont promenés dans les rues, pour y être publiquement fouettés autour du palais, & puis ramenés en prison, jusques à ce que le tems ordonné pour leur châtiment, soit expiré. Quand je demandois aux Sévarambes pourquoi on ne punissoit pas les crimes, de mort, ils me disoient qu'il y auroit de l'inhumanité & de la folie à le faire : de l'inhumanité à faire mourir un concitoyen, & lui ôter ce qu'on ne peut pas lui donner ; & de la folie, à détruire une personne qui peut expier son crime par des services utiles au public. Ils ajoutoient qu'on punit assez un criminel, quand on le fait travailler long-tems dans une prison, où il souffre une longue mort, & d'où on le tire de tems en tems, pour montrer l'exemple aux autres, & leur mettre souvent devant les yeux la punition qu'on souffre pour les crimes qu'on a commis. Ils disoient encore qu'on avoit trouvé par expérience, que les hommes craignoient plus ces longs châtimens qu'une mort prompte qui les tiroit tout d'un coup de leurs misères. On envoye souvent les malfaiteurs travailler aux mines, d'autres fois on les garde dans les maisons de correction, selon qu'on a besoin de les employer.

Tout le monde a la permission de mener celui qu'il accuse devant le magistrat, pourvu que ce soit une personne privée, & qu'on se rende prisonnier avec lui ; & si l'accusé ne veut pas le suivre & qu'il ne soit pas assez fort pour l'y contraindre, tout le monde est obligé de lui prêter main forte dès qu'il crie. *Sévariaslei somés antai*. C'est à dire on viole, on désobéit aux loix de Sévarias. Dès qu'on entend ces mots, on court de toutes parts pour arrêter l'accusé, qui rend, par cette désobéissance, son affaire plus fâcheuse qu'elle n'étoit auparavant. Voilà, en abrégé, comment on exerce la justice parmi ces peuples, où l'on n'est pas long-tems à décider les causes, parce qu'il n'y a ni gain ni profit à les tirer en longueur.

### De la milice des Sévarambes.

Bien que cette nation n'ait jamais de guerre, elle ne laisse pas d'être toujours armée, de s'éxercer perpétuellement aux armes, & d'en faire un de ses principaux emplois. Dès le jour qu'un garçon ou une fille, ont été adoptés par l'état, ce qu'on fait lorsqu'ils ont atteint l'âge de sept ans, on leur aprend à manier les armes, & c'est un de leurs exercices journaliers, jusqu'à l'âge de quatorze. Alors on leur enseigne un métier ; mais cependant on les oblige à faire l'exercice durant quelques heures dans tous les jours de fête, dont il y a six dans chaque mois, outre plusieurs grandes solemnités dans l'année. Aux jours de fêtes ordinaires, ils s'exèrcent chacun dans son osmasie seulement ; mais aux fêtes solemnelles, on fait des revues générales, & chacun est obligé de s'y trouver, à moins qu'il n'ait quelque excuse légitime pour s'en dispenser. Ce n'est pas seulement les hommes qui s'exercent aux armes, les femmes s'y exercent aussi depuis l'âge de quatorze ans, jusques à celui de quarante-neuf, après quoi tous sont exempts des devoirs de la milice. De plus toute la nation est divisée en douze parties, l'une desquelles est toujours en armes & sert trois mois à l'armée ; car cela se fait tour-à-tour, si bien que de trois en trois ans, tous ceux qui ne sont pas exempts du service, sont obligés de servir trois mois à l'armée, qui se tient aux champs, & qui campe comme si elle avoit des ennemis à combattre. On aura pu voir quel est l'ordre de leurs armées dans la première partie de cette relation, où j'en ai assez amplement fait la description. Présentement, j'ajouterai qu'il y a toujours quatre armées dans Sévarambe, & deux dans Sporoumbe, deux desquelles sont toujours opposées l'une à l'autre, & tâchent de se surprendre comme s'ils étoient effectivement ennemis, & la rigueur de la discipline y est aussi ponctuellement observée, que s'il y avoit une véritable guerre. Outre cela, on tire de chaque tribu un nombre de soldats pour aller aux mines garder les forteresses qu'on y bâtit du tems de Sévarkimpsas, qui subjugua une nation des Stroukarambes, qui avoit été assez hardie pour faire des courses dans ses états. Ceux qui sont envoyés à la garde de ces forteresses, y demeurent toujours six mois ; après quoi on les relève, & ils s'en retournent chez eux ; cela leur arrive une fois en douze ans seulement. Mais s'il y avoit une véritable guerre, alors quelques-unes des armées, qui sont en campagne, seroient obligées de marcher. Outre ces armées, il y a tous les jours, trois mille hommes à la garde du palais du vice-roi, deux mille d'infanterie & mille de cavalerie : mais les femmes sont exemptes de ce service, comme aussi de celui des mines. Chaque gouverneur a encore, sa garde particulière, proportionnée à la grandeur de son gouvernement, & ainsi la douzième partie de ceux qui ne sont pas exempts de la milice, est, tous les jours, actuellement en armes. Pour l'entretien de ces armées, on a des chariots & des munitions de bouche & de guerre, de l'artillerie & tout ce qui est nécessaire dans ces occasions, où l'on fatigue autant les soldats que si la guerre étoit véritable. Tous les généraux sont du grand conseil d'état, & si l'on n'est sévarobaste, on ne peut commander une armée. Les lieutenans généraux sont tous brosmasiontes ; & pour les autres officiers on les choisit indifféremment d'entre le peuple. Ils ont une jurisdiction militaire, mais il est permis aux officiers supérieurs d'appeller du jugement du général, à celui du vice-roi dans de certaines causes. Ils divisent leurs soldatesque en trois corps, savoir celui des gens mariés qui vont ensemble, celui des filles, & celui des garçons. Ces corps sont partagés en régimens de douze cens personnes, ces régimens en douze compagnies de cent personnes chacune, & ces compagnies sont distribuées en douzaines, sur chacune desquelles il y a un douzenier. Il y a aussi deux cinquanteniers dans chaque compagnie, & ce sont les officiers inférieurs. Les supérieurs sont deux enseignes, deux lieutenans & deux capitaines, tous subordonnés les uns aux autres, ensuite les colonels qui sont aussi deux dans chaque régiment, & les officiers généraux.

Quant à la mer, ils y ont aussi des vaisseaux de diverses grandeurs, dont quelques-uns sont toujours armés. Au lac de Sporascompso, ils ont trente ou quarante vaisseaux ou galères, prêtes à mettre en mer, quand il plait à l'amiral, qui est toujours du nombre des sévarobastes. Il y a deux amiraux, l'un sur le fleuve Sévaringo, & l'autre sur les mers de Sporounde. On voit sur le fleuve, un nombre presque infini de bâtimens, grands ou petits, qui dépendent de l'amiral. Ils servent à la pêche ; ou pour transporter les denrées de tous les côtés du fleuve qui est fort long & fort profond, & qui reçoit plusieurs rivières navigables, avant que d'arriver à la mer. Il s'y décharge à près de cent lieues au dessous de Sévarinde, & cette mer est une mer intérieure, qui, comme l'on croit, n'a point de communication avec l'océan, & qui s'étend jusques au dessous du pole antarctique, ce qui, jusqu'ici, nous a été inconnu. J'en ai bien oui parler à des Sévarambes, qui avoient navigé fort loin dans cette mer, & qui en disoient des choses étranges. Premiérement ils disoient que le fleuve Sévaringo se déchargeoit dans un bras ou détroit de cette mer, qui s'avance plus de six-vingts lieues entre les terres, & qui, en des endroits, n'a pas plus de quatre ou cinq lieues de large, mais qu'il alloit toujours en s'élargissant vers la grande mer, jusques à un certain endroit où il se rétrécissoit encore entre deux hautes montagnes, & n'avoit pas plus de deux lieues de large. Ils ajoutoient que, dans ce détroit, ils avoient remarqué une espèce de flux & reflux comme dans l'ocean, mais qu'il n'étoit pas si fort. Qu'au delà de ce détroit, la mer s'élargissoit de tous côtés, & qu'ils y avoient vu diverses isles couvertes d'arbres; que ces isles & les rivages de la mer & du canal étoient, en divers endroits, habitées par des peuples grossiers & sauvages, qui véritablement adoroient le soleil, la lune & les étoiles; mais que les erreurs de Stroukaras étoient reçûes parmi plusieurs d'entre eux. Nous parlerons tantôt de cet imposteur célèbre dans ces parties du monde, quand nous viendrons au chapitre de la religion des Sévarambes. Ils ajoutoient encore que dans ces mers, on trouvoit des monstres & des poissons fort différens de ceux de l'ocean, & que le canal avoit une quantité prodigieuse de ces poissons, dont quelques-uns des habitans des rivages tirent leur principale nourriture. Que d'ailleurs leur païs est fort bon & la terre fort grasse, de sorte qu'elle leur pourroit rendre beaucoup de fruits s'ils avoient l'industrie de la cultiver.

La première fois que les Sévarambes allèrent à la découverte de ces mers, ce qui fut sur la fin du règne de Sevarias, ils furent attaqués par un fort grand nombre de ces barbares qui vinrent à eux dans leurs canots; & qui se voulurent emparer de leurs navires, mais l'artillerie & la mousqueterie venant à jouer sur eux, ils en furent si épouvantés, qu'ils se mirent tous en fuite, & n'ont jamais depuis osé les attaquer. Au contraire, ils viennent rendre leurs soumissions à tous les vaisseaux qu'ils voient passer près de chez eux, & leur portent des présens. Ils vont tout nuds, quoique dans l'hiver ils se couvrent des peaux, des bêtes qu'ils tuent à la chasse, qu'ils rendent fort souples, par le moyen de la cervelle de ces mêmes animaux, dont ils se servent pour les accommoder. Il sont plus ou moins grossiers, selon qu'ils s'approchent ou s'éloignent du soleil ; mais on trouve dans des isles fort avancées dans la mer, des habitans barbares avec qui les Sévarambes n'ont jamais pû lier de commerce assuré. Ces îles sont plusieurs en nombre, presque en vûe les unes des autres, & s'étendent en long vers le pole à plus de cent lieues loin du rivage. Quelques-unes sont passablement grandes, mais la plûpart n'ont pas plus de neuf ou dix lieues de diametre, & d'autres beaucoup moins. Du tems de Sévaristas on alla fort avant dans cette mer, & jusques bien près du pole, sans y trouver aucunes glaces, bien qu'il y en eût sur les rivages en des endroits beaucoup plus près du soleil. Depuis ces tems-là, on a passé par delà le pole même, sans courir aucun risque. L'on a trouvé que la mer y étoit beaucoup plus calme que proche les rivages, quoi qu'elle y eût une espèce de flux & reflux, &, en quelques endroits, des courans assez rapides, mais qui n'étoient pas dangereux, & qui, au contraire, se sont trouvés fort utiles pour la navigation, en de certaines occasions. La curiosité seule a porté les Sévarambes à découvrir ces mers; car ils n'en tirent pas de grands avantages; leur gouvernement étant tel, qu'ils ne se soucient nullement du commerce des autres nations, & ils n'ont entrepris cette navigation que pour satisfaire leurs esprits. Ils en tirent pourtant beaucoup de cristal de roche, & de fort belles perles qu'on prend en de certaines isles de cette mer. Un pilote nommé Chicodan, avec qui j'avois fait amitié & qui m'entretenoit souvent de ses voyages, me fit voir plusieurs perles qu'il avoit apportées de ces pays-là, où elles sont fort communes, & m'en donna sept fort grosses & fort fines, que j'ai depuis portées en Asie, & que j'ai vendues pour des sommes considérables. Néanmoins celui qui me les donna n'en faisoit pas plus de cas que nous ferions en Europe, de bracelets de verre.

Avant mon départ de Sévarinde, Sévarminas avoit dessein d'envoyer des vaisseaux pour découvrir

découvrir entiérement cette mer, qui est fort grande, & qu'on croit n'avoir aucune communication avec l'océan, si ce n'est par des conduits souterreins. Pour faciliter ces voyages, ils ont bâti des forteresses, en divers endroits du canal; & même dans quelques-unes de ces isles fort avancées dans la mer. Aux lieux où le froid est véhément, ils ont fait des maisons fort épaisses sous la terre, & les ont voutées par le haut, si bien que par ce moyen les esclaves ou les criminels qu'ils y envoient ne sentent presque point l'incommodité du froid, encore que souvent leurs maisons soient couvertes de neige; car, sous ces voutes, il fait une chaleur temperée, même au milieu de l'hiver. Il y a de l'apparence qu'étant si bien pourvus des choses nécessaires, pour une découverte, ils découvriront avec le tems toute cette mer.

J'ai demandé souvent aux Sévarambes, pourquoi ils ne se rendoient pas maîtres de tous les rivages du fleuve & du canal jusques à la mer. Ils me répondoient qu'ils en seroient les maîtres quand ils voudroient, & qu'ils l'étoient déjà, par le moyen de leurs frégates, de leurs galiotes, & de quelques forts qu'ils ont sur le rivage; mais que pour les terres, ils ne s'en soucioient pas, parce qu'ils n'en avoient pas

Tome V. Y

encore besoin. Qu'ils croyoient néanmoins que leur nation venant à s'augmenter comme elle fait tous les jours, ils seroient enfin contraints d'étendre leurs colonies plus loin du côté de cette mer, & de s'emparer, peu-à-peu, de tous les rivages du fleuve. Toutefois que cela se feroit insensiblement, lors seulement que la nécessité les y forceroit; car autrement ils ne le feroient pas; parce qu'une des principales maximes de leur gouvernement, est de ne point usurper le bien d'autrui, mais plutôt de l'acheter, comme ils ont fait le terrein où ils ont bâti leurs forts. Les naturels habitans du pays, le leur ont vendu pour du vin & pour des étoffes, & autres marchandises.

Le fleuve Sévaringo est si grand & si profond, que depuis Arkropsinde jusques à la mer, il n'y a point d'endroit où il n'ait plus de quinze pieds d'eau, lors même qu'elle est la plus basse. Son cours est si lent & si doux, qu'en divers endroits, il est difficile de remarquer le courant de l'eau. Cela vient de ce qu'il passe au travers d'une plaine de plus de cent lieues de longueur, & fort unie tout le long du fleuve, bien qu'en d'autres endroits, on y voie plusieurs buttes ou petites collines. A trois lieues au dessous de l'isle où Sévarinde est située, une grande rivière, qui vient des montagnes qui regardent l'orient, se jette dans le fleuve Sévaringo, & le rend fort large & fort profond. J'ai oui dire qu'il reçoit plusieurs autres rivières avant que d'entrer dans la mer, & qu'à son embouchure, il a plus de six lieues de large. En cet endroit on dit qu'il y a de grands serpens, qui viennent quelquefois dévorer les pauvres Austraux dans leurs canots, s'ils ne s'en donnent de garde.

### *De la cour du vice-roi du soleil.*

Ce prince demeure dans le palais magnifique dont nous avons déjà parlé, où tous les sévarobastes demeurent aussi, pour pouvoir plus commodément l'assister dans ses conseils. Le nombre de ses officiers & de ses domestiques est médiocre ; mais si on y comprend toutes les familles des sénateurs, qui sont les principaux de sa cour, on y trouvera qu'elle est fort nombreuse. Tous les brosmasiontes le vont servir tour-à-tour, & s'en font un grand honneur. Les officiers de l'état sont bornés dans le nombre de leurs femmes & de leurs domestiques, excepté le seul vice-roi, qui n'est point limité ; c'est pourtant sa coutume de ne prendre pas plus de douze femmes, à l'exemple de Sévarias, qui n'excéda jamais ce nombre. Celle qu'il épouse la première, après son élévation à l'empire, est la plus considérée, & on la regarde comme la véritable vice-reine, s'il m'est permis de parler ainsi. Elle doit être du sang de Sévarias; car on a voulu faire l'honneur à ce grand homme, d'élever sur le trône quelque femme de sa race, puisqu'il n'avoit pas voulu rendre l'empire héréditaire à sa famille par les mâles. Toutes les autres femmes gardent le nom qu'elles portoient avant leur mariage, avec la seule addition de la syllabe *es*, ou de la seule lettre *s*, si leur nom est terminé en *e*; mais celle-ci porte le nom du vice-roi, &, selon cette coutume, celle qui règne aujourd'hui étant femme de Sévarminas, s'appelle Sévarminés. Les femmes de tous les autres officiers ont aussi leur nom en *es*; mais la première qu'ils ont épousée, porte elle seule le nom de son mari, & quand elle meurt, la seconde le prend, & ainsi de suite. Lorsqu'il se trouve dans la nation quelque fille d'une beauté extraordinaire, on la fait voir au vice-roi, qui la prend pour lui s'il veut, & s'il ne la veut pas, il la donne à celui de ses sénateurs qu'il veut obliger par ce présent, pourvu que le nombre des femmes qu'il doit avoir ne soit pas complet. Chacun de ces sénateurs ou sévarobastes en peut avoir jusqu'à huit, les brosmasiontes jusqu'à cinq

& les osmasiontes jusqu'à trois. Ils peuvent encore avoir autant d'esclaves concubines que de femmes mariées, mais cela se voit rarement. Les officiers inférieurs en peuvent avoir deux, & autant d'esclaves; mais les gens du commun n'en peuvent avoir qu'une & une concubine, en cas que la femme soit stérile. Et si l'esclave étoit stérile aussi, ils la peuvent changer pour une autre. Il est aussi permis à tous les hommes de changer de femme avec leurs concitoyens, pourvu qu'ils en conviennent tous deux, & que les femmes y consentent; & cela se pratique souvent, quand ils ne peuvent s'accorder ensemble. Mais cela ne se fait qu'entre personnes d'un même rang; car les femmes n'aiment pas à prendre un homme inférieur à leur premier mari. S'ils ont eu des enfans avant leur séparation, qui soient au-dessous de l'âge de sept ans, la femme les prend avec elle, & les élève jusqu'à ce que l'état les adopte. Mais il arrive rarement que ceux qui ont eu des enfans, se séparent, quoiqu'il leur soit permis par les loix. Cette séparation même ne se fait jamais sans quelque espèce d'infamie; car tout le monde a mauvaise opinion de ceux qui rompent un lien aussi fort qu'est celui des enfans communs à la femme & au mari.

Ce sortes de séparations sont beaucoup plus

communes parmi les officiers que parmi e commun peuple ; parce qu'ayant plusieurs femmes, leur amour partagé, n'est pas si fort que lorsqu'il se conserve entier pour une seule personne. Il n'est pas permis aux filles de se marier avant l'âge de dix-huit ans, ni aux garçons avant celui de vingt & un ; &, de l'autre côté, ces loix défendent aux veuves qui ont atteint l'âge de soixante ans, & aux hommes qui ont passé celui de soixante-dix, de contracter de nouvelles noces. Mais si un homme de cet âge, est fort, robuste & d'une constitution à ne pouvoir se passer de femme, on lui donne une esclave pour concubine. Pour subvenir au besoin qu'on a d'un grand nombre de ces esclaves, on a imposé un tribut d'enfans à quelques nations voisines, & on en achete des autres nations, qui, quelquefois, sont bien aises de se défaire de leurs enfans, quand ils en ont plus qu'ils n'en peuvent nourrir.

Sévarminas mange en public aux jours de fête de tous les mois, & dans toutes les grandes solemnités, il fait ces sortes de repas dans une grande salle garnie en haut, & de tous côtés de grandes pièces de cryftal, qui, comme des miroirs, multiplient les objets, & font un effet merveilleux. Il est assis au bout d'une longue table, avec sa femme Sévarminés, & aux côtés de la table sont assis les sévarobastes, qui sont servis par des brosmasiontes, & ceux-ci sont aidés par des osmasiontes, qui se tiennent derrière eux & leur donnent les viandes qu'ils doivent mettre sur la table. Toute la vaisselle dont on garnit la table, est de pur or massif, & pendant que le vice-roi dîne, plusieurs concerts de musique jouent, pour lui donner du plaisir. Il se promène quelquefois en public dans les rues de Sévarinde, ou dans les champs d'alentour, où il y a un très-beau jardin proche du fleuve.

Ce jardin est un des plus agréables jardins du monde, soit à cause de la beauté du climat, soit par la fertilité de la terre, soit enfin par la commodité des eaux qui l'arrosent & qui l'embellissent. Il est de figure quarrée, & n'est point environné de murailles, mais il est ceint d'un profond fossé plein d'eau claire, & d'un nombre prodigieux de toutes sortes de poissons de rivière & d'étang. Ce fossé aboutit au fleuve, qui borde le jardin d'un côté, & qui coule contre une longue terrasse soutenue d'une forte muraille, comme est celle dont toute l'île est environnée. Tout le terrein de ce jardin a près d'un mille de diamètre, & pour le moins trois de circuit, y comprenant les fossés; voici en peu de mots comme il est ménagé.

Premièrement, quand on y va de Sévarinde, on passe dans de grandes allées d'arbres touffus, dont la plus grande, qui est celle du milieu, aboutit à la porte du jardin. De chaque côté de cette porte, règne un bâtiment d'environ trente pieds de hauteur, de six-vingts de large, & de cent pas de long, bordé sur le haut d'une belle balustrade faite de marbre de diverses couleurs, & distinguée, de distance en distance, de statues élevées sur des piédestaux. On en trouve une semblable du côté du jardin, qui borde le haut de ce bâtiment, & qui ne cède en rien à la première. Entre ces deux balustradres, on voit un grand espace pavé de grandes pierres couvertes de verdure en des endroits, & de sable en d'autres, distingué par compartiment, ornés de diverses caisses, où sont plantés des arbres nains, & divers pots où croissent plusieurs sortes de belles fleurs. Tout cela est distingué, de tems en tems, par des statues & de petites fontaines qui arrosent & embellissent ce jardin à fleurs. C'est une espèce de belvédere, qui, régnant sur le jardin, est un lieu très-commode pour en découvrir facilement toutes les beautés. Au-dessous de ce belvédere, il y a diverses grottes & divers appartemens frais, où l'eau coule de toutes parts quand on la veut faire couler. Sous la balustrade dont nous avons parlé, on voit, par-dehors & par-dedans, de grands portiques où l'on peut commodément se promener à l'ombre, à toute heure du jour; parce que, lorsque le soleil luit d'un côté, l'autre côté est à couvert de ses rayons.

Quant au jardin, il est tout disposé en allées, en parterres, & en compartimens quarrés, distingués d'arbres, de fontaines, de statues & de fleurs. On y voit des berceaux touffus, un labyrinthe, & sur le fond, de petits bois de cèdre, de palme, de lauriers, d'orangers, & de divers autres arbres qui font un bocage fort touffu, fort frais, & fort agréable. Mais ce qu'il y a de plus merveilleux, & sur quoi je m'étendrai le plus, sans m'amuser à décrire les autres particularités, est le mont d'eau qu'on voit au centre de ce jardin. Ce mont fait en figure de pain de sucre à cent cinquante coudées de hauteur, & cinquante de diamètre. Il est creux dans le milieu comme un cone de carton, & dans cette concavité l'on voit les vastes tuyaux, qui servent à conduire l'eau vers le sommet du mont, & vers tous ses côtés. Au dehors & tout alentour du mont, sont divers petits étages disposés dans une distance convenable les uns des autres pour retenir l'eau, & pour faire des napes & des cascades. Au sommet du mont, est le bassin ou réservoir, où tombe toute l'eau, que par le moyen des tuyaux on conduit fort haut, où elle est enfin poussée dix ou douze pieds dans l'air de la grosseur de trois hommes. De-là elle tombe dans le bassin, & puis se distribue également de tous les côtés du mont, & le couvre si bien de son crystal mouvant, qu'on ne voit rien du bâtiment, & le tout ressemble à une montagne d'eau. Outre les tuyaux qui aboutissent au sommet du mont, il y en a une infinité de plus petits, qui aboutissent à ses côtés, & par le moyen desquels on rend le mont tout hérissé de jets d'eau que l'on dirige en haut, en bas, à côté & de la manière qu'on veut, ce qui fait un effet admirable.

Sévarminas aujourd'hui régnant, a fait faire ce bel ouvrage, qui est dans son genre le plus admirable qui soit au monde. On y a mêlé l'utilité au plaisir; car de ce mont élevé (où l'on a fait venir l'eau d'une rivière qui est au-delà du fleuve, & qu'il a pris de loin sur des hauteurs), on ne tire pas seulement tous les jets d'eau qui arrosent & embellissent le jardin, mais on en fait aussi conduire une bonne partie à Sévarinde, pour la commodité de ses habitans. Ce mont est entouré d'un beau canal, qui sert à conduire les eaux qui en tombent, jusques dans le grand bassin qui est au bout de l'île, &

dans lequel se font les exercices qui regardent la marine. Les tuyaux dont on se sert pour conduire les eaux jusqu'au mont, ne sont ni de plomb ni de cuivre, mais d'un autre métal qui tient un milieu entre ces deux là, & qui nous est inconnu en Europe, quoiqu'il soit fort commun à Sévarinde. Les statues & les piliers que nous prîmes d'abord pour du bronze, sont faits de ce métal, il en a presque la couleur, mais il n'est pas tout-à-fait si dur, il est aussi beaucoup plus ferme que le plomb, & d'un bien meilleur usage. Il ne se rouille jamais, &, à la réserve de l'or, il n'y a point de métal qui dure si long-tems. On l'appelle en langue du pays *plocasto*, & l'on s'en sert à divers usages, avec beaucoup d'utilité.

Quand le vice-roi se va divertir dans ce jardin, & que la chose est publique, il s'y fait porter dans un charriot tout éclatant d'or & de pierres précieuses, suivi de plusieurs autres charriots, & d'une partie de ses gardes, montés sur des chevaux & sur des bandelis. Quelquefois il va lui-même à cheval, sur-tout quand il sort de la ville ; mais quand il va à l'amphithéâtre, des hommes l'y portent ordinairement sur leurs épaules, à couvert d'un dais fort riche & fort éclatant.

Cet amphithéâtre est à un mille au-dessus de

Sévarinde, & proche du lieu d'où l'on a tiré la pierre dont il est construit. C'est le bâtiment le plus gigantesque qui soit peut-être au monde, & dont les murailles sont les plus solides, étant faites de pierres d'une prodigieuse grandeur. Il est de figure ronde, & a deux cents pas de circuit au-dehors, & cinquante de diamètre au-dedans. Le parterre est tout entouré de piliers d'une longueur & d'une grosseur prodigieuses, pour en soutenir la voûte, qui est fort haute, & qui est aussi percée, en divers endroits, de grandes fenêtres vitrées de cryftal, par où vient un fort grand jour au milieu du parterre. Tout alentour de ces piliers, règne une autre voûte fort spacieuse, soutenue d'autres grands piliers plus bas, & encore une autre voûte plus basse autour de celle-là. Toutes ces voûtes sont éclairées par des fenêtres extérieures, élevées les unes sur les autres. Au-dehors & sur ces voûtes, il y a une grande terrasse, par laquelle on monte tout-alentour de l'amphithéâtre, jusques bien haut vers le sommet, après quoi on monte jusqu'au faîte par un chemin pavé, entrecoupé de diverses marches ou degrés, qui aboutissent à une grande plateforme, bordée tout-alentour d'une belle balustrade. Cette plateforme est si haute, que de là on découvre fort loin dans la plaine, comme si l'on étoit sur une montagne.

Au milieu de cette plateforme, on a élevé un globe de cryſtal, qui n'a pas moins de douze pieds de diamètre. Ce globe eſt creux au-dedans & percé par le haut & par le bas, & le trou d'en-bas eſt aſſez grand pour le paſſage d'un homme, qui la nuit de toutes les fêtes ſolemnelles y allume un grand fanal pour illuminer le globe, lequel étant illuminé, ſe voit de fort loin, & reſſemble à la lune quand elle eſt dans ſon plein. J'admirai fort ce globe prodigieux, qui eſt tout d'une pièce, & je m'étonnai qu'étant de cryſtal, on l'eût pu faire ſi grand; mais on me dit qu'on avoit à Sévarinde le ſecret de fondre le cryſtal, comme nous fondons le verre, & que même, on le manioit plus facilement. On entre dans l'amphithéâtre par quatre grandes portes; au-dedans ſont divers ſièges, & trois galleries l'une ſur l'autre, qui contiennent une prodigieuſe quantité de monde. On y voit pluſieurs belles ſtatues, & divers autres ornemens d'architecture, dont la deſcription ſeroit trop longue & trop ennuieuſe. On voit à douze pas de l'amphithéâtre une ceinture de muraille de vingt pieds de haut, & au-dedans de cette muraille, en divers endroits, on a bâti des tanières où l'on tient diverſes bêtes farouches, qu'on fait entrer dans l'amphithéâtre, par des paſſages pratiqués juſqu'au parterre, quand on les y veut faire combattre, ce qui se fait dans toutes les fêtes solemnelles. La jeunesse s'y exerce aussi à la lute, à la danse, à l'escrime & à diverses actions d'agilité. On y représente des pièces de théâtre, on y récite des ouvrages d'éloquence & de poésie, & l'on y joue de divers instrumens. Il y a des prix d'honneur pour ceux qui excellent, qui consistent en fleurs artificielles faites d'or ou d'argent, ou d'autres métaux, peints ou émaillés; en épées, en médailles, & en instrumens de musique. Quand ces exercices sont achevés, on porte ceux qui ont gagné le prix, sur des chars de triomphe jusqu'au temple du soleil, où ils offrent des parfums à ce bel astre en signe de reconnoissance.

Outre ces exercices, qui se font sur terre & dans l'amphithéâtre, on en a d'autres qui se font sur l'eau & dans un lieu fait exprès pour ce dessein. C'est au bas de l'île, où l'on a fait un grand lac ou bassin environné d'une fort épaisse muraille, comme est celle qui borde l'île tout alentour. Au-dedans de ce bassin, qui est fort grand & de figure ovale, on a bâti trois rangs de portiques ou galleries, soutenues par des piliers qui ont le pied dans l'eau, si bien que les bateaux peuvent se mettre à couvert sous ces portiques. On s'exerce dans ce bassin aux combats de mer, & aux jours de solemnité, j'y ai vu plus de trois cents barques ou bateaux de chaque côté, qui se mettoient en ordre, & qui donnoient des batailles feintes, dont la représentation étoit fort agréable. Les frégates & les barques, qui sont assez grandes pour porter du canon & de la mousqueterie, tiroient comme nous faisons sur mer, & il n'y manquoit que des balles pour rendre le combat véritable. Les petits bateaux, qui sont en grand nombre, ont une autre manière de combattre ; car comme ils sont fort plats, on n'y peut rien mettre de pesant, si bien qu'on n'y voit point d'artillerie, mais on y voit seulement de jeunes hommes en caleçons, qui portent de grandes rondaches de bois sur l'estomac, & à la main une lance obtuse & fort grosse au bout. Avec ces lances, ils s'entre-choquent, & tâchent de s'entre-pousser dans l'eau, ce qui ne se fait pas sans bien divertir les assistans. Ceux qui ont été jettés dans l'eau ne peuvent pas remonter sur leurs bateaux, mais ils sont obligés de se retirer & de se confesser vaincus. Quelquefois les combattans sautent d'un bateau dans l'autre, en chassent leurs ennemis, & s'en rendent maîtres, ou le font couler à fond, ce qui passe pour la dernière bravoure. On y voit encore des rameurs qui tâchent de se surpasser les uns les autres à force d'aviron, & ceux qui peuvent le plutôt arriver au bout de leur carrière, font ceux qui emportent le prix. Les nageurs s'exercent aussi à leur mode, & celui qui nage le mieux emporte la victoire & la récompense proposée au vainqueur. Je n'ai jamais vu des hommes nager si adroitement, ni avec tant de force, que les nageurs que j'ai vus dans ce bassin. Ils vont presque aussi vite qu'un bateau, & si je ne l'avois vu, j'aurois de la peine à le croire. Il est vrai que, si l'on considère la force & l'agilité naturelle des Sévarambes, la chaleur du climat, la situation commode de Sévarinde, & les récompenses d'honneur qu'on donne aux victorieux, on ne trouvera pas étrange que s'adonnant fort à cet exercice, il s'y trouve de si bons nageurs. Entre ce bassin & la ville, sont plusieurs rangs d'arbres touffus, qui font des allées larges, où l'on s'exerce souvent à la course. Toute l'île, & presque tous les champs d'alentour, sont pleins de ces allées d'arbres où l'on peut commodément se promener à l'ombre. Tous les chemins en sont aussi garnis, de sorte que dans les chaleurs, on peut voyager, de tous côtés, sans être incommodé, comme dans les autres pays où ces commodités ne se trouvent pas. Ces plaines sont arrosées par divers canaux qu'on a tirés des montagnes, & l'eau qu'on en fait venir

se

se répandant par-tout où l'on veut, elle fertilise tout le pays, & l'entretient dans une verdure perpétuelle, malgré les grandes ardeurs du soleil, qui est fort chaud dans ce climat.

Sévarminas se divertit aussi quelquefois à la chasse des lions, des tigres, des léopards, des ours, des erglantes, des abroustes, des cerfs, des bandelis, & de plusieurs autres animaux que nous n'avons pas en Europe. Ces parties de chasse se font dans des forêts qui ne sont pas éloignées de Sévarinde, tirant vers la mer, & tout le long du fleuve, ce qui fait qu'on y va souvent par eau. On fait aussi des parties de pêche ; &, quand cela se fait au tems des solemnités, on y voit un très-grand nombre de gens, hommes & femmes, qui en vont prendre le divertissement.

Pour le reste du tems, le vice-roi l'emploie à ses affaires, ou à ses plaisirs particuliers avec ses femmes, & ses amis. S'il a des enfans, comme cela ne manque guère, ils sont élevés en public comme ceux des autres ; ils ne prétendent rien à sa succession, & ne sont pas estimés de meilleure naissance que le moindre du peuple, bien que ce leur soit un grand honneur d'avoir eu un vice-roi dans leur famille. Cependant ils n'ont aucun privilège sur les autres, cela étant réservé aux seuls descendans de Sévarias.

Quant au reste, le vice-roi est le prince le plus heureux & le mieux obéi qui soit au monde, & l'on ne voit point de peuple qui ait plus de véritable respect pour son souverain, que les Sévarambes en ont pour le lieutenant du soleil. Personne n'en médit, personne ne murmure contre lui, & personne n'a lieu de s'en plaindre, parce qu'on sait que tout ce qu'il fait est pour le bien public, & qu'il n'entreprend rien sans l'avis de son conseil, & sans l'ordre du soleil, comme on le fait accroire au peuple.

*Description du temple du soleil, & de la religion des Sévarambes.*

Ce temple est au milieu du grand palais dont nous avons parlé. Il fut bâti par Sévarias, & n'est pas plus grand qu'une de nos plus grandes églises en Europe. Il n'en fit que les murailles les trois premières années qu'il employa à le bâtir : ensuite il y ajouta quelques ornemens, & ordonna si bien le tout, qu'il laissa à ses successeurs le moyen d'y ajouter beaucoup de choses, & d'achever ce qu'il n'avoit qu'ébauché. Sévarbrontas, troisième vice-roi, qui fut grand architecte, embellit ce temple de tous les ornemens de l'architecture, & le rendit beaucoup plus beau qu'il n'étoit auparavant : mais tous les ornemens qu'il y ajouta n'étoient que de pierre, parce que de son tems les métaux étoient encore rares dans le pays. Il fit faire une balustrade de marbre pour séparer le chœur du reste du parterre, & fit mettre, du côté de l'autel, une représentation du soleil en marbre jaune, & de l'autre côté une grande statue de marbre blanc, pour représenter la patrie, comme est celle que nous vîmes à Sporounde, & dont nous avons fait la description. Il fit aussi faire trois rangs de galleries l'une sur l'autre, pour y placer une partie du peuple ; ajoutant à cela plusieurs autres choses, dont une partie se voit encore, & dont plusieurs ont été changées depuis.

Sévarkhémas, qui fut le sixième vice-roi, & qui fut grand naturaliste, enrichit beaucoup le temple, par le moyen des mines qu'il trouva de son tems, & dont il tira beaucoup de riches métaux. Il fit changer la balustrade de marbre, qui séparoit le chœur du reste du temple, & en fit mettre une d'argent massif. Il fit mettre autour du globe lumineux de crystal que Sévaristas avoit fait mettre à l'un des côtés de l'autel, au lieu de la représentation en marbre jaune, une grande plaque d'or taillée en rayons, parsemée de diamans & autres pierres précieuses d'un prix inestimable, & qui rendent un éclat merveilleux. Le globe de crystal du temple de Sévarinde est beaucoup plus grand & plus radieux que celui de Sporounde, & jette une lumière beaucoup plus forte & plus éclatante. A l'un des côtés de l'autel, on voit la statue de Sévarias en or massif, & de l'autre celle de Sévarkomédas, son successeur. A côté de ces deux, on voit la figure de tous les autres vice-rois qui ont régné depuis, chacun selon son rang, & toutes ces statues sont faites de pur or & de grandeur naturelle. Sur le milieu de l'autel, entre le globe lumineux & la statue, on ne voit qu'un voile noir, comme au temple de Sporounde. A côté des murailles, tout alentour du chœur, on voit de grands tableaux en huile, où sont représentés tous les vice-rois, avec les actions les plus mémorables qu'ils aient faites. Ces représentations sont faites par emblêmes ou par portraits naturels.

Dans le premier tableau, on voit Sévarias recevant de la main du soleil les foudres du ciel, & le livre des loix qu'il a depuis laissé aux Sévarambes. On y voit la représentation des deux batailles qu'il gagna sur les Stroukarambes, & la manière dont il fut élevé au gouvernement par l'ordre du ciel, & quelques autres passages remarquables de sa vie.

Au second, on voit Sévarkhomédas recevant le livre de la loi des mains de Sévarias : on le voit ensuite faisant construire le tombeau de ce grand prince, qu'on a bâti à l'un des côtés du temple. Dans un autre endroit, on le voit occupé à faire construire les ponts de Sévarinde, à faire bâtir des osmasies, & à ordonner plusieurs choses qui se firent de son tems.

Dans le troisième, on voit Sévarbrontas avec une épée nue à la main droite, & une équerre & un compas à l'autre, pour représenter la guerre qu'il eut contre les partis rebelles, & sa grande connoissance dans l'architecture. On voit dans le même tableau, la représentation de plusieurs autres choses remarquables que fit ce prince.

Dans le quatrième, on voit Sévardumistas tirant son épée à demy hors du fourreau, & une main sortant du ciel qui lui retient le bras; ce qui représente le dessein qu'il avoit eu de conquérir quelques pays voisins; mais qu'il en avoit été empêché par les loix célestes de Sévarias. On le voit aussi faisant des sacrifices, & instituant de nouvelles cérémonies.

Dans le cinquième paroît Sévaristas, plus jeune & plus beau que tous ses prédécesseurs. D'un côté, l'on voit le grand amphithéâtre qu'il fit construire, & de l'autre le palais qu'il fit achever. On voit encore plusieurs représentations des choses éclatantes qu'il fit durant son règne, entr'autres, le portrait d'une jeune fille, admirablement belle, qu'il tient par la main, ayant à ses pieds un jeune homme couché par terre, avec un poignard dans le sein. Je demandai ce que ce portrait vouloit dire, & l'on me raconta l'histoire suivante, que je lus ensuite tout au long dans la vie de ce prince.

Il y avoit à Sévarinde, du tems de Sévaristas, un jeune homme nommé Foristan, qui devint amoureux d'une fille nommée Calénis. Dès l'âge de quatorze ans, elle avoit une beauté extraordinaire, qui la faisoit admirer de tous ceux qui la regardoient. Avec tant de charmes, on peut bien s'imaginer qu'elle ne manquoit pas d'amans; mais Foristan fut le premier qui lui parla d'amour, & qui lui fit présent de son cœur. Il eut plusieurs rivaux, qui, dans la suite, en firent de même; mais comme il avoit parlé le premier, qu'il étoit des mieux faits & des plus passionnés, aussi avoit-il la meilleure place dans le cœur de sa belle maîtresse. Leur passion & leur beauté croissant avec leur âge, tous les amans de Calénis en concevoient de la jalousie contre Foristan, qui, nonobstant sa conduite modeste, avoit néanmoins une secrette joie de se voir préféré à tous ses rivaux. Il attendoit, avec impatience, le jour heureux qui devoit finir ses peines, par la possession du bel objet qui l'avoit charmé, & ne s'attendoit guère aux malheurs qui traversèrent le repos de sa vie, & qui faillirent à le perdre, avant qu'il parvînt au moment heureux qui, dans la suite, couronna tous ses travaux. Un jour de solemnité, qu'on faisoit une grande partie de chasse, il accompagna sa maîtresse & ses amies à la forêt. Elle étoit montée sur un bandelis blanc comme la neige, & brilloit avec les habits de chasse, comme un soleil. Tous ses amans l'admiroient dans cet équipage, & sentoient augmenter leur amour; mais ils sentoient, en même tems, redoubler leur envie, quands ils voyoient qu'elle favorisoit de ses plus doux regards le bienheureux Foristan. Un, entr'autres, nommé Cambuna, jeune homme violent, qui ne supportoit qu'avec peine le bonheur de son rival, étoit toujours auprès d'elle, autant pour donner du chagrin à Foristan, que pour marquer sa passion à Calénis. Ce jour-là, les chasseurs trouvèrent dans un endroit de la forêt une troupe d'erglantes, qui sont une espèce d'ours blancs, beaucoup plus agiles que les ours ordinaires. La chasse tournant de ce côté-là, tout le monde y accourut, &, entr'autres, la charmante Calénis, suivie de ses amans. On poussa les erglantes avec beaucoup d'ardeur, & l'on en blessa plusieurs à coups de traits, dont quelques-uns furent tués ; mais ceux qui n'avoient été que légérement blessés, devenoient plus furieux par leurs blessures, & déchiroient presque tout ce qui se présentoit devant eux. Il y en eut un de ceux-là qui, venant vers la troupe où étoient Calénis & ses amans, renversoit ce qu'il rencontroit, & auroit pu déchirer cette belle personne, si Cambuna, qui se trouva commodément posté, n'eût poussé son cheval contre lui, & n'eût, pour quelques momens, arrêté la furie de cet animal. Mais dans ce choc, il fut si malheureux, que son cheval se renversa sur lui, & l'erglante alloit se lancer sur Calénis, que son bandeau avoit jettée par terre, si Foristan, qui ne la quittoit point, ne lui eût mis son épée dans le corps jusqu'à la garde, & ne l'eût abattu mort à ses pieds. Il s'étoit jetté à bas de son cheval, quand il avoit vu le danger où étoit sa maîtresse, & cette prévoyance la sauva elle & Cambuna.

Mais Foriſtan n'en fut pas quitte à ſi bon marché qu'eux, car s'étant approché trop près de l'erglante, cet animal furieux lui donna, en mourant, un coup de patte, qui lui déchira une partie de la cuiſſe, & lui fit perdre beaucoup de ſang. Cependant Calénis ſe ſentoit fort obligée à ces deux amans ; mais bien que Foriſtan ne ſe fût pas expoſé le premier au danger, parce qu'il n'étoit pas ſi bien poſté, il n'avoit pas montré moins de zèle pour ſon ſervice. Il avoit fait voir plus de prudence que Cambuna, & avoit même répandu ſon ſang pour ſauver la vie à ſa maîtreſſe. Cette belle action de Foriſtan, qui ſurpaſſoit celle de ſon rival, jointe à l'inclination de ſon cœur, obligea Calénis à lui donner des marques particulieres de ſa reconnoiſſance ; ce qui jettoit Cambuna dans une eſpèce de déſeſpoir. Néanmoins, pour cette fois, il diſſimula ſon dépit: ainſi la chaſſe étant finie, chacun s'en retourna à Sévarinde.

Quelque tems après, Calénis devint malade d'une langueur, qui lui ôta, dans peu de jours, ſon éclat & ſon embonpoint ; & comme ſon mal continua ſix ou ſept mois, & qu'on croyoit même qu'elle en mourroit, tous les amans ſe retirèrent, à la réſerve du ſeul Foriſtan, qui perſiſta dans ſon amour, ſans rien diminuer de la tendresse qu'il avoit pour elle. Durant sa maladie, il lui rendit autant ou plus de soins qu'auparavant ; il lui donna mille preuves de son amitié, & tâcha de la consoler en tout ce qu'il pouvoit, s'affligeant lui-même pour l'amour d'elle, & se priva volontairement de tous les plaisirs de la vie. Après sept ou huit mois de langueur, elle fut enfin guérie par le moyen de quelque remède qu'on lui fit prendre, &, dans peu de jours, son embonpoint & son teint lui revinrent si bien, qu'elle fut plus belle que jamais. Lorsque ses amans infidèles la virent dans cet état, ils sentirent rallumer leurs feux, que sa maladie avoit presque éteints, mais la honte de l'avoir abandonnée, en empêcha la plupart de la rechercher de nouveau. Quelques-uns pourtant furent assez hardis pour lui parler de leur passion. Elle les traita selon qu'ils l'avoient mérité, & leur dit franchement que, puisqu'ils avoient cessé de l'aimer, dès qu'elle avoit cessé d'être aimable, elle avoit aussi cessé de les estimer, depuis qu'ils avoient cessé d'être fidèles ; que le seul Foristan avoit été constant dans son amour & dans ses services, & qu'ainsi le seul Foristan étoit digne de son estime & de sa reconnoissance ; que désormais ils ne l'importunassent plus, & qu'ils ne la crussent pas assez injuste pour vouloir donner un cœur partagé, à un fidèle amant qui lui avoit conservé le sien tout entier. Par ces discours, Calénis se défit bientôt de ces amans importuns, & leur fit sensiblement connoître qu'elle se réservoit toute entière pour son fidèle Foristan. Cela les mettoit au désespoir, & sur-tout le violent Cambuna, qui ne pouvoit supporter le bonheur de son rival, & qui, dans cette disposition d'esprit, auroit volontiers sacrifié sa propre vie, pour lui ravir la possession de Calénis.

Les Sévarambes ne portent jamais d'armes, que lorsqu'ils sont en exercice de guerre, ou à l'armée, ou à la garde du vice-roi, ou à celle de quelque grand officier. Cambuna, qui en vouloit à Foristan, mais qui, d'ailleurs, étant brave, étoit incapable de faire une lâcheté, chercha l'occasion de se trouver en armes avec lui. Pour cet effet, il changea le jour de sa garde avec un de ses amis, qui la devoit monter chez le vice-roi, le jour même que Foristan y venoit. Ils s'y rencontrèrent donc tous deux armés, & ce fut dans cette occasion, que Cambuna ayant provoqué son rival par des paroles piquantes, & voyant qu'il se ménageoit, ou par la crainte des loix, ou par le respect du lieu, tira l'épée contre lui, & l'obligea de tirer la sienne, pour se défendre.

Ils se poussèrent plusieurs coups, & furent tous deux blessés; Foristan eut le bras percé, & Cambuna eut un coup d'épée au travers du corps: mais leurs blessures, quoique grandes, ne se trouvèrent pas mortelles. Ce combat fit du bruit dans le palais; les combattans furent mis en lieu de sûreté, & leur audace ayant été extraordinaire, on fut obligé d'en avertir le vice-roi. Ce prince fut fort irrité contr'eux, tant à cause de leur irrévérence pour le palais du soleil, que pour avoir perdu le respect qu'ils devoient à sa personne, & commanda qu'on les punît selon la rigueur des loix.

Cependant un troisième amant de Calénis prenant ce tems, qu'il crut être favorable à son dessein, employa un sévarobaste de ses amis, pour la demander au vice-roi, qui la lui donna, à condition qu'elle y consentiroit. Comme cette fille étoit d'une beauté extraordinaire, l'ordre auroit voulu qu'on l'eût présentée au Roi, avant qu'il lui fût permis de s'engager à un autre; ce que sans doute on n'auroit pas manqué de faire, si la maladie, dont nous avons parlé, n'eût terni les charmes qui la rendoient digne de cet honneur. Après donc que le prince l'eut accordée à celui qui l'avoit fait demander, cet amant fit tous ses efforts pour gagner ses bonnes graces, & pour en venir plus facilement à bout, il lui repréſentoit non-ſeulement l'excès de ſon amour, mais auſſi la faveur qu'il avoit auprès du vice-roi. Et pour lui ôter l'eſpérance de poſſéder Foriſtan, il ne manquoit pas de lui mettre devant les yeux le pitoyable état auquel ſon action l'avoit précipité ; mais toutes ces raiſons ne furent pas capables d'ébranler la conſtance de Calénis. Elle fut toujours fidelle à ſon cher Foriſtan, & réſolut, quoi qu'il en pût arriver, de n'épouſer jamais d'autre que lui. Cependant ce pauvre amant étoit preſque guéri de ſes bleſſures. Pour juſtifier ſa conduite, & pour éviter les châtimens où l'expoſoit l'audace d'avoir tiré l'épée dans le palais, il tâchoit de faire voir la néceſſité qui l'avoit obligé de ſe défendre contre ſon rival. Après beaucoup de peines, il eut enfin le bonheur de ſe tirer d'affaire, & de prouver, par de bons témoins, que Cambuna l'avoit attaqué de deſſein prémédité ; que, de ſon côté, il avoit tâché d'éviter le combat, & qu'il n'avoit tiré l'épée, que par la ſeule néceſſité de ſe défendre. Cette juſtification lui procura ſa liberté, & le moyen de revoir Calénis, qui put à peine retenir les transports de joie que lui cauſoit la vue de ſon amant. Mais ils ne jouirent pas long-tems du plaiſir de ſe voir ; car, peu de jours après, Foristan fut obligé de se rendre à l'armée, qui commençoit d'entrer en campagne. Cela plongea ces pauvres amans dans un chagrin inconcevable; leur mal étoit d'autant plus cruel, qu'ils n'y pouvoient apporter de remède. Il fallut se résoudre à se séparer; ce qui ne se fit pas sans bien des sanglots & bien des larmes. Ils se promirent une fidélité éternelle; comme le tems de leur séparation approchoit, ils se consolèrent, dans l'espérance de se voir bientôt heureux par leur légitime mariage. Foristan partit donc, & s'éloigna pour trois mois de sa belle maîtresse, pendant lesquels celui qui l'avoit obtenue du vice-roi, tâcha, par toutes sortes de moyens, d'ébranler sa fidélité: mais, après avoir en vain usé de prières & de persuasions, il eut enfin recours à la ruse, à la violence & à l'autorité, pour venir à bout de son dessein. Un cœur moins constant que celui de Calénis, auroit sans doute succombé à de si puissans efforts; mais bien-loin de faire la moindre impression sur son esprit, tout cela ne servit qu'à l'affermir dans les sentimens qu'elle avoit pour Foristan. Toutefois, prévoyant qu'elle auroit de la peine à résister seule à des gens qui se prévaloient de la faveur du vice-roi, elle se servit d'un de ses amis pour présenter une requête à ce prince. Dans cette requête, elle le supplioit de révoquer le don qu'il avoit fait de sa personne, & de lui permettre de se jetter à ses pieds, pour lui faire savoir la violence qu'on faisoit à sa liberté. Il lui accorda sa demande, & cette belle fille fut menée devant lui, où, toute éplorée, elle lui fit ses plaintes de la manière du monde la plus touchante. Sévaristas fut premièrement, ébloui de l'éclat de sa beauté, & puis sensiblement touché de sa douleur; il témoigna même de la colère contre ceux qui avoient voulu lui faire violence; il la consola par de douces paroles, lui promit de la protéger, &, pour cet effet, la fit mettre dans son palais, auprès de la femme d'un sévarobaste. Ce fut-là qu'il alloit souvent la visiter; après quelques conversations, il trouva tant de charmes dans sa personne, qu'il en devint amoureux, & lui en donna plusieurs témoignages. Elle en fut d'abord fort affligée, prévoyant bien qu'elle ne pourroit pas résister à un tel amant, & qu'elle seroit enfin contrainte d'être infidelle à Foristan; mais elle ne pouvoit éviter le malheur qui la menaçoit. Quelque tems après cette recherche, la femme du sévarobaste, avec qui elle demeuroit, eut ordre de lui parler de l'amour du vice-roi, & de lui faire savoir le dessein qu'il avoit de l'épouser, ce qu'elle fit de la manière du monde la plus persuasive. Car comme elle trouva de la répugnance du côté de la fille, elle lui représenta les choses d'un air à ébranler la constance la plus ferme, dont une femme puisse être capable. « A quoi pensez-vous, insensée, lui dit-elle, de refuser un mariage si éclatant, & dont les plus belles femmes du monde feroient leur plus grande ambition. Pesez sérieusement les biens & les maux qu'une bonne ou méchante conduite vous peut procurer. Si vous épousez Foristan, vous aurez en lui, je l'avoue, un homme dont l'âge est plus proportionné au vôtre, que celui de Sévaristas, & vous seule le posséderez tant qu'il sera homme privé, & satisferez ainsi la passion & la reconnoissance qui vous attachent à lui. Mais que tout cela est peu au prix des avantages que vous trouverez en épousant Sévaristas ! Car, premièrement, vous posséderez en sa personne le plus puissant & le plus bel homme de la nation. Il est vrai qu'il n'est pas des plus jeunes, mais aussi n'est-il pas fort vieux ; dans l'âge où il est, (mis à part la grandeur de sa fortune) il est plus aimable que tous les jeunes hommes de Sévarinde. Les avantages de la jeunesse sont communs à tous les hommes, & aux bêtes même ; mais ceux de la beauté du corps, & particulièrement celle de l'ame, ne sont accordés qu'à

peu

peu de gens; & bien souvent quand la nature les a donnés à un homme, elle n'y a pas ajouté ceux de la fortune, qui les font briller d'un nouvel éclat. Tout cela se trouve, dans un dégré suprême, en la personne de notre vice-roi. Il est aussi beau qu'un homme le puisse être, & parmi tous les Sévarambes, on n'en voit point qui ait cette mine charmante, & ce port majestueux, & presque divin, qu'on voit éclater en lui. Pour ses hautes vertus, son esprit & son excellent naturel, il n'est pas nécessaire de vous en rien dire. Tout le monde sait que depuis le grand Sévarias, dont il est descendu, nous n'avons point eu de vice-roi qui eût l'ame si grande, & qui méritât mieux que lui de monter sur le trône du soleil. Sa fortune l'a élevé aussi haut qu'elle puisse élever un homme, & il peut vous faire monter à un dégré de grandeur & de gloire, au-dessus de toutes les autres femmes. Il le fera sans doute, puisqu'il vous aime; & au lieu d'être la femme d'un particulier, vous aurez le bonheur de posséder celui qui est maître de toute la nation, & qui ne reconnoît que la divinité audessus de lui. C'est sans raison que vous m'alléguez que vous avez engagé votre foi à votre amant, & que vous lui êtes liée par amour & par reconnoissance. Tout cela seroit bon à dire contre un particulier ; mais contre le vice-roi ces excuses ne sont pas légitimes. Car, premièrement, vous êtes à sa disposition selon les loix de l'état ; & avant que vous aimassiez Foristan, Sévaristas pouvoit vous prendre pour lui-même, ou vous donner à un autre. Vous lui appartenez encore selon les mêmes loix, & vous n'avez pu disposer de votre personne à son préjudice. Vous savez que cela est défendu aux jeunes filles à marier, qui sont toutes enfans de l'état, dont il est le père politique. Mais quand il n'auroit pas ce droit, quel homme, je vous prie, pourrez-vous trouver qui soit plus digne de votre amour, & que vous puissiez raisonnablement lui préférer ? Si vous avez aimé Foristan, n'est-ce pas pour cette raison qu'il vous a semblé plus aimable que tous ceux qui vous recherchoient ? Vous ne l'avez assurément aimé que pour l'amour de vous-même, parce que vous conceviez plus d'avantages dans sa possession, que dans celle de vos autres amans. Faites que cet amour-propre agisse à présent en vous, par les mêmes motifs. Si vous le consultez, il vous dira que Sévaristas, étant infiniment plus aimable que tout le reste des hommes, & vous aimant déjà passionnément, vous devez aussi l'aimer préférablement à tout autre, par la même raison

qui vous fit donner la préférence à Foriſtan.
Pour les raiſons de reconnoiſſance & de gratitude que vous alléguez, elles ſont fort foibles, & vous êtes plus obligée au vice-roi, pour avoir jetté des regards favorables ſur vous, que vous ne l'êtes à votre Foriſtan, pour tous les ſoins qu'il vous a rendus. Que ſi les biens qu'on peut recevoir à l'avenir, doivent entrer en conſidération, voyez, je vous prie, quelle différence vous devez faire entre les ſoins que vous a rendus un homme du commun, & les avantages que peut vous procurer le maître de tout l'état. Conſidérez, pourſuivit-elle, ce que je viens de vous dire, & ne refuſez pas un honneur éclatant, pour ſatisfaire une paſſion obſcure. Mais ſi vous m'alléguez que vous ne poſſéderez pas ſeule le prince, comme vous pourrez poſſéder Foriſtan; je vous réponds, que l'entière poſſeſſion de ce dernier ne vous eſt aſſurée que pendant qu'il ſera homme privé; mais s'il parvient aux charges publiques, il pourra épouſer d'autres femmes, qu'il aimera peut-être mieux que vous; & ſi cela vous arrive, vous perdrez l'unique bonheur où vous aſpirez. Il n'en ſera pas de même à l'égard du vice-roi : car ſi, d'un côté, ſes feux venoient à ſe ralentir, de l'autre, vous pourriez, du moins, vous conſoler par les

A a ij

illustres avantages que vous auriez acquis par son alliance. Si donc vous êtes sensible à la gloire, vous reconnoîtrez que l'amour d'un souverain, est infiniment plus glorieux que celui d'un sujet.

Ces puissantes raisons ébranlèrent beaucoup la constance de Calénis. Plus elle y faisoit réflexion, & plus elle les approuvoit ; & quoiqu'elle en eût de cuisans remords, elle ne laissoit pas de laisser peu-à-peu succéder l'amour de Sévaristas, à celui de Foristar. Peu de jours après, son nouvel amant la fut visiter, & cette visite acheva de la faire succomber. Elle admira sa personne & toutes ses belles qualités; & la peinture qu'on lui en avoit faite, lui sembla n'être qu'un foible crayon de ce qu'elle voyoit de ses propres yeux. Ainsi l'ambition s'emparant de son cœur, cette passion puissante en effaça presque toute l'image du malheureux Foristan que l'amour y avoit gravée. Cette volage reçut avec joie la visite du prince; elle écouta tous ses discours avec plaisir ; & devenant peu-à-peu familière avec lui, elle osa bien soutenir ses regards, elle osa même y répondre, & lui fit connoître qu'elle n'étoit pas insensible à ses peines. Enfin, après un mois de tems, elle lui promit de lui donner la main, & d'oublier tous les hommes du monde pour l'amour de lui.

Voilà comment les têtes couronnées avancent bientôt leurs affaires, & comment il leur est facile de vaincre les cœurs les plus rebelles. Mais on n'a pas lieu de s'étonner que Calénis se laissât ainsi vaincre à un tel assaillant, puisque Sévaristas étoit en sa personne, un des plus aimables & des plus généreux hommes du monde, & qu'il étoit capable d'ébranler, par son mérite, la constance la plus assurée, quand même il n'auroit pas eu l'éclat de la haute fortune & de la majesté qui l'environnoit.

Cependant, comme les actions des grands sont éclairées de tout le monde, & que le vice-roi ne cachoit nullement l'amour qu'il avoit conçu pour Calénis, ni le dessein qu'il avoit de l'épouser, cette intrigue fut sue par toute la nation, & l'infortuné Foristan ne tarda pas long-tems à savoir quel redoutable rival son malheur lui avoit suscité. Il en eut toute la douleur qu'un homme étoit capable de ressentir dans une pareille rencontre, & il ne trouva de consolation ni d'espérance que dans la mort & le désespoir. La voix publique lui apprit le jour destiné aux noces de son inconstante maîtresse, & son cœur lui dit en même tems que ce devoit être le dernier de sa vie. Il s'affermit dans ce sentiment; & tout plein de cette pensée, il prend le chemin de Sévarinde sans en demander permission à ses supérieurs, & il y arrive le jour même de la solemnité. Les cérémonies du mariage se commencent ; il entre dans le temple, & se cache derrière un pilier, proche du lieu où Calénis devoit donner la main au vice-roi. Alors prenant le tems qu'elle la lui alloit tendre : arrête, s'écria-t-il, perfide, & ne viole pas, durant ma vie, une foi que mes services & tes sermens te devoient rendre inviolable : attends ma mort, qui va tout-à-l'heure suivre ton inconstance, & rendre légitime, une action que tu ne saurois faire, sans devenir criminelle, tant que je serai vivant. Après ces mots, il s'avança vers elle, & aux yeux du vice-roi, il se plongea un poignard dans le sein. Cette action imprévue, & toute extraordinaire, surprit extrêmement Sévaristas, & toute l'assemblée ; mais la misérable Calénis en fut touchée jusqu'au fond du cœur. Dans un moment, l'image de son inconstance & de sa perfidie lui parut avec tant d'horreur, que le désespoir s'emparant de son ame, elle courut vers son misérable amant, dans le dessein de lui arracher le poignard de la main, & d'en percer son cœur infidèle, pour lui témoigner son repentir, & pour n'avoir qu'un même sort avec lui. Son action & ses regards, où son désespoir étoit vivement peint, firent connoître

C. P. Marillier inv.          E. De Ghendt sculp.

son intention, à ceux qui la regardoient, & leur donnèrent le tems de prévenir son funeste dessein.

Cependant, par l'ordre même de Sévaristas, on donna du secours au misérable Foristan, qui n'étoit pas mort, & dont la blessure ensuite ne se trouva pas mortelle; mais elle auroit pu le devenir, si la promesse que le vice-roi lui fit solemnellement de lui céder Calénis, appaisant la douleur de son ame, n'eût donné à ce pauvre amant, le desir de vivre pour la posséder. Il laissa donc bander sa plaie, qui, par bonheur, ne se trouva pas dangereuse. Si bien que, dans peu de jours, il sentit diminuer son mal, & revivre ses espérances presque éteintes. Le vice-roi le fit souvent visiter, lui renouvella sa promesse; puis enfin lui céda Çalénis, quoiqu'il eût pour elle une passion fort tendre, & un extrême desir de la posséder. Mais sa vertu imposa silence à sa passion, & la fit céder à la justice & à la pitié. Aussi cette action généreuse lui acquit beaucoup d'estime & d'amour parmi ses sujets, & ses successeurs la trouvèrent si belle, qu'ils la crurent digne d'être représentée dans son tableau. Pour l'affligée Calénis, après avoir témoigné un regret extrême à son amant, de s'être laissée éblouir au mérite de Séyaristas, elle épousa son cher

Foriſtan, par le commandement même de ce généreux prince, & ils furent tous deux unis par les liens d'un légitime mariage, ſelon la manière de leur pays.

Cette hiſtoire eſt écrite tout au long, dans la vie de Sévariſtas, & c'eſt delà que je l'ai tirée.

Après cette diſgreſſion, je viens au ſixième tableau, où l'on voit Sévarkhémas, avec un ſceptre d'or à la main droite, & une poignée d'herbes & de fleurs à la gauche, pour marquer ſa connoiſſance des choſes naturelles, & principalement des plantes & des métaux, dont il avoit découvert diverſes mines fort riches & fort utiles. On voit peints autour de lui pluſieurs ouvrages d'or & d'argent, dont il orna le temple & le palais du ſoleil, & entre autres les riches rayons qu'il fit mettre autour du globe lumineux.

Dans le ſeptième & dernier tableau, l'on voit Sévarkimpſas tenant une épée nue à la main, & traînant après lui des eſclaves enchaînés ; ce qui repréſente la conquête qu'il fit des Auſtraux, qui oſèrent faire des courſes dans ſes états. On y voit auſſi la repréſentation des termes ou indices qu'il fit planter ſur tous les chemins, & pluſieurs jardinages dont il embellit la campagne ; comme encore une longue suite de jeunes esclaves, qui représentent le tribut d'enfans, qu'il imposa aux vaincus.

Ce sont là tous les tableaux des sept vicerois qui ont précédé celui qui règne présentement, & l'on y voit peintes, en abrégé, les plus signalées actions de leur vie. On voit encore leurs tombeaux ensuite de celui de Sévarias, & ils sont tous ornés de pièces de sculpture en marbre, relevées d'or ou d'argent, très-riches & très-artistement élaborées. Sur le milieu du temple, & contre une des galleries, se voit un orgue d'une grandeur extraordinaire, dont tous les tuyaux sont d'argent doré, & tout vis-à-vis de cet orgue, un lieu, destiné à divers instrumens de musique, & à des concerts de voix.

La voûte du temple est fort haute, & fort enrichie de dorures & de peintures de grand prix, qui lui donnent un éclat merveilleux Il y a quantité d'autres riches ornemens que je passerai sous silence; je me contenterai de dire, en peu de mots, que ce temple est grand & magnifique, de même que le palais & l'amphithéâtre, & qu'une personne savante dans l'architecture, en pourroit faire des descriptions admirables : mais pour moi, qui ne suis pas du métier, je ne m'étendrai pas davantage sur cette matière, de peur aussi d'ennuyer le lecteur par un long détail. Je crois qu'il suffira, après ce que j'ai déjà dit, d'ajouter ici que je n'ai rien vu ailleurs de comparable à ces trois grands édifices, quoique j'aie voyagé presque par toute l'Europe, & vu ce qu'elle a de plus rare & de plus curieux.

Et comme c'est dans ce temple principalement, qu'on exerce la religion du pays, je crois que c'est ici le lieu de dire quelle est la croyance, la théologie, & le culte religieux des Sévarambes.

### *De la religion des Sévarambes d'aujourd'hui.*

Cette nation a, comme toutes les autres, des opinions différentes touchant la divinité ; mais il n'y a qu'un culte extérieur qui soit permis, bien que tous ceux qui ont des sentimens particuliers, aient pleine liberté de conscience, & qu'il ne leur soit pas même défendu de disputer contre les autres, pourvu que ce soit avec le respect & l'obéissance qu'on doit aux loix & au magistrat. Il y a même des collèges, où, en de certains tems de l'année, l'on fait des disputes publiques, où chacun peut librement dire ses pensées & soutenir ses opinions, sans aucun danger d'être blâmé ni maltraité de qui que ce soit ; car les Sévarambes ont pour maxime, de n'inquiéter personne pour ses opinions particulières, pourvu qu'il obéisse extérieurement aux loix, & se conforme à la coutume du pays, dans les choses qui regardent le bien de la société. Ainsi, quand il s'agit de rendre justice à quelqu'un, ou de le recevoir dans quelque charge ou dignité, on ne s'informe pas de ses sentimens touchant la religion, mais de ses mœurs & de sa probité. On n'exclut point non plus les prêtres ni les ecclésiastiques du gouvernement civil, comme on fait presque par-tout ailleurs, & l'on croiroit avoir violé le droit naturel & le droit civil, si l'on avoit refusé une charge publique à un prêtre, par la seule raison qu'il est dans les ordres ecclésiastiques. Il n'en est pas moins pour cela membre de l'état, & n'a pas moins de part que les autres au gouvernement & à la société civile. Or, parmi les Sévarambes, cette société n'étant point partagée en diverses jurisdictions, ils obéissent tous à un souverain chef, qui est lieutenant & grand-prêtre du soleil. En la personne du vice-roi, sont unis les titres du temporel & du spirituel; ce qui rend son autorité beaucoup plus entière & plus vénérable, parce que la prêtrise orne la vice-royauté, & la vice-royauté donne du lustre & de l'éclat à la prêtrise. Ces deux offices étant donc unis dans le souverain, le peuvent aussi être dans les sujets, & un prêtre peut être en même-tems dans les ordres ecclésiastiques & dans le gouvernement de l'état, quand même il auroit des opinions particulières sur la religion, pourvu qu'au-dehors, il fasse le dû de sa charge, & vive en homme de bien.

Les effets de ces maximes, justes & raisonnables, sont fort avantageux au repos & à la tranquillité publique, qui est le but principal où doivent viser tous les sages politiques; car bien que parmi les Sévarambes il y ait diverses opinions touchant la divinité, & qu'on y voie souvent des controverses ouvertes, où tout le monde peut aller, toutefois il n'y a peut-être point de pays au monde où l'on s'échauffe moins pour la religion, & où elle produise moins de querelles & de guerres; au lieu que, dans les autres états, on la fait souvent servir de prétexte aux actions les plus inhumaines & les plus impies, sous le masque de piété. C'est sous ce prétexte spécieux, que l'ambition, l'avarice & l'envie jouent leur rôle abominable, & qu'elles aveuglent tellement les misérables mortels, qu'elles leur font perdre tous les sentimens d'humanité, tout l'amour & le respect qu'ils doivent au droit naturel & à la société civile, & toute la douceur & la charité, que les saintes maximes de la religion leur recommandent. Delà vient que de la chose la plus sainte & la plus sacrée, ils en font bien souvent la plus cruelle & la plus pernicieuse; & que ce qui ne leur devroit inspirer que la douceur, la justice & l'innocence, ne leur inspire le plus souvent que la rage, l'injustice & la cruauté. Il n'en est pas de même parmi ces peuples heureux, où personne ne peut opprimer son prochain, ni violer aucunement le droit naturel, sous aucun prétexte de religion; où l'on ne sauroit émouvoir une populace farouche aux rébellions, aux massacres, & aux incendies, par un zèle inconsidéré; & où l'on ne peut enfin s'acquérir des biens & des honneurs, ni par les ruses, ni par les fausses apparences d'une piété feinte & simulée. L'ambition n'aime que les hauteurs & les difficultés, & ne s'attache guère aux choses basses & faciles. Ainsi, parmi les Sévarambes, personne ne se pique d'être chef d'une secte, parce que chacun peut facilement le devenir, & qu'il est permis à tout le monde, d'être de la religion qu'il veut. Personne ne se pique d'amasser des richesses, parce qu'elles ne servent de rien, & que pour avoir beaucoup de trésors, on n'est ni plus riche, ni plus heureux que le moindre de la nation ; & personne enfin ne porte envie à son prochain, ni pour les dignités ecclésiastiques, ni pour les rentes & les revenus qui leur sont attachés. De cette manière, chacun vit sous l'obéissance des loix & la crainte du magistrat ; & bien qu'il soit permis à tout le monde de croire tout ce qu'il veut, il n'est pourtant permis à personne de troubler le repos public, ni de violer les droits de la société, sous quelque prétexte que ce puisse être. La curiosité est le seul motif de toutes les controverses, & l'on y traite la religion avec autant ou plus de modération, que nous ne traitons la philosophie en Europe. Cela ne sera pas difficile à croire, si l'on fait réflexion sur la manière dont on élève les enfans parmi les Sévarambes, en les accoutumant de bonne heure à vivre en société, & à ne se perdre pas le respect les uns aux autres. On peut ajouter à ces raisons, que la religion de l'état tenant plus de la philosophie & du raisonnement humain, que de la révélation & de la foi, ce n'est pas merveille, si l'on en parle avec tant de sang-froid & si peu d'emportement.

Delà vient que si leur religion n'est pas la plus véritable de toutes, elle est du moins la plus conforme à la raison humaine, & qu'il n'y a que les célestes lumières de l'évangile de grace, qu'on lui doive préférer. En effet, si l'on n'avoit pas la révélation divine, il ne seroit pas difficile d'approuver les opinions de ces peuples touchant la divinité: car, premièrement, ils croyent qu'il y a un dieu souverain & indépendant, qui est un être éternel, infini, tout-puissant, tout juste & tout bon, qui gouverne & qui conduit toutes choses par une admirable sagesse.

Mais ils croient aussi que le monde est infini, & n'admettent ni vuide ni néant dans la nature. Quant aux globes particuliers qui font partie du monde universel, ils croient qu'il y en a une génération comme de chaque animal, & que de la destruction des uns, vient la naissance des autres. Là-dessus ils ajoutent que, quand on voit quelque comete au-dessus des planetes, c'est un globe qui se dissout par le feu, & que son corps, qui ne paroissoit auparavant que comme une étoile, venant à s'enflammer, il s'étend & se dilate, & qu'alors il paroît plus grand & plus visible à nos yeux. Sévarias douta long-tems s'il y avoit d'autre dieu que le soleil, qui est le seul que les anciens Perses reconnoissoient: mais Giovanni, son gouverneur, qui étoit chrétien, après avoir en vain tâché de le lui prouver par le témoignage des saintes écritures, le lui persuada, & le lui fit enfin comprendre par raisonnement naturel.

Il lui fit remarquer que les étoiles fixes étoient si loin du soleil, qu'elles n'en pouvoient recevoir qu'une foible clarté, & fort peu, ou point du tout de chaleur; qu'elles avoient une lumière qui leur étoit propre, & que, selon les apparences, elles étoient autant de soleils dans le monde universel, aussi grands & aussi glorieux que celui qui nous échauffe & qui nous éclaire. Or, cette multiplicité de soleils dans le monde, & leur égalité, sont des choses incompatibles avec la Divinité suprême, qui doit être une, & qui ne souffre point d'égal. D'ailleurs, elle fait voir l'impuissance du soleil, qui, seul, ne peut suffire au grand monde universel, & qui n'en peut éclairer qu'une petite partie, à l'égard du tout; d'où l'on peut facilement conclure qu'il n'est pas le Dieu souverain qui gouverne le monde, & qu'il faut qu'il y ait un être infini, invisible, indépendant, & tout-puissant, qui gouverne toutes choses par sa providence éternelle.

Ces raisonnemens prévalurent sur Sévarias, & lui firent avouer qu'il falloit qu'il y eût un Dieu suprême & invisible, plus grand que le soleil; mais ils ne purent lui ôter de l'esprit, que le soleil ne fût aussi un Dieu, &, sinon le Dieu souverain du ciel & de la terre, du moins un Dieu subordonné, ou l'un des grands
*ministres*

ministres de Dieu dans la nature, & celui qu'il a commis pour éclairer & échauffer le globe de la terre que nous habitons, & les planètes qui sont autour de lui, qu'il crut être aussi de sa province & de sa jurisdiction. Il s'affermit, de plus en plus, dans cette opinion, &, en mourant, il la transmit à sa postérité, qui la tient encore aujourd'hui, & qui en fait le plus grand article de sa religion. On peut même tirer cette doctrine de son oraison au soleil, où il dit qu'on peut, du moins, le regarder comme le canal favorable par où coulent, jusqu'à nous, les bienfaits & les graces du grand Etre qui le soutient, & dont il est le ministre visible & glorieux.

Ces deux idées de la Divinité, ont fait mettre aux Sévarambes, dans leurs temples, un voile noir au-dessus de l'autel, pour représenter ce Dieu éternel & invisible, qu'ils ne connoissent point, & qu'ils ne peuvent regarder qu'au travers des noires ténèbres dont leur entendement est enveloppé. Mais, pour le soleil qui, comme ils le disent, est un Dieu visible & glorieux, & le canal par où les hommes reçoivent la vie & tous les biens qui aident à la soutenir, ils croyent qu'il doit être leur Dieu particulier, puisqu'il les vivifie, qu'il les éclaire, & qu'il les nourrit; qu'ils sont tous obligés, &

par estime, & par reconnoissance, de lui adresser leurs vœux, de lui rendre leurs hommages, & de lui diriger immédiatement leur culte religieux, comme au ministre du grand Dieu, qui l'a commis pour mouvoir & pour conduire le grand orbe que nous habitons, & les autres qui sont de sa province, ou jurisdiction.

Ils ajoutent que le grand Dieu, ne se rendant pas visible, il ne veut pas que nous le voyions autrement que des yeux de l'esprit, & qu'il se contente des respects & des sacrifices que nous offrons à celui qu'il a fait le dispensateur de toutes les graces qu'il nous communique.

C'est ainsi que raisonnent ces pauvres aveugles, qui préfèrent les foibles lueurs de leur esprit ténébreux, aux lumières éclatantes de la révélation, & au témoignage de la sainte église de Dieu. Néanmoins ils ne laissent pas d'adorer le Dieu éternel, que les chrétiens adorent, & même ils lui ont institué une fête solemnelle, qu'ils appellent Khodimbasion, qu'ils célèbrent de sept en sept ans. Toutefois l'adoration qu'ils lui rendent, est aussi ténébreuse que la connoissance qu'ils ont de lui; c'est pourquoi ils en font le plus grand mystère de leur religion.

Pour ce qui est du culte du soleil, il est clair & visible comme ce bel astre, & n'a pas des mystères profonds comme celui du grand Dieu, qu'ils appellent Khodimbas, c'est-à-dire, roi des esprits : car, parmi eux, Khoda veut dire un esprit, & imbas un roi ou monarque souverain, du mot imba, empire ou commandement, d'où se forme le verbe prosimbai, commander souverainement. Ils appellent aussi le soleil érimbas, c'est-à-dire, roi de lumière; car, en leur langue, éro, signifie lumière. Outre ce nom, ils lui donnent plusieurs autres épithètes ; savoir, phodariestas, c'est-à-dire, source de vie ; antemikodas, miroir divin, & & plusieurs autres noms que nous expliquerons ci-après. Dans plusieurs conversations que j'ai eues avec eux, sur ces matières, je les ai souvent ouï finir leurs discours par ce raisonnement, qu'il y a, dans la religion, trois devoirs auxquels tous les autres se rapportent, & auxquels tous les hommes sont indispensablement obligés. Le premier de ces devoirs, disoient-ils, lie toutes les créatures raisonnables au grand Etre des êtres, par un respect, & une vénération intérieure.

Le second, au soleil, par un amour & une reconnoissance, accompagnés d'un respect & d'un culte extérieur, comme étant le Dieu par ticulier, & le gouverneur du globe que nous habitons. Et le troisième, à leur patrie, ou pays natal, où ils ont, premiérement, reçu la vie, la nourriture, & l'éducation ; ce qui oblige tous les hommes, d'aimer le lieu de leur naissance, & de le préferer à tout autre pays du monde. Ces trois choses sont, aussi, représentées dans leurs temples, par le voile noir, par le globe lumineux, & par la statue de femme qui nourrit plusieurs enfans, qu'on voit dans le fond de leurs églises, au-dessus & à chaque côté de l'autel.

Les Sévarambes croyent que le soleil donne le mouvement à la terre, & à toutes les planettes, qui sont de sa province ; & que tous ces orbes se meuvent, concentriquement, sur un cercle, par la force des rayons, qui émanant, incessamment, de son corps, avec une grande rapidité, font tourner les corps qu'ils échauffent & qu'ils éclairent, comme l'eau, ou le vent fait tourner une roue de moulin. Ils croyent, aussi, que le soleil est la cause des vents, du flux & reflux de la mer. Ils croyent que toutes les ames, tant des hommes, que des autres animaux, viennent du soleil, & qu'elles en sont les rayons les plus épurés, avec la différence du plus & du moins. Les grands esprits, de cette nation, sont fort partagés, touchant l'immortalité de l'ame; les uns la croyant immortelle, & les autres, périssable; mais, parmi le peuple, tout le monde la croit immortelle, & c'est la religion de l'état, parce que c'étoit l'opinion de Sevarias, & qu'elle est plus plausible & plus agréable que l'autre. Ceux d'entr'eux qui croyent qu'elle est matérielle, & qu'il n'y a d'être spirituel que le grand Dieu, disent qu'elle est immortelle, de la même manière que le corps, considéré dans la matière première qui peut bien changer de forme, mais qui ne peut pas être anéantie. Toutefois l'opinion commune est, qu'après cette vie, il y a des récompenses pour les bons, & des peines pour les méchans; & que, les ames des hommes, au sortir du corps, en vont occuper d'autres, plus près, ou plus loin du soleil, selon le bien ou le mal qu'elles ont fait. On a tiré cette opinion de Sévarias, & l'on croit, comme lui, que l'ame des justes, après avoir passé en divers corps, ou erré, quelque tems, dans les airs, soit dans l'orbe où nous sommes, ou dans quelqu'une des planettes, est enfin, réincorporée au soleil, dont elle n'est qu'un écoulement, & que là, elle trouve son repos parfait, & son entière félicité. Il s'en expliqua clairement avant sa mort, comme nous avons déja fait voir, & ce qu'il en dit alors, est généralement reçu, comme une vérité incontestable. Pour l'ame des méchans, on croit qu'au sortir du corps, elle en va occuper un autre, dans des lieux plus éloignés de la face lumineuse du soleil, & qu'elle est long-tems reléguée dans les pays froids, parmi les neiges & les glaçons, jusqu'à ce que, venant à s'amander, elle approche toujours de ce bel astre, où elle est, enfin, réincorporée comme celle des justes, quand elle a été purgée de ses vices & de sa corruption.

Ils croyent aussi, que l'ame des bêtes passe d'un corps à l'autre, mais ils ne croyent pas, comme Pithagore, que l'ame d'un homme puisse passer dans le corps d'une bête, ni celle d'une bête dans le corps d'un homme; ce qui fait que les Sévarambes ne font point de difficulté de tuer les bêtes pour se nourrir de leur chair.

Nous faisons ordinairement, une distinction entre les animaux raisonnables & irraisonnables, mais ils ne reconnoissent point ce partage; car ils croyent que tous les animaux, qui ne viennent que par la voie de la génération, & qu'on appelle des animaux parfaits, ont une certaine mesure de raison, plus grande ou plus petite, selon que leur ame est plus pure ou plus grossière. Ils croyent que ces ames émanent aussi du soleil ; mais qu'étant mêlées de l'air & des autres élémens, elles ne sont pas si pures, ni si durables que celles des hommes, qui approchent plus qu'elles, de la nature des esprits, & qui, par conséquent, sont d'une consistance plus forte, & capables d'une plus longue durée. Les opinions sont fort partagées sur ce sujet : mais tous ne laissent pas de reconnoître que la religion de l'état est fort raisonnable, & personne ne fait difficulté d'assister aux assemblées publiques, aux sacrifices, aux hymnes & aux cantiques divers qu'on chante à la louange du soleil.

Les seuls descendans de Giovanni, qui sont chrétiens, font secte à part, & n'y veulent point assister ; car ils appellent idolâtrie, ce que les autres nomment culte religieux. Ceux-ci sont en fort petit nombre, & ne sont pas même, fort bons chrétiens ; car ils ont des opinions fort particulières, & qui ne sont guères conformes aux dogmes de la sainte église catholique.

Premièrement, ils ne croyent pas que Jesus-Christ soit Dieu, de sa nature ; mais seulement par assomption, ou par association à la Divinité, & disent qu'avant qu'il eût pris la nature humaine, pour travailler au mystère de notre rédemption, il n'étoit qu'un ange, mais le plus excellent de tous les anges, à qui Dieu avoit donné toute plénitude de grace, l'avoit élu pour son fils, & choisi, entre tous ses compagnons, pour le faire l'instrument du salut des hommes, & pour l'associer à son empire. Que, pour cet effet, il lui avoit donné la verge de fer, pour vaincre ses ennemis, pour abaisser la puissance de l'enfer, & pour triompher, avec ses élus, du diable, du monde, & de la chair. Mais ils nient qu'il fût Dieu éternellement, *à parte*, *ante*, comme on parle dans les écoles; & affirment que, de sa propre nature, il n'étoit qu'un ange créé, & que, depuis qu'il s'est fait homme, il est Dieu aussi, par la volonté de Dieu, qui lui a donné toute puissance au ciel & en la terre, l'a adopté pour son fils, d'une manière toute spéciale, & lui a dit de s'asseoir à sa droite, pour marque de l'autorité dont il l'a revêtu. Ainsi, ces pauvres hérétiques tâchent d'appuyer leur erreur par ces vains raisonnemens, & nient le très-sacré mystère de la Trinité, ou le conçoivent d'une manière fort différente de celle des bons catholiques; car, outre qu'ils nient la divinité éternelle du fils de Dieu, ils disent que, par le Saint-Esprit, on ne doit entendre que l'accord qui est entre le père & le fils, & la vertu qui procède de ces deux, pour la régénération des fidèles, pour le soutien de l'église, & pour le gouvernement du monde. Quant au reste, ils croyent presque tout ce que croit l'eglise romaine, comme le purgatoire, la prière pour les morts, l'invocation des saints, le mérite des œuvres, & plusieurs autres doctrines de l'église catholique: mais ils ne croyent pas au très-sacré mystère du saint sacrement de l'autel, & disent que ce n'est qu'une cérémonie instituée par Jesus Christ, seulement pour nous faire souvenir de la croix, & des promesses qu'il a faites à tous ceux qui croiroient en lui, & qui tâcheroient de suivre le bon exemple qu'il a laissé aux hommes, pour y régler leurs mœurs, & y conformer leurs actions. C'est-là le sentiment qu'ils ont de la sainte Eucharistie; en quoi, si je ne me trompe, ils sont semblables aux calvinistes, & autres hérétiques que nous avons en Europe. Néanmoins ils célèbrent extérieurement la messe, à peu-près de la même manière que nous; & ils ont retenu presque tous les ornemens & les cérémonies de l'église catholique & romaine. Ces chrétiens australs, que, du nom de leur fondateur, nous pouvons appeller Giovannites, ont, du moins, cela de bon, qu'ils honorent fort le pape, & disent unanimement, qu'il est le plus grand de tous les évêques chrétiens, & le vrai successeur de saint Pierre: mais ils difent auffi que tous les chrétiens ne font pas obligés de lui obéir, bien qu'il foit de leur devoir de le refpecter. Quelques-uns affurent, néanmoins, qu'ils ne feroient pas fâchés de le reconnoître pour chef de leur églife, s'ils pouvoient tirer quelque affiftance de lui pour l'aggrandiffement de leur fecte, dans les terres auftrales, mais qu'ils conçoivent que cela eft prefqu'impoffible, tant à caufe du grand éloignement, que des loix des Sévarambes, qui ne veulent point divifer l'autorité en fpirituelle & temporelle, comme les chrétiens, & qui ont uni ces deux jurifdictions en une feule perfonne. Le nombre des Giovannites n'eft pas de plus de dix ou douze cens dans toute la nation, & ils demeurent prefque tous à Sévarinde, dans une ofmafie qu'on leur a donnée pour y demeurer enfemble, & pour prier Dieu à leur mode, fans trouble & fans inquiétude. Ils ont une efpèce d'évêque, & quelques prêtres fous lui, qui font les fonctions de leur religion parmi eux : ils les honorent beaucoup, & leur rendent des refpects dignes de leurs offices. Ceux-ci font les feuls qui fuyent les affemblées, & les facrifices qu'on offre au foleil, mais ils ne fe font point de fcrupule d'affifter à la fête de Khodimbafion ; parce que, difent-ils, elle eft inftituée en l'honneur du vrai Dieu. Je demandai quelquefois aux prêtres Giovannites, s'ils n'avoient pas tâché de convertir quelques-uns des Sévarambes à la foi catholique, à quoi ils me répondirent, qu'ils l'avoient souvent tenté, mais sans aucun fruit, parce que ces peuples ont tant de zèle pour l'adoration du soleil, & s'appuyent si fort sur la raison humaine, qu'ils se moquent de tout ce que la foi nous enseigne, si elle n'est soutenue par la raison. Selon cette maxime, ils trouvent fort étranges les saints mystères de notre religion, & traitent de ridicule tout ce qui surpasse leur entendement obscurci, & leur esprit ténébreux. Ils se moquent des miracles, & disent qu'il n'y en peut avoir que par des causes naturelles, quoique les effets qu'elles produisent soient étonnans, & passent pour des prodiges à notre égard : mais qu'à l'égard de la nature, tout se fait dans un ordre réglé, selon les dispositions qui se trouvent dans les choses naturelles. Enfin, ces prêtres concluoient que la conversion de ces pauvres infidèles, étoit presqu'impossible ; & que, si Dieu ne faisoit quelque grand miracle parmi eux, pour confondre leur raisonnement, & vaincre leur infidélité, il n'y avoit pas lieu d'espérer qu'aucun d'eux voulût jamais embrasser la foi chrétienne. Ces mêmes prêtres ajoutent qu'ils favoient de Giovanni, par tradition, que, nonobftant la grande vénération qu'avoit Sévarias pour le foleil, il ne laiffoit pas de fort honorer Moïfe & Jefus-Chrift, & de confeffer que c'étoient, du moins, de grands hommes, qui avoient laiffé de belles loix & de beaux préceptes, & tâché d'infpirer, aux gens de leur tems, l'amour & le culte du vrai Dieu, pour les tirer de leur idolâtrie brutale. Il difoit, de plus, que la morale de Jefus-Chrift étoit excellente dans notre continent, pour y corriger nos mœurs corrompues, & qu'elle fembloit avoir quelque chofe de divin, en ce que, par l'efpérance de la réfurrection, & plufieurs autres bonnes doctrines, elle tendoit à une très-bonne fin, qui eft d'adoucir la fierté des hommes, de vaincre leurs paffions les plus farouches, & d'établir la piété, la juftice, la tempérance & la charité. Mais il traitoit la religion de Mahomet de profane & de fenfuelle; & difoit qu'elle portoit à l'ignorance, au vice & à la cruauté; qu'elle avoit pour principe, la tyrannie, la perfécution & l'infidélité; & que ceux qui en étoient les principaux fectateurs, n'étoient qu'un corps, ou une faction de gens avares, cruels & ambitieux, qui fe fervoient du faux mafque de la religion, pour s'aggrandir dans le monde, pour y gouverner les peuples

ignorans, comme s'ils étoient des bêtes, &
pour en faire autant d'esclaves & d'instrumens
de leur avarice, & de leur orgueil. C'est ainsi
que Sévarias parloit des Mahometans & de
leurs semblables, & il ne faut pas s'en étonner; car, outre les bonnes raisons qu'il avoit
en général, de parler ainsi d'eux, il étoit porté
particulièrement, à les haïr, parce qu'ils s'étoient emparés de la Perse, & que ses ancêtres,
& lui, avoient long-tems senti les effets de la
tyrannie & de la cruauté qu'enseigne leur religion. Ils disoient, de plus, que Giovanni,
leur fondateur, avoit fait tous ses efforts pour
lui persuader la religion chrétienne, & la lui
faire embrasser, mais qu'il n'en avoit jamais pu
venir à bout, parce que son intérêt mondain
& ses vains raisonnemens s'étoient trouvés
des obstacles insurmontables; qu'au reste, il
étoit ennemi capital de l'idolâtrie payenne,
qu'il traitoit de ridicules toutes les fables des
Grecs, & disoit qu'ils avoient farci le culte
du vrai Dieu, qui, au commencement, étoit
fort simple, de mille fictions extravagantes &
superstitieuses, qui choquoient en toute manière, non-seulement la vérité, mais aussi le
bon sens & la raison commune. Et, c'est pour
cette raison qu'il en défendit la lecture, & le
récit à ses successeurs & à ses peuples, esti-

mant que cela ne feroit que corrompre les bonnes mœurs, & remplir les esprits d'idées extravagantes. Il appelloit aussi fables & contes de vieille, tout ce qu'on dit des lutins, des fées, des magiciens & des sorciers, & disoit que ces opinions s'étoient établies parmi les hommes, par les ruses & les finesses de quelques-uns, qui, abusant de la crédulité & de l'ignorance des esprits foibles, leur avoient fait accroire toutes ces rêveries pour les captiver, & dominer sur leurs consciences, par la crainte de ces phantômes inventés à plaisir. Ses successeurs ont suivi ses sentimens, &, dans toute cette nation, on ne sait ce que c'est qu'enchantemens, sortiléges, & apparitions. Néanmoins ils en ont vu dans les nues; car du tems de Sevarkimpsas, on apperçut à Sporounde, la figure de plusieurs vaisseaux, représentant une flotte, qui sembloit aller à toutes voiles au milieu des airs. Cette apparition allarma beaucoup de gens, & donna même de la crainte aux magistrats, qui crurent que cela leur annonçoit la venue de quelque armée navale qui pourroit ravager leurs côtes. Sur cette croyance, on fit marcher deux armées de Sévarambe à Sporoumbe, & l'on fit équiper tous les vaisseaux qu'on put, pour défendre le pays, au cas qu'il fût attaqué par quelque nation étrangère; mais après avoir ufé, pendant deux ans, de cette précaution, & vu qu'il n'arrivoit rien de ce qu'on avoit craint, la crainte ceffa, & l'on ne parla plus de cette apparition. Néanmoins les favans, cherchant les caufes naturelles d'un phénomène fi étonnant, raifonnèrent long-tems là-deffus, fans en pouvoir deviner la véritable caufe. Vingt ans après on vit encore une autre apparition de vaiffeaux en l'air, qui fembloient être agités de la tempête, & on crut même en voir périr quelques-uns; ce qui fournit un nouveau fujet d'étonnement, & donna lieu aux gens de lettres, de philofopher comme auparavant; mais ce fut avec auffi peu de lumière que la première fois. Enfin, comme on n'en parloit prefque plus, il vint un vaiffeau de Perfe, qui rapporta plufieurs jeunes hommes qui avoient été voyager dans notre continent, & qui, dans le paffage, avoient été accueillis d'une tempête, où ils avoient penfé périr, juftement dans le tems qu'on avoit vu l'apparition à Sporounde. Quelques-uns d'entr'eux ayant comparé le tems & la manière dont on racontoit ce phénomène, avec l'orage qu'ils avoient effuyé, & les navires de l'air avec une flotte de vaiffeaux d'Europe, qu'ils avoient rencontrée fur la mer, un peu avant la tempête, conclurent que ce qu'on avoit vu dans le ciel, n'étoit qu'une image de ce qui se passoit alors sur l'océan, & que les objets inférieurs se peignent quelquefois dans les nues, comme dans des miroirs, qui, faisant une espèce de réfraction, portent les images qu'elles reçoivent, dans quelqu'endroit de la terre opposé à l'angle de la lumière, qui portoit ces objets. Cette explication fut généralement reçue, comme très-vraisemblable, & dissipa toutes les pensées mystérieuses qu'on avoit eues sur ce sujet : de sorte que les Sévarambes ne craindront plus, à l'avenir, de pareilles apparitions, s'il en arrive à Sporounde ou ailleurs. Il est vrai que cette ville, étant située à une distance raisonnable de la mer, dans un pays de plaines, & au-deçà des hautes montagnes de Sévarambe, semble être bien placée pour voir souvent de semblables spectacles, &, sur-tout, depuis que les Hollandois & les autres nations de l'Europe, font de si fréquentes navigations vers les Indes orientales, vers la Chine & vers le Japon.

Il y a de l'apparence que tant d'apparitions d'armées combattantes qu'on a vues fort souvent en Europe, & où l'on distinguoit de l'infanterie & de la cavalerie, des enseignes & des étendards, venoient de la même cause, & que dans le tems que

que les nues nous montroient toutes ces images, elles les recevoient de quelqu'autre endroit où étoient alors les véritables corps qu'elles représentoient en l'air. Chacun en croira ce qu'il lui plaira; pour moi je pense que les Sévarambes ont du moins fait un jugement raisonnable sur cette matière, & qu'il n'y a pas tant de mystères que le commun peuple s'imagine. Mais quoique les Sévarambes ne croient plus rien de mystérieux dans ces apparitions, ils ne laissent pas de croire qu'il y a au-dessus de la basse région de l'air des substances aëriennes que nous ne voyons pas, parce qu'elles sont d'une matière si subtile, que nos yeux grossiers ne les peuvent appercevoir. Il y a même à Sévarinde une secte de gens qui se vantent d'avoir eu du commerce avec les habitans des régions élémentaires, qu'ils disent être en très-grand nombre, & qu'ils peuvent se rendre visibles par le moyen de l'air condensé qu'ils prennent dans la basse région, & dont ils se font une espèce d'habit quand ils veulent se faire voir. Mais plusieurs traitent cette opinion de ridicule & de chimérique, & ceux qui la soutiennent de gens qui ont l'imagination blessée, ou qui veulent débiter leurs rêveries, sous le prétexte de ce commerce prétendu. On dit même que le premier auteur de cette secte, étoit descendu d'un des prêtres de Stroukaras, dont nous avons déja parlé, qui, par le moyen d'une pierre merveilleuse qu'il avoit eue de père en fils, depuis cet insigne imposteur, se rendoit le visage resplendissant, comme s'il eût été irradié d'une lumière céleste. Il n'osa pas dire, comme Stroukaras, qu'il eût du commerce avec le soleil, parce que la religion, que Sévarias avoit établie, étoit contraire à ses desseins; mais il dit qu'il conversoit familièrement avec des peuples de la région élémentaire, & qu'il étoit quelquefois transporté dans les airs, où il goûtoit, avec eux, des plaisirs infiniment plus doux que tous ceux qu'on goûte sur la terre. Pour donner du crédit à ses rêveries, il se servoit, à l'exemple de Stroukaras, de cette pierre merveilleuse, & la mettoit à la bouche, ce qui le plongeoit, peu-à-peu, dans un si grand assoupissement, qu'il sembloit être mort pendant une heure ou deux. Après ce tems il s'éveilloit, & à mesure qu'il se levoit de terre, on voyoit éclater sur son visage une lumière comme divine, qui éblouissoit tous ceux qui le regardoient, de sorte qu'ils ne pouvoient soutenir ses regards. Alors il leur disoit que son ame avoit été transportée dans les airs parmi ces peuples élémentaires, où il avoit joui de plaisirs inénarrables dans leur société. Par le moyen de cette pierre, il s'acquit une réputation de sainteté parmi ceux qui n'avoient pas encore tout-à-fait abandonné la religion de Stroukaras, & établit parmi eux l'opinion que plusieurs ont encore, qu'il y a des peuples élémentaires qui conversent quelquefois avec les hommes, & qui sont d'une substance plus pure & plus spirituelle que la nôtre. Mais du tems de Sévaristas, on découvrit cette fourbe : car comme cet imposteur étoit dans un profond assoupissement, un Sévarambe, qui, pour découvrir la vérité, avoit fait semblant d'être un grand zélateur de sa doctrine, apperçut la pierre qu'il avoit à la bouche, la prit & l'emporta avec lui ; après quoi cet imposteur ne put plus exercer ses prestiges ; & l'on trouva, par expérience, que la vertu secrette de cette pierre causoit cet assoupissement & puis cette lumiere dans les yeux & sur le visage de tous ceux qui la mettoient à la bouche. On tient que Stroukaras s'en servit le premier, & que de-là il prit occasion de s'ériger, premièrement, en prophète, &, dans la suite, d'aspirer à l'autorité suprême. Cependant, quoique l'imposture de celui qui s'en servoit pour persuader à ses sectateurs qu'il avoit du commerce avec une nation céleste, eût été découverte, elle ne laissa pas de conserver son crédit parmi eux, parce qu'ils avoient été remplis de cette croyance dès leur plus tendre jeunesse, & qu'elle leur étoit agréable, en ce qu'elle leur promettoit une félicité éternelle parmi ces peuples élementaires, auxquels tous ceux qui auroient une vive foi, devoient être agrégés après leur trépas.

## CINQUIÈME ET DERNIÈRE PARTIE.

Lorsque Sévarias & ses parsis abordèrent aux terres australes, ils virent bien que les habitans de ce continent adoroient le soleil, mais ils ne les trouvèrent pas tous d'accord dans la manière de le servir. Au contraire, ils étoient divisez par des opinions différentes, qui avoient causé de longues guerres que les Stroukarames avoient faites aux Prestarambes. Ces derniers se vantoient d'avoir retenu l'ancien culte du soleil, dans sa pureté, & accusoient les autres d'avoir innové & mêlé, dans la religion, les rêveries d'un faux prophète, nommé des siens Omigas, & par eux Stroukaras, c'est-à-dire, imposteur.

Après la mort de Stroukaras, on le révéra comme un Dieu, on lui offrit des sacrifices; &, lorsqu'on trouvoit quelque grande difficulté, soit dans la religion, ou dans le gouvernement de l'état, on le prioit de descendre du ciel, pour déclarer la voie qu'on devoit prendre. Pour cet effet, on faisoit entrer un prêtre dans un grand arbre creux, &, de là, ce prêtre répondoit, comme un oracle, à toutes les demandes qu'on lui faisoit, comme si c'eût été Stroukaras.

Dès qu'il se trouvoit quelque belle fille dans

la nation, les prêtres ne manquoient pas de la demander, & de persuader à ses parens, que le fils du soleil avoit jetté des regards favorables sur elle, & que, pour la rendre un vaisseau de sainteté, il daigneroit bien descendre du ciel pour s'unir à elle & cueillir la première fleur de sa jeunesse (car c'est ainsi qu'ils s'exprimoient.) Ils ajoutoient que, si la fille & ses parens avoient une véritable foi, & que, s'ils recevoient cet honneur éclatant, avec tout le respect & toute l'humilité convenable en une telle occasion, le divin Stroukaras ne manqueroit pas de remplir la vierge d'un fruit sacré, qui porteroit la bénédiction du ciel à toute la famille. Que si cette vierge, ainsi sanctifiée, enfantoit un garçon, il seroit l'un des prêtres qui offrent des sacrifices au bel astre du jour; & qu'au contraire, si elle concevoit une fille, cette fille seroit sainte, & l'homme qui l'épouseroit, quand elle seroit parvenue à l'état du mariage, se pourroit vanter d'être gendre du divin Stroukaras, & petit-fils du soleil. Qu'une alliance si illustre seroit accompagnée de plusieurs autres avantages, outre le suprême bonheur qu'auroit la fille de se voir unie à un Dieu. Le peuple crédule & superstitieux ajoutoit si facilement foi à toutes ces belles promesses, qu'il n'y avoit point de pères ni de mères qui ne s'estimassent heureux d'avoir mis au monde une fille, dont la beauté plaifoit au divin fils du foleil. Cette perfuafion faifoit que de tous les endroits du païs, on menoit au temple que Stroukaras avoit fait conftruire au milieu d'un bocage, les plus belles filles qu'on pouvoit trouver, pour les offrir & les confacrer à Stroukaras. Quand les prêtres prenoient quelqu'une de ces filles, il lui faifoient quitter fes habits prophanes pour lui en donner de facrés, après qu'elle avoit été lavée dans un bain compofé de plufieurs herbes aromatiques. Le jour qui précédoit la nuit dans laquelle Stroukaras la devoit vifiter, on faifoit des facrifices, accompagnés du chant de divers cantiques, afin qu'il defcendît du ciel, & qu'il vînt prendre poffeffion de l'humble & fainte pucelle, qui lui avoit confacré fa virginité.

A cette impofture, inventée pour fatisfaire leur concupifcence, ces prêtres en ajoutoient une autre, pour exercer leur cruauté, contre ceux qui les défobligeoient, ou dont les lumières leur étoient fufpectes. Ils demandoient ces miférables, de la part de Stroukaras, pour être immolés à la colère du foleil, lorfque les péchés du peuple l'avoient irrité contre eux, comme ils leur faifoient accroire; & l'unique moyen (felon leur dire) d'appaifer le courroux de cet aftre, étoit d'égorger ces malheureux, pour laver, dans leur sang, les crimes de la nation, & pour se conserver la faveur de Stroukaras.

Le fils de cet imposteur régna l'espace de quelques années après lui; mais, venant à mourir d'une mort subite, il n'eut pas le tems de nommer un successeur. Cela mit les prêtres dans une étrange division, & faillit à les perdre tous, parce qu'ils ne pouvoient s'accorder touchant la succession.

Depuis ce tems-là, les temples se multiplièrent beaucoup, & Stroukaras se trouvoit à tous, tout à la fois, & rendoit des réponses, en un même moment, dans plusieurs endroits différens, & fort éloignés les uns des autres; personne n'osant plus s'opposer à l'autorité des prêtres du bocage, ils purent, tout à leur aise, faire croire au peuple, crédule & superstitieux, tout ce qu'ils lui voulurent persuader. Ils ne trouvoient point d'obstacles à leurs desseins, & les plus sages & les plus éclairés de la nation, quoiqu'ils connussent assez leurs impostures, étoient ceux qui s'y opposoient le moins & qui prenoient les premiers le parti de se taire, plutôt que de s'attirer leur haine & de s'exposer à leur cruauté.

Cependant ils souffrirent une disgrace sensible à l'occasion d'une fille, qui brûla leur temple,

& qui fut cause de la perte de plusieurs d'entr'eux. Les prestarambes ont aussi conservé cette histoire, dans laquelle ils étalent le courage, & la fermeté de deux de leurs martyrs, qui se donnèrent volontairement la mort pour éluder les desseins & les efforts de leurs ennemis. Ils racontent cette histoire à peu près de cette manière.

### Histoire D'AHINOMÉ. & de DIONISTAR.

Du tems du septième successeur de Stroukaras, étoit une famille illustre, qui ne demeuroit pas loin du temple du bocage, & qui conservoit l'ancien culte du soleil, quoique politiquement elle eût fait semblant d'approuver les innovations de cet imposteur. Il se trouvoit dans cette famille une jeune fille nommée Ahinomé, qu'on avoit destinée à un jeune homme de la même famille, nommé Dionistar, parce qu'ils étoient dignes l'un de l'autre, & que, dès leur tendre enfance, on avoit remarqué entr'eux une inclination mutuelle, qui unissoit étroitement leurs cœurs & rendoit leurs désirs conformes. Leur passion prenoit tous les jours de nouvelles forces, & ils n'auroient pas tardé long-tems à consommer, par l'himen, un amour qu'ils fentoient depuis leur plus tendre jeuneffe, fi les fœurs ainées d'Ahinomé, n'euffent été des obftacles à l'accompliffement de leurs defirs. Elles n'étoient point mariées, & la coutume du pays ne permettoit pas aux cadettes de fe marier, avant que leurs ainées fuffent pourvues. Ces difficultés, que rien ne pouvoit furmonter que le tems & la patience, faifoient fouvent foupirer les deux amans; Ahinomé avoit atteint déjà fa vingtième année, avant qu'aucune de fes fœurs aînées fût engagée dans le mariage; mais enfin la première fe maria peu de tems après, & on parloit déjà de célébrer les nôces de la feconde, qui devoient être fuivies de près par celles d'Ahinomé, fi fon malheur n'en eut autrement ordonné; car, dans le tems qu'elle efpéroit le plus d'être bien-tôt unie avec fon amant, fon deftin, contraire à fes defirs, voulut qu'un des prêtres du bocage devînt éperdument amoureux d'elle, fans lui en rien témoigner, parce qu'il crut que l'unique moyen de jouir de fa perfonne, étoit de la demander pour Stroukaras, felon la coutume reçue depuis long-tems. Elle n'étoit pas extraordinairement belle; fa bonne mine, & fon efprit, faifoient la meilleure partie de fa beauté. Il eft vrai qu'elle étoit paffablement bien faite, qu'elle avoit un air viril & majestueux, & faisoit paroître dans ses discours & dans ses actions tant de bon sens & de probité, que ces qualités la rendoient plus aimable que la délicatesse du teint & des traits ne le fait sur plusieurs beautés fades, qui ne sont propres qu'à regarder. Son amant étoit un jeune homme fort, robuste & courageux, doué d'un esprit solide & d'une fermeté d'ame extraordinaire. La conformité de l'humeur de sa maîtresse avec la sienne, étoit un fort lien pour unir leurs cœurs, outre la longue habitude, qu'ils avoient faite ensemble, qui les lioit encore plus étroitement l'un à l'autre. Le prêtre, qui étoit devenu amoureux d'Ahinomé, savoit, avec tout le monde, le dessein qu'ils avoient, depuis long-tems, de se marier; &, craignant que, s'il usoit de delai, leur mariage ne se consommât, & qu'il ne se vît privé pour jamais de l'espoir de posséder Ahinomé, il résolut de mettre tout en usage pour prévenir le malheur qui le menaçoit. Il communiqua donc son dessein à ses compagnons, implorant leurs secours dans une occasion où il s'agissoit de sa misere ou de son bonheur. Il leur persuada, sans peine, de s'employer pour lui; ils résolurent tous, d'un commun accord, de députer trois de leur corps vers le père d'Ahinomé, pour la demander, au nom de Stroukaras, auquel ils disoient qu'elle avoit le bonheur d'avoir plû. Le père parut surpris de cette demande inopinée, & fut sur le point de les refuser ; mais, considérant qu'il ne seroit pas le maître de sa fille, qu'on le forceroit à la céder au fils prétendu du soleil, & que cette violence seroit suivie de la ruine de sa maison, il leur répondit prudemment qu'Ahinomé étoit, dès long-tems, engagée à Dionistar, mais qu'il ne doutoit pas qu'elle ne fît céder la passion qu'elle avoit pour ce jeune homme, à son devoir ; & qu'elle ne préférât l'honneur éclatant d'être unie à une personne divine, au plaisir de posséder un homme mortel. Il ajouta qu'il croyoit qu'elle se porteroit d'autant plus facilement à l'obéissance qu'elle devoit aux ordres du ciel, qu'elle pourroit, dans la suite, épouser Dionistar. Que néanmoins, comme c'étoit une jeune fille dès long-tems engagée avec lui, sur le point de l'épouser, il se pourroit faire que cet ordre inopiné lui causât de la surprise & de la douleur, qu'il leur demandoit donc quelques jours pour la disposer à l'obéissance. Cette réponse modérée satisfit extrêmement les députés, qui lui accordèrent dix jours de tems pour faire résoudre sa fille à consacrer sa virginité au divin Stroukaras. Peu de tems après, le père adroit fit insensiblement connoître à sa fille & à son amant, le pitoyable état où leur mauvaise destinée les avoit précipités. Toute la famille en frémit, mais les deux amans en devinrent comme furieux. Dionistar fut sur le point d'aller dans le bocage massacrer tous les prêtres qu'il y trouveroit. Sa maîtresse ne fit pas moins paroître d'emportement, & jura, devant son père, ses frères & son amant, qu'elle souffriroit les plus cruels tourmens, & la mort même la plus épouvantable, avant qu'elle consentît à une pareille infamie. Les plus résolus de ses parens louèrent sa résolution, & arretèrent entr'eux que, par adresse ou par force, il falloit éluder les desseins des prêtres lascifs qui vouloient faire d'Ahinomé un instrument de leur détestable luxure. Après que les premiers mouvemens de leur colère furent passés, & qu'une espèce de calme leur eut succédé, ils consultèrent entr'eux sur les moyens de se tirer adroitement de cette affaire; après plusieurs avis donnés de part & d'autre, on prit enfin le conseil d'un ami de Dionistar, comme le meilleur qu'on pouvoit suivre dans le péril éminent qui les menaçoit. Il dit que, proche de sa demeure, il avoit découvert un antre secret dans un rocher, au pied duquel passoit la rivière du vallon qui, dans cet endroit, étant fort profonde, rendoit le rocher presque inaccessible de ce côté;

là. Il ajouta que le hazard lui avoit découvert ce lieu secret ; car étant fort adonné à la pêche, & ayant une adresse particulière à plonger & à prendre le poisson avec la main dans les trous où il se retire souvent, il étoit allé un jour au pied du rocher où étoit cet antre ; qu'en plongeant, il avoit trouvé dans l'eau une grande ouverture dans le roc où il avoit passé & vu de l'autre côté, & dans la montagne, une grande voute naturelle éclairée par un autre trou élevé au dessus de la rivière environ la hauteur de quatre hommes ; que la curiosité l'avoit porté à voir tous les endroits de cette voute, & qu'il avoit trouvé qu'elle étoit fort grande, & que, du côté de la montagne, on en pouvoit sortir pour entrer dans un petit terrein presque rond, environné de rochers escarpés & inaccessibles de tous les autres côtés ; que, dans ce terrein qui pouvoit avoir environ un jet de pierre de diametre, il avoit trouvé plusieurs arbres, les uns pourris, les autres dans leur force, & les autres encore jeunes. Il ajouta que l'eau de la rivière entroit fort avant dans un côté de la voute souterreine, d'où sortoit une source extrêmement froide où il avoit pris grande quantité de poisson, & que c'étoit, pour cette raison, qu'il n'avoit jamais parlé de ce lieu à qui que ce fût, de crainte qu'on ne partageât avec lui la pêche agréable qu'il y faisoit souvent, ou qu'on n'interrompît les douces rêveries qu'il entretenoit quelquefois dans ce lieu frais & solitaire. Après avoir fait la description de cet antre & des commodités qu'on y trouvoit, il conseilla à Dionistar, & à sa maitresse, de s'y retirer & promit de leur fournir abondamment toutes les choses nécessaires à la vie, s'ils pouvoient se résoudre à vivre, quelque tems, dans cette solitude, jusques à ce qu'ils pussent passer les montagnes, & se retirer en Prestarambe. Ce conseil fut approuvé de toute l'assemblée, & sur-tout de la courageuse Ahinomé, qui dit qu'elle se banniroit volontairement de la société des hommes, pour demeurer dans cet antre, & dans les lieux les plus affreux, pour éviter l'infame commerce des prêtres qui vouloient jouir d'elle sous un prétexte specieux de religion & de piété; qu'elle étoit donc prête de se retirer dans ce lieu secret, pour y finir le reste de ses jours, quand même son amant n'auroit pas le courage de l'y accompagner. Ce discours fit rougir Dionistar, qui, d'un ton emporté, lui répondit sur le champ, qu'elle lui faisoit tort de douter de son courage & de sa constance; qu'après les preuves qu'il lui avoit données de son amour & de sa fidélité, cette pensée lui étoit injurieuse, & qu'il seroit honteux à un homme d'avoir moins de fermeté qu'une femme, surtout dans une occasion où elle en faisoit tant paroître pour l'amour de lui. Finissez tous ces reproches, interrompit brusquement celui qui leur avoit donné le conseil. Vous êtes bien contens l'un de l'autre, songez seulement aux moyens d'exécuter votre résolution. Ensuite on tomba d'accord de se sauver, dans trois jours, à la faveur de la nuit, & que cependant l'ami de Dionistar partiroit incessamment pour aller préparer la retraite de ces amans.

Cependant le prêtre, amoureux d'Ahinomé, reprochoit continuellement à ses compagnons, le peu de soin qu'ils avoient eu de satisfaire sa passion, & leur représentoit le danger où il étoit de perdre, dans un si long espace qu'on avoit donné au ère de sa maîtresse, la première fleur de sa virginité, sans quoi il ne se soucioit pas de la posséder, & de profiter des restes dégoûtans de Dionistar, qu'il croyoit qu'elle préféreroit à tout autre. Ses soupçons étoient d'autant mieux fondés, qu'il étoit averti que cette fille, & toute sa parenté, n'approuvoient qu'en apparence, la religion de Stroukaras. Il dit toutes ces raisons aux autres prêtres, & sut si bien les animer, qu'ils le suivirent, avec une bonne escorte de leurs satellites, au logis de de sa maîtresse, pour la demander à son père, dans le tems qu'elle se préparoit à la fuite. Ils environnèrent la maison, & dirent à ceux qui leur demandèrent la cause de ce procédé, que le tems, qu'ils avoient donné au père, étant trop long, le divin Stroukaras en avoit témoigné de la colère, & leur avoit commandé, sous de grandes peines, de lui amener, en toute diligence, la vierge dont il vouloit prendre possession. On eut beau raisonner là-dessus, ils ne donnèrent à la fille que trois heures pour se préparer, pendant lesquelles, elle eut le tems de dire à son amant, qu'il devoit être assuré de sa fidélité, qu'elle mettroit le feu au temple du Bocage, au premier vent qu'il feroit, & que, si, dans ce moment, il la venoit secourir, avec ses amis, & favoriser leur retraite, elle iroit par-tout avec lui. Prenez ce parti, Dionistar, lui dit-elle, puisque c'est le seul qui vous reste, retenez votre colère, usez de prudence & de jugement, & soyez assuré que, tant que je vivrai, je ne vivrai que pour vous, & que la mort la plus terrible, me sera cent fois plus douce qu'une vie impure & criminelle. Après ces paroles, elle employa le tems qui lui restoit, à s'ajuster, pour être après conduite au temple, & prit une forte résolution de si bien dissimuler ses véritables sentimens, que les prêtres ne puffent aucunement découvrir ses desseins. On la conduisit au Bocage avec la pompe ordinaire en de pareilles occasions; elle fut reçue dans le temple, & logée de la manière qu'on y logeoit les autres, & fit paroître extérieurement, par son visage & par ses discours, qu'elle étoit si satisfaite de l'honneur que le divin Stroukaras lui faisoit, que tous les prêtres crurent, en effet, qu'elle sentoit une véritable joie en son cœur.

Le prêtre, son amant, le crut, comme les autres, & fut ravi de la voir dans une disposition qui surpassoit ses espérances. Il s'applaudit de ses bons succès, & ne respiroit que l'heure & le moment d'assouvir sa brutale passion, avec une personne qu'il aimoit éperdument; mais, comme il falloit, pendant quelques jours, observer les cérémonies accoutumées dans de pareilles occasions, il fut obligé d'attendre qu'elles fussent achevées, pour jouir ensuite de sa charmante Ahinomé. Il mit donc un frein à ses désirs, jusqu'au jour que le vieux directeur, la vint avertir de se venir présenter à l'autel, pour solliciter le divin Stroukaras de vouloir descendre du ciel, pour prendre possession de sa personne. Alors Ahinomé lui répondit, avec une langueur affectée, qu'elle ne souhaitoit rien tant, que de se voir unie avec le divin fils du soleil ; mais que, pour son malheur, elle n'étoit point en état de le recevoir, à cause de l'infirmité commune à toutes les personnes de son sexe : que, pour cet effet, elle lui demandoit encore quelques jours de délai, jusqu'à ce que sa personne fût pure, & plus digne de recevoir son céleste amant. Cette réponse, que le vieux directeur entendit fort bien, lui fit obtenir le tems qu'elle demandoit, pendant lequel, elle résolut de mettre le feu au temple, & de mourir, plutôt que de consentir aux sales desirs de ces imposteurs.

Cependant Dionistar, ayant assemblé un nombre assez considérable de ses fidèles amis, n'attendoit que le signal, dont il étoit convenu avec sa maîtresse, pour se jeter sur les prêtres, & pour l'enlever de vive force, s'il ne pouvoit le faire autrement. Elle ne manqua pas, dans une nuit obscure, de mettre le feu à son lit, & à deux autres endroits du temple. Le ciel favorisa si bien son entreprise, qu'un vent, qui s'étoit levé quelques heures auparavant, comme Ahinomé avoit fort bien remarqué, porta les flammes par tous les endroits du temple. L'alarme fut extraordinaire parmi les prêtres ; quelques-uns furent brûlés dans leurs lits, avant que d'en pouvoir sortir ; les autres en sortirent tout nuds, & se sauvèrent dans le Bocage, pleins de crainte & d'étonnement. Les plus résolus, tâchèrent d'éteindre les flammes, qui réduisoient en cendres une grande partie de ce bâtiment de bois, & qui, malgré les efforts de ces gens, en purgèrent, dans peu d'heures, les impuretés dont il étoit souillé. Plusieurs coururent aux portes de la palissade, les ouvrirent & crièrent au secours; &, pendant cette consternation, Ahinomé se sauva dans les champs, sans être apperçue d'aucun d'eux. Cependant Dionistar & ses amis furent les premiers qui se présentèrent aux portes, sous prétexte d'y venir pour éteindre le feu. Il chercha par-tout sa maîtresse, & ne la trouvant pas, il croit qu'elle a péri dans l'incendie. Alors la fureur s'empare de son ame, il exhorte ses amis de paroles & d'exemples, & tue, à coups de massue, tous les prêtres qu'il peut rencontrer. Le massacre fut terrible, & l'auroit été beaucoup plus, si Ahinomé, qui savoit bien que son amant ne manqueroit pas de la venir chercher, & qui, s'étant cachée derrière un arbre, l'avoit vu passer avec sa troupe, & se saisir des portes de la palissade, ne se fût enfin avancée pour dire, à quelques-uns de ses compagnons, qu'elle étoit sortie du Bocage, & qu'elle n'attendoit que son amant, pour se sauver avec lui. On en avertit le furieux Dionistar, qui, à cette nouvelle, ramasse ses gens, sort de la palissade, & va prendre sa maîtresse au lieu où elle l'attendoit. Quand ils furent tous ensemble, ils se sauvèrent au travers des bois, & marchèrent, avec toute la diligence possible, vers le lieu où ces deux amans devoient faire leur retraite, laissant les prêtres, qui avoient échappé à leur juste ressentiment, dans une consternation extrême.

Le jour, qui parut après cette nuit affreuse, fit voir le triste ravage que les flammes avoient fait dans le temple, & grand nombre de prêtres que Dionistar & ses compagnons avoient sacrifiés à leur vengeance. Avant que d'entrer dans la palissade, ils avoient pris soin de se frotter le corps & le visage d'un certain limon noir, qu'ils avoient préparé, pour cet effet, & qui les déguisoit si bien, qu'ils ressembloient plutôt à des diables, qu'à des hommes. Les prêtres, qui s'étoient sauvés, se souvenoient bien d'avoir vu ces hommes effroyables, assommer tous ceux qu'ils rencontroient devant eux ; mais leur consternation & le déguisement, dans lesquels ils les avoient vus, ne leur avoient pas permis d'en reconnoître aucun. Cependant tous les peuples des environs s'étoient assemblés vers le Bocage, & en considéroient le triste spectacle, sans pouvoir deviner la cause d'une si terrible calamité. Chacun en raisonnoit à sa mode ; mais enfin, le soin, que le père d'Ahinomé avoit pris de répandre, parmi eux, que c'étoient des démons qui avoient fait ce ravage, fut l'opinion la plus reçue parmi le peuple. Mais les prêtres, s'étant remis de leur étonnement, ne raisonnoient pas de cette manière, ils examinèrent toutes choses avec soin, & soit par soupçon, ou par quelques conjectures bien fondées, ils conclurent enfin qu'Ahinomé & son amant, qui ne paroissoient plus, étoient la cause de leur malheur. Ils se fortifièrent dans cette croyance, & pleins de cette pensée, ils envoyèrent des ordres vers les montagnes de Sporoumbe, pour en faire soigneusement garder tous les passages, & faire arrêter Dionistar & sa maîtresse, s'ils alloient de ce côté-là, pour passer à Sporoumbe.

Cependant, cette courageuse fille & son généreux amant, ayant trouvé toutes choses prêtes, dans l'antre dont nous avons parlé, s'y retirèrent secrètement, &, avec l'aveu de leurs parens, ils y consommèrent leurs longues & fidèles amours. Ils n'avoient de commerce avec personne, qu'avec celui qui leur avoit indiqué & préparé le lieu, qui ne manquoit pas de leur fournir, de tems en tems, tout ce qui leur étoit nécessaire. Ils vécurent, de cette manière, pendant l'espace de cinq ans, sans jamais sortir de leur antre, & ils ne laissoient pas de vivre heureux dans leur solitude, puisque Dionistar faisoit consister tout son bonheur dans la jouissance de sa fidèle Ahinomé, & qu'elle mettoit toute sa félicité dans la possession de son cher Dionistar. Ils se firent, peu-à-peu, une habitude de vivre seuls, qui leur parut ennuyeuse dans la première année; mais qui fut adoucie, dans la suite, par les fruits que produisit leur amour. Ils eurent tous les ans un enfant, & Ahinomé s'occupoit, avec plaisir, à les nourrir & à les élever, pendant que son mari s'exerçoit à cultiver le petit terrein découvert, qui étoit près de leur caverne, & dont nous avons déjà parlé. Il en avoit défriché la terre, y avoit semé diverses sortes de légumes, & des herbes nourrissantes; & il tiroit des arbres, qu'il y avoit trouvés, tout le bois qui lui étoit nécessaire. La rivière & la source de l'antre leur fournissoient une grande quantité de poisson, ce qui, avec ce qu'on leur portoit, de tems en tems du dehors, les faisoit vivre dans l'abondance, avec toute leur famille. Ils avoient fait une grande hute, fort commode, dans ce lieu découvert, pour pour ne pas être obligés de demeurer dans la voûte souterreine, dont l'humidité & l'obscurité, n'étoient ni aussi agréables, ni aussi saines, que ce lieu découvert, où ils respiroient le grand air. Les commodités de ce lieu, & la proximité de leurs parens, dont ils pouvoient souvent apprendre des nouvelles, leur en firent trouver le séjour agréable; ils ne songèrent plus à passer les montagnes, pour se retirer à Sporoumbe, & ils résolurent de demeurer le reste de leurs jours dans cette aimable solitude, où, sans doute, ils auroient pu vivre heureux, si la fortune, envieuse de leur bonheur, n'en eût interrompu le cours, par l'accident qui leur arriva, cinq ans après leur retraite.

Quelques jeunes-hommes, extrêmement adonnés à la chasse d'un certain animal, nommé dans ce pays Dariéba, qui est un espèce de chat sauvage, mais dont la chair est fort délicate & la fourrure fort riche, en découvrirent un grand nombre sur les rochers escarpés, dans lesquels étoient l'antre & le terrein où Dionistar & sa famille s'étoient retirés. Le desir de tuer ces animaux, obligea ces jeunes gens à grimper sur ces montagnes, presqu'inaccessibles, dans l'espérance d'y faire une bonne chasse. Ils y montèrent donc, &, dans la poursuite de ces animaux, ils vinrent près du lieu où étoit le terrein enfoncé de Dionistar, d'où ils virent sortir de la fumée, sans voir aucun feu. Cela leur causa de l'étonnement, & leur donna la curiosité de rechercher la cause de cette fumée, & de s'approcher du lieu d'où ils la voyoient sortir. Ils s'en approchèrent donc, & virent, du haut d'un rocher, où ils étoient montés, le feu que Dionistar & sa femme faisoient dans leur terrein enfoncé, pour y faire cuire leur viande. Ils les considérèrent long-tems, sans en être vus, & sans faire de bruit, puis ils allèrent raconter, chez eux, la découverte qu'ils avoient faite d'un homme, d'une femme, & de leurs enfans, qui vivoient seuls, entre ces rochers escarpés, sans qu'ils pussent comprendre comment ils avoient pu descendre dans un lieu si enfoncé, & qui paroît inaccessible. Ce rapport fit du bruit parmi les gens du pays, plusieurs voulurent voir eux-mêmes, ce qu'ils avoient oui rapporter aux autres, & il y alla tant de gens, qu'il y en eut quelques-uns qui reconnurent Dionistar & Ahinomé. Les prêtres ne furent pas long-tems, sans être avertis de cette découverte, qui raluma en eux le desir de venger, sur ces pauvres amans, l'injure faite à leur temple & à leur société. Ils ramassèrent donc les zélotes les plus scélérats, qu'il y eût parmi leurs sectateurs, & allèrent assiéger, de tous côtés, le terrein où l'on avoit découvert nos deux amans. Mais, comme le lieu étoit inaccessible, à cause de sa profondeur, & de la roideur des rochers dont il étoit environné, tout ce qu'ils purent faire, fut de leur tirer quelques flèches, du haut en bas, qui, sans leur faire aucun mal, les avertirent seulement du danger où ils étoient dans ce lieu découvert ; cela les obligea de se tenir sur leurs gardes, & de se retirer dans l'antre prochain, pour éviter les efforts de leurs ennemis.

Cependant les prêtres, songeant nuit & jour à leur vengeance, inventèrent une machine, faite de racines d'arbre, liées ensemble, pour faire descendre des hommes dans le terrein que Dionistar sembloit avoir abandonné, mais ils ne le purent faire, sans que lui & sa femme ne s'en apperçussent ; ce qui les obligea de songer à leur défense. Quand ils virent qu'on descendoit cette machine, dans laquelle on avoit mis cinq hommes armés, ils se cachèrent derrière un petit rocher, proche du lieu où ils devoient descendre, &, lorsqu'ils les virent à la portée de leurs arcs, ils les percèrent en l'air à coups de traits, & achevèrent de les tuer, quand ils furent tout à fait descendus. La généreuse Ahinomé, avec un courage viril, seconda merveilleusement bien son mari, & lui aida, sans se relâcher, à détruire tous ceux qui tentèrent la descente du lieu, sur de semblables machines. Ces vains efforts mirent les prêtres dans une rage extrême; ils exhortèrent leurs gens à faire une entreprise plus vigoureuse que les premieres, à ne pas souffrir qu'un homme & une femme impies triomphassent d'un grand nombre de personnes pieuses, qui vouloient venger l'injure faite à leurs autels; &, pour les émouvoir davantage, ils ne manquèrent pas de leur promettre la faveur de Stroukaras, & les récompenses célestes qu'il donne à ceux qui l'aiment, & qui le servent.

Ces exhortations & ces promesses, réveillèrent le zèle de plusieurs personnes, qui s'offrirent volontairement, pour entreprendre tout ce qu'on leur commanderoit; si bien, qu'il fut résolu qu'on feroit un grand nombre de ces machines, mieux défendues que les premières, & qu'on les feroit descendre toutes, à la fois, dans la pensée que, Dionistar & sa femme ne pouvant pas être par-tout, il ne leur seroit pas possible d'empêcher la descente de tant d'ennemis, & qu'ils seroient enfin obligés de se rendre, ou de se tuer eux-mêmes. Ce projet fut exécuté, selon la résolution qu'on en avoit prise, & Dionistar, qui l'avoit déjà bien prévu, & qui s'y étoit préparé, voyant descendre tant de machines, à la fois, fut contraint de se sauver dans son antre, dont l'entrée étoit fort étroite, & qu'il boucha tout-à-fait, quand il eut abandonné son terrein. Il se servit pour cela, de grosses pierres & de grandes pièces de bois, il en avoit fait provision, pendant que ses ennemis se préparoient à donner le grand assaut, qui les rendît maîtres du terrein enfoncé. Quand ils furent descendus, & qu'ils crurent prendre nos fidèles amans, pour les sacrifier à la vengeance des prêtres, ils furent bien étonnés, lorsqu'après les avoir cherchés long-tems, parmi les arbres & les rochers, ils ne les purent trouver nulle part. Ils ne se rebutèrent pourtant pas, &, faisant une plus exacte recherche, ils reconnurent enfin le trou par lequel ils s'étoient sauvés dans la caverne. Ils tâchèrent de le percer, mais, comme ils n'avoient point d'instrumens propres pour un tel travail, ils se contentèrent de laisser quelques-uns de leur troupe dans le terrein, & se firent remonter sur la montagne, pour faire rapport aux prêtres de toute la diligence qu'ils avoient faite, & raisonner, avec eux, sur les moyens propres à faire réussir leur dessein.

Ceux-ci voyant que leurs ennemis leur étoient encore échappés cette fois, & que le trou, par lequel ils avoient passé, les avoit mis à couvert des tourmens qu'ils leur préparoient, ils conclurent, après plusieurs raisonnemens, qu'il falloit qu'il y eût, dans la montagne, quelqu'antre où ils s'étoient retirés, & que peut-être ils avoient d'autres issues que celle qu'on avoit trouvée dans le terrein enfoncé. Dans cette pensée, ils ordonnèrent à un grand nombre de leurs zélotes, de faire une recherche exacte au tour de la montagne, ce qui fut fait dans peu de jours; mais on ne put trouver aucun endroit, par où l'on pût entrer dans la caverne. Cela donna lieu de croire qu'il n'y avoit pas moyen d'y entrer, à moins que d'enfoncer ce trou; & que, si l'on ne pouvoit l'ouvrir, on feroit périr de faim Dionistar & sa femme, dans leur tanière. On envoya donc plusieurs hommes dans le terrein enfoncé, qui, à coups de lèviers, tâchèrent d'ouvrir le trou que Dionistar avoit bouché; mais il y avoit mis tant de pierres, & tant de pièces de bois en travers, qu'il ne fut pas possible de faire un passage pour entrer dans la caverne où ils s'étoient mis à couvert de leur violence. On résolut donc, après plusieurs vains efforts, de tenir une garde continuelle devant le trou, & d'affamer ces infortunés dans leur antre, s'ils ne vouloient se rendre à discrétion.

Cependant, Dioniſtar & ſa femme prévoyant que leurs vivres ne dureroient pas longtems, jugèrent bien qu'ils ne pourroient jamais échapper des mains de leurs ennemis, qui leur feroient ſouffrir les tourmens les plus horribles, s'ils pouvoient devenir maîtres de leurs perſonnes. Ils conçurent auſſi, qu'ils ſerviroient au triomphe des prêtres orgueilleux & impitoyables; & cette penſée les affligeoit plus que celle de la mort même. Il leur reſtoit encore quelque eſpérance, que leurs amis les viendroient ſécourir, mais quand, après avoir paſſé quelques jours dans cette attente, ſans que perſonne vînt, & ils virent de l'ouverture élevée, qui donnoit jour à l'antre du côté de la rivière, pluſieurs de leurs ennemis, qui faiſoient continuellement la ronde au tour de leurs rochers, pour empêcher leur évaſion, ils ceſsèrent d'eſpérer, & ſe réſolurent à la mort.

Heureuſement pour eux, le père d'Ahinomé avoit retiré chez lui tous leurs enfans, à la reſerve du plus jeune, qui tétoit encore. Le ſalut de leurs enfans les conſoloit extrêmement; ils conſidéroient que ces précieux fruits de leur amour échapperoient à la rage de leurs ennemis, & qu'ils vivroient en eux-mêmes, après leurs trépas, malgré leur ſort, qui tranchoit le fil de leur vie à la fleur de l'âge. Ils en déplorèrent souvent la rigueur ; mais, voyant qu'il n'y avoit point de remède, après s'être donné cent témoignages réciproques d'amour & de tendresse, ils formèrent la généreuse résolution de mourir, plutôt que de tomber en la puissance de leurs ennemis, & de les braver en mourant, en leur reprochant leurs crimes & leurs impostures. Dès qu'ils eurent pris cette résolution, ils songèrent aux moyens de l'exécuter, ce qu'ils firent de cette manière.

Nous avons dit que l'antre, où ils s'étoient retirés, étoit éclairé, du côté de la rivière, d'une grande ouverture, élevée au-dessus de l'eau, environ de la hauteur de quatre hommes. Sur le bord du trou, qui servoit de fenêtre à la caverne, le rocher s'étendoit de tous côtés, & faisoit une espèce de plate-forme. Dioniftar & sa femme choisirent cet endroit-là, pour en faire le théâtre de la sanglante tragédie qu'ils avoient résolu de jouer, en présence de ceux qu'ils pourroient attirer à ce funeste spectacle. Selon leur dessein, ils portèrent, sur cette plate-forme, tout le bois qu'ils avoient de réserve, & le disposèrent en cercle, dans la pensée de se brûler au milieu du feu qu'ils y dévoient allumer. Alors ils se tinrent au milieu de ce cercle, après avoir coupé quelques buissons, qui les pouvoient cacher à la vue de ceux qui passoient sur l'autre côté de la rivière, qui n'étoit pas large en cet endroit, quoiqu'elle y fût très-profonde. Dès qu'ils virent paroître des gens, ils ne manquèrent pas de les appeler, & de les prier de venir jusques sur le bord de l'eau, vis-à-vis du lieu où ils se tenoient debout.

Trois ou quatre de ceux qui faisoient la ronde autour de ces rochers, se voyant appellés, s'y arrêtèrent, & Dionistar leur dit, que c'étoit en vain qu'ils cherchoient à le prendre, puisque la caverne où il demeuroit étant inaccessible, elle le mettroit toujours à couvert de leurs efforts, tant qu'il s'opiniâtreroit à se défendre; mais qu'il croyoit, qu'il valoit mieux entrer en traité; que pour cet effet il les prioit d'avertir les prêtres de la résolution qu'il avoit faite de se rendre à eux plutôt que de se voir enfermé dans son antre pendant tout le cours de sa vie. Dites-leur, ajouta-t-il, que j'ai des choses très-importantes à leur communiquer, & que, quand ils les auront apprises, je ne doute pas qu'ils ne me reçoivent en grace, malgré les injures que je leur ai faites. Je les prie donc de venir, en aussi grand nombre qu'ils pourront, afin qu'ils soient eux-mêmes témoins

des

des choses que je veux faire en leur présence, & devant tout le peuple qui les accompagnera.

Après ce discours, ceux qui l'avoient écouté ne manquèrent pas d'envoyer avertir les prêtres de cette aventure, & d'appeler un grand nombre de leurs camarades pour garder le rivage, vis-à-vis du lieu d'où Dionistar leur avoit parlé.

Les prêtres ayant reçu cette nouvelle, ne manquèrent pas d'envoyer quelques-uns de leur corps, avec ordre de leur parler le plus doucement qu'ils pourroient, & de leur dire que, pourvu qu'ils fussent repentans de leurs fautes, on ne leur en remettroit pas seulement la peine, mais que même on les recevroit en grace. Ces envoyés s'acquittèrent exactement de leur commission, promirent plus qu'on ne leur demandoit, & firent tous leurs efforts, pour persuader à Dionistar de se fier à leurs promesses, & de se remettre entre leurs mains. Il fit semblant d'approuver leur conseil, & leur dit que, si dans deux jours ils revenoient avec tout leur corps, il leur diroit, en présence du peuple, des choses fort importantes, & leur feroit connoître sa dernière résolution.

Les prêtres, suivis d'une grande multitude de gens, ne manquèrent pas de s'y trouver au tems assigné, & Dionistar les voyant tous assemblés, sur le bord de la rivière, vis-à-vis de sa caverne, se montrant avec sa femme & l'enfant qu'elle alaitoit, leur demanda une paisible audience, laquelle ayant obtenue, il leur tint un discours conçu à-peu-près en ces termes.

« Je m'estime heureux, dans mon infortune, de voir mon souhait accompli. Depuis quelques jours j'avois un desir extrême de vous voir assemblés, au lieu où vous êtes maintenant, pour vous dire mes pensées avec liberté, & je conjecture, par votre silence, que vous me donnerez aujourd'hui la favorable attention que vous m'avez promise, & dont je tâcherai de profiter, pour vous faire connoître mes véritables sentimens & ma dernière résolution. J'adresse mon discours à tous ceux de cette assemblée, mais principalement à vous, prêtres & sacrificateurs, qui gouvernez le peuple, & qui, en particulier, avez plus de sujet de me haïr que les autres, parce que je vous ai le plus outragés. Nous vous confessons ingénuement, ma femme & moi, qu'elle mit le feu à votre temple, & que j'assommai de ma main plusieurs de vos compagnons. Cette injure ne doit-elle pas exciter votre colère contre nous ? Mais, puisque nous sommes encore à couvert de l'orage, suspendez votre vengeance pour quelque tems, & quand nous aurons achevé ce discours, vous serez infailliblement vengés ».

» Avant qu'on voulût faire violence à ma maîtresse Ahinomé, nous vivions, elle & moi, avec tous ceux de notre famille, dans le repos & la tranquillité, sans nous mêler des affaires d'autrui. Nous vous laissions gouverner le peuple à votre fantaisie, sans seulement prononcer une parole qui vous pût offenser, & nous n'attendions tous deux, que l'heureux moment qui nous devoit unir ensemble par le lien d'un légitime mariage. Ce tems desiré qui devoit finir nos peines, étoit presque arrivé, & toutes choses étoient disposées pour l'accomplissement de nos vœux, lorsque vous vîntes volontairement troubler notre joie, & tourner nos douces espérances en un furieux désespoir. Vous vîntes, au nom de Stroukaras, demander Ahinomé, pour m'arracher ma maîtresse, & pour la priver de son amant. Cela se pouvoit-il faire sans une violence extrême, & doit-on s'étonner, après cela, que nous ayions fait tout ce que la rage nous pouvoit inspirer dans une telle occasion ? Y a-t-il des gens d'honneur & de courage qui eussent moins voulu faire, & pouvez-vous justement nous en blamer ? Je sais bien que vous couvrirez votre procédé du voile de la religion, & que vous me direz que, lorsqu'il s'agit d'obéir aux ordres d'un Dieu, il n'y a point de raison qui ne doive céder; que la justice, l'équité, le sang, l'amitié, ni l'amour même, quelque légitime qu'il soit, ne doivent mettre aucun obstacle aux ordonnances du ciel. Ce raisonnement est plausible, & je ne veux point le réfuter; mais qui m'assurera qu'un ordre contraire à la raison, à la justice & à l'honneur soit un ordre du ciel? Vous abusez de la religion & de la crédulité des gens simples, pour assouvir votre infame luxure. Sous un masque de piété, vous avez exercé votre barbarie, contre ceux qui n'ont pas voulu recevoir vos impostures ? »

Comme il alloit poursuivre, les prêtres à qui ce discours ne plaisoit pas, & qui en craignoient les conséquences, élevèrent un tumulte parmi le peuple, & commandèrent à leurs plus zélés sectateurs de percer à coups de traits cet impie harangueur, qui, après avoir commis tant de crimes, osoit encore raisonner contre les ministres de la religion. Ces zélotes, prompts à obéir à ce commandement, bandèrent incontinent leurs arcs, pour tirer des flèches contre Dionistar & sa femme, qui voyant leur dessein, se retirèrent dans leur antre, & s'y tinrent à couvert de leurs traits, pour en sortir quelque momens après. Ils employèrent ce peu de tems, à se couper les veines des bras

& des jambes, & puis ayant pris des tisons ardens, ils en mirent tout-alentour du bucher rond qu'ils avoient préparé, & se jettant dedans en présence de la multitude, ils leur firent voir le sang qui ruisseloit de leurs veines coupées. Ce spectacle affreux appaisa le murmure du peuple, attira ses regards & son attention, & la généreuse Ahinomé prenant ce moment, comme le seul qui lui restoit à vivre, parla aux prêtres & au peuple. Dans son discours, elle approuva tout ce qu'avoit dit son mari, reprochant aux uns leur orgueil, leurs impostures & leur infame luxure, & exhortant les autres à ouvrir enfin les yeux, & à ne plus souffrir qu'on abusât de leur simplicité, pour les rendre les instrumens des vices & de l'ambition de ceux qui, sans autorité légitime, s'étoient rendus les maîtres de la nation, contre toutes les maximes anciennes, & les louables coutumes de leurs ancêtres. Ensuite elle prit son enfant, lui coupa les veines en leur présence, après quoi elle & son mari, ensemble, firent mille imprécations contre leurs ennemis, & leur dirent que la mort leur sembloit douce, puisqu'ils mourroient unanimement ensemble, comme ils avoient vécu, & qu'ils avoient le plaisir de braver leurs tyrans, de leur reprocher leur crimes & leurs impostures, & de triompher de leur malice & de leur cruauté. Qu'ils avoient la douce consolation de n'être point tombés entre leurs mains, & d'avoir si bien pourvu à leurs affaires, que leurs ennemis ne pourroient exercer leur rage que sur un peu de cendre qui resteroit du corps de deux personnes qui mouroient martyrs de la raison & de la vérité.

Après cela, ils s'embrassèrent tous deux, se couchèrent doucement sur le bucher, & se tenant étroitement liés ensemble, ils sentirent couler leur vie avec leur sang, & demeurèrent dans cette posture, jusqu'à ce que les flammes qu'ils avoient allumées, eussent réduit leurs corps en cendres.

Ce spectacle horrible fit diverses impressions sur l'esprit du peuple; quelques-uns des plus raisonnables furent extrêmement touchés de l'action de ces deux martyrs, de la force de leurs raisons, & de la fermeté avec laquelle ils avoient méprisé la mort, pour ne pas renoncer à leurs véritables sentimens, & pour ne pas tomber en la puissance de leurs ennemis.

Les autres, moins éclairés, n'ayant pour toute règle que les préjugés de leur éducation & les sentimens de leurs conducteurs, expliquèrent tout autrement cette aventure, & traitèrent Dionistar & Ahinomé d'impies, obstinés dans leur erreur, quoique d'abord ils eussent été touchés de leur action généreuse, ou plutôt, héroïque.

Cependant les prêtres n'osèrent exercer aucune cruauté sur les parens des défunts, ils avoient peur de se rendre odieux à tout le monde, & de ruiner tout-à-fait leur réputation déjà fort ébranlée, par divers événemens contraires à leurs intérêts & à leur autorité; si bien que depuis ce tems-là, ils se gouvernèrent avec plus de modération qu'ils n'avoient fait auparavant.

Les Prestarambes ont conservé, de père en fils, la mémoire de cet événement remarquable, & regardent Dionistar & Abinomé comme deux illustres martyrs de la vérité, pour laquelle leurs ancêtres se virent bannis de leur patrie, après avoir souffert les persécutions que leur avoit suscitées l'ambitieux Stroukaras. Il y en a même qui vont tous les ans, visiter le rocher où ces deux personnes généreuses perdirent la vie, & le respect qu'on a pour leur mémoire rend ce lieu vénérable.

Quand Sévarias subjugua ces peuples, il trouva vingt-quatre ou vingt-cinq temples où l'on adoroit l'imposteur Stroukaras, sans en compter plusieurs autres qui subsistent encore parmi les nations voisines qu'il ne soumit pas à ses loix, & qui persistent encore dans leur superstition.

Les Preſtarambes qui l'avoient ſuivi dans ſes conquêtes, lui contèrent toute cette hiſtoire, qu'ils avoient apprise de père en fils, & le prièrent de faire ſes efforts, pour tirer d'erreur ces pauvres peuples abuſés.

Il leur promit d'y mettre la main, le plutôt qu'il pourroit; mais il leur fit comprendre en même tems, que dans un deſſein de cette nature, il falloit uſer de beaucoup de prudence, de peur d'effaroucher ces peuples aveuglés dans leurs vaines ſuperſtitions.

Après donc qu'il les eut conquis, qu'il eut bâti le temple du ſoleil, dont la magnificence leur donnoit beaucoup plus d'admiration que les bocages de Stroukaras; qu'il eut inſtitué des cérémonies pompeuſes, accompagnées de voix & d'inſtrumens de muſique; qu'il eut été choiſi par le ſoleil même, pour être le chef de ces peuples, & l'interprète de ſa volonté; & que, par ſes loix juſtes & ſes actions vertueuſes, il ſe fut acquis un très-grand crédit parmi eux; alors il commença à combattre les impoſtures de Stroukaras. Les raiſons ſolides qu'il employa, accompagnées de la force de ſes armes & de ſes foudres, dont ils avoient éprouvé les funeſtes effets, firent beaucoup d'impreſſion ſur l'eſprit des principaux d'entr'eux, & leur firent, en partie, connoître les impoſtures de Stroukaras. Mais ce qui acheva de les mettre au jour, & de dissiper l'erreur de ces peuples, ce fut le soin que prit Sévarias de surprendre les imposteurs sur le fait, quand ils rendoient leurs oracles, des arbres creux où ils se cachoient. Il prit donc son tems dans une fête solemnelle, & entrant tout d'un coup à main armée dans les temples, au moment qu'on y rendoit les oracles, il attrapa les faux prophètes dans leurs cachettes, & les exposant à la vue du peuple, il leur fit confesser, devant tous, leurs tromperies & leurs impostures.

Après cela toutes les personnes raisonnables furent entièrement désabusées; si bien que dans toutes les terres de sa domination, on abbatit les temples & les bocages de Stroukaras, & le culte religieux, qu'on lui rendoit publiquement, y fut tout-à-fait aboli. Ce ne fut pas pourtant par-tout, car encore aujourd'hui les nations voisines des Sévarambes persistent dans leur idolâtrie.

Revenons maintenant à celle des Sévarambes mêmes, qui quoique moins grossière & moins opposée à la raison naturelle, ne laisse pas d'être une véritable idolâtrie, en ce qu'ils rendent au soleil, qui n'est qu'une créature, des respects religieux, qui ne sont dus qu'au créateur.

L'exercice public de la religion ne se fait qu'aux jours de fêtes ordinaires, qui sont les trois premiers jours de la nouvelle lune, & les trois premiers après qu'elle est venue jusqu'à son plein. En ces jours, on ne fait que quelques sacrifices de parfums que les prêtres ordinaires offrent au soleil, & qu'ils accompagnent de quelques hymnes, après quoi le reste du jour se passe en jeux, en danses & autres divertissemens. Mais les fêtes solemnelles sont ce qu'il y a de plus éclatant dans la religion, & où elle paroît dans sa plus grande pompe. Il y en a six, toutes différentes dans leurs fins & dans leurs usages; savoir, le khodimbasion, l'érimbasion, le sévarision, l'osparenibon, l'estricasion & le nemarokiston. Nous les décrirons toutes l'une après l'autre. On ne célèbre ces fêtes que dans les temples qu'on a bâtis dans les grandes villes, comme à Sévarinde, à Sporounde, à Arkropsinde, à Sporoumé, & à quelques autres qui ont chacune leur ressort particulier, & le peuple de la campagne s'y assemble, pour assister à une partie de la fête, après quoi chacun se va réjouir chez soi. Au temple de Sévarinde, il y a près de quatre cent prêtres qui officient tour à tour; & dans les autres temples, il y en a plus ou moins, selon la grandeur des lieux. Le vice-roi est le premier de tous, & comme leur souverain pontife; &, dans toutes les solemnités, c'est lui qui offre le premier sacrifice. Chaque gouverneur des villes où il y a un temple, en fait autant, & puis les autres prêtres font le reste. Passons maintenant, à la description de ces fêtes solemnelles.

*De la fête du grand dieu, appellée Khodimbasion.*

Nous avons déjà dit que Sévaristas avoit institué le khodimbasion selon l'idée de Sévarias, qui en avoit dit quelque chose, mais qui ne s'en étoit pas clairement expliqué. Cette raison avoit été cause que ses successeurs, jusqu'à Sévaristas, n'en avoient pas osé entreprendre l'institution. Mais ce prince l'établit sans scrupule, & le vit célébrer plusieurs fois avant sa mort. Il ne se fait que de sept en sept ans, au commencement de chaque diraemis, au tems que le soleil touche au signe de la balance, & qu'il fait l'équinoxe du printemps, qui à notre égard est celui de l'automne. Les cérémonies de cette grande fête durent sept nuits consécutives, & se font en la manière suivante.

Dès que le soleil est couché on ouvre le temple, qui est tout tendu de noir, & dont le globe lumineux, avec tous les autres ornemens, sont cachés, en sorte qu'on ne les voit point du tout, durant la fête. Les prêtres, qui sont tous vêtus de noir, couvrent leurs visages d'un crêpe de la même couleur; & le vice-roi est distingué des autres que par une espéce de rochet blanc qu'il porte sur les épaules. Dans cet équipage il marche vers l'autel, où l'on ne voit qu'un petit globe couvert d'un crêpe noir, qui en offusque la lumière, & ne laisse paroître aux yeux qu'une foible lueur. Tous les sévarobastes & les prêtres, qui doivent servir cette nuit, le suivent, tenant en main, des flambeaux allumés. Dès qu'il entre dans le chœur, il fait une profonde révérence, & puis, en s'avançant toujours, il en fait une autre jusqu'à ce qu'il soit au pied de l'autel. Là il s'arrête avec toute sa suite, qui se tient derrière lui, & quand les prêtres ont caché leurs flambeaux, il se couche sur des carreaux noirs, tenant le visage en bas, & les deux mains jointes sur la tête. Les autres en font autant, & ils se tiennent tous dans cette posture, pendant l'espace de deux heures, dans un silence profond. Quand ce tems est expiré, on entend la voix éclatante d'un cornet, qui les avertit de se lever & de se tenir sur leurs genoux. Un prêtre prend alors un des flambeaux allumés qu'on avoit caché, & le donne au vice-roi, qui, le prenant de la main, se lève sur ses pieds, &, s'approchant de l'autel, il y allume quelque bois aromatique, qu'il y trouve tout prêt pour le sacrifice. Quand ce bois est enflammé, il y jette des gommes & des parfums (car, parmi les Sévarambes, on ne fait jamais de sacrifice sanglant); & puis se mettant à genoux, il prononce à haute voix l'oraison qui suit:

*Oraison du grand Dieu.*

Khodimbas, ospamerostas, samotradeas, kamedumas, karpanemphas, kapsimunas, kamerostas, perasimbas, prostamprostamas.

Ce sont les épithètes qu'ils donnent à Dieu en leur propre langue, & dont voici à-peu-près le sens, avec le reste de l'oraison.

Roi des esprits, qui comprenez tout, qui pouvez tout, qui êtes infini, éternel & immortel, invisible, incompréhensible, seul souverain, & l'être des êtres.

Nous, aveugles mortels, qui vous entrevoyons sans vous bien voir, qui vous connoissons sans vous bien connoître, & qui néanmoins croyons vous devoir adorer, nous venons ici au milieu des ténèbres qui nous environnent, pour vous rendre nos vœux & nos hommages. Toutes choses ici bas, nous parlent journellement de vous, & nous font admirer votre grandeur & votre sagesse ; & ces astres innombrables, que durant la nuit nous voyons briller sur nos têtes, nous témoignent assez, par leur mouvement juste & réglé, que c'est votre main toute puissante qui les guide & qui les soutient. Mais le brillant astre du jour, qui nous échauffe & qui nous éclaire, ce divin soleil, par le ministère duquel vous nous communiquez tous les biens que nous recevons, est le miroir le plus éclatant où nous puissions contempler votre gloire & votre providence éternelle. C'est lui qui, par sa lumière céleste, développant les sombres voiles de la nuit, nous fait voir les œuvres merveilleuses de vos mains. C'est lui qui nous échauffe & qui nous vivifie, & c'est lui, enfin, par qui nous recevons tous les effets de votre bénéficence divine. Aussi, vous l'avez établi pour être votre lieutenant dans la partie de l'univers qu'il meut, qu'il échauffe, & qu'il éclaire de ses rayons, agissans, ardens, & lumineux. Vous avez soumis plusieurs vastes globes à son empire, & nous sommes, par votre volonté, du nombre de ceux qu'il anime. Vous nous l'avez donné pour Dieu visible & glorieux, & il a voulu être notre Dieu propice & favorable, nous choisissant, entre tous les peuples de la terre, pour être ses sujets & ses vrais adorateurs. Pour cet effet, il nous a donné des loix, & nous a prescrit le culte qu'il veut que nous lui rendions, & ainsi nous savons comment nous le devons servir, parce qu'il nous l'a révélé. Mais vous, ô souverain Dieu des Dieux, ô puissance infinie ! vous êtes invisible & tout-à-fait incompréhensible. Toutes choses nous annoncent que vous êtes, mais rien ne peut nous expliquer votre nature, ni nous dire votre volonté, ce qui nous est un argument très-clair & très-sensible, que vous ne voulez pas que nous vous cherchions plus loin que dans vos œuvres admirables, puisque vous n'avez pas voulu vous donner autrement à connoître à nous. Aussi, toute connoissance & toute lumière n'est qu'ignorance & que ténèbres auprès de votre lumière divine & incompréhensible, & plus nous méditons pour vous connoître, & moins nous devenons savans. Nous voyons des gouffres infinis entre notre foiblesse & votre puissance, & la considération de votre grandeur abîmeroit nos ames dans le néant, si vous ne nous souteniez par votre miséricorde. Nous tomberions dans un désespoir, qui nous feroit perdre la raison que vous nous avez donnée, si vous ne nous disiez, par elle, qu'il n'est pas possible que la créature comprenne le créateur, ni la chose finie, ce qui n'a point de bornes. Dans cet humble sentiment, nous nous mettons le doigt sur la bouche ; & sans vouloir témérairement pénétrer dans les mystères profonds de votre divinité, nous nous contentons de vous adorer dans l'intérieur de nos ames. Mais parce que les corps où vous les avez enfermées sont aussi l'ouvrage de vos mains, nous croyons qu'ils doivent, comme elles, avoir part au culte que nous vous rendons, & montrer extérieurement aux hommes, & notre respect, & notre vénération intérieure. C'est pourquoi nous avons, selon nos foibles lumières, institué cette fête solemnelle, pour être un témoignage de l'honneur que nous vous rendons, & pour avertir de leur devoir ceux, qui, par ignorance ou par ingratitude, pourroient passer tout le cours de leur vie, sans élever leurs pensées jusqu'à vous. Veuillez, ô bonté infinie! recevoir le sacrifice de nos cœurs, & les devoirs extérieurs que nous osons vous rendre, de la manière que nous avons jugé la plus décente, la plus humble, & la plus respectueuse. Faites que la fumée de notre sacrifice aille jusqu'à vous, qu'elle vous sollicite de nous pardonner tous nos crimes, & de répandre tous les jours, sur nous, vos graces & vos faveurs divines, afin que nous puissions toujours vous adorer & vous célébrer à jamais.

Après cette oraison on tire les flambeaux allumés qu'on avoit cachés, & la musique se fait entendre de tous les endroits du temple, par plusieurs cantiques mélodieux, ce qui étant achevé, le vice-roi sort du temple de la même manière qu'il y étoit entré, & donne lieu, par sa retraite & par celle de tous ses auditeurs, à une seconde célébration. Elle se fait, par le premier Sévarobaste, qui fait, dans une seconde assemblée d'autre peuple, les mêmes cérémonies & la même oraison que le vice-roi a faites avec la première congrégation. Après la seconde, il s'en fait encore une troisième, & puis plusieurs autres, qui se succèdent continuellement l'une à l'autre pendant l'espace de sept jours, jusqu'à la fin de la fête.

Durant cette solemnité il se fait, en divers endroits de la ville, des assemblées de savans, qui parlent de la Divinité, chacun selon ses sentimens, & souvent on y fait des controverses fameuses, où les beaux esprits ont de belles occasions pour faire voir au public les fruits de leurs études, & la beauté de leurs génies.

Je me trouvai un jour, à l'une de ces assemblées, où un homme très-savant & fort éloquent, nommé Scromenas, fit un long & grave discours, touchant la constitution du monde universel, la naissance de notre globe, l'origine des animaux, le progrès des sciences humaines, & le culte religieux que les hommes ont établi parmi eux.

Pour le premier chef, il dit que le grand monde étoit éternel & infini, & qu'on le devoit considérer comme matériel, ou comme spirituel; que la matière & l'esprit qui l'anime, étoient inséparablement unis ensemble, quoique ce fussent deux choses distinctes, comme le corps & l'ame dans les animaux. Que cet esprit avoit une vertu formatrice, par laquelle il opéroit perpétuellement, dans tous les corps, en mille façons différentes, & se peignoit en racourci, dans toutes les créatures; qu'il agissoit avec intelligence; que tous ses ouvrages particuliers avoient un rapport merveilleux à l'idée du grand-tout, & qu'il ne faisoit rien en vain, quoiqu'il semblât à notre foible raison, que quelques-unes de ses productions fussent vicieuses, irrégulières & monstrueuses. Il ajouta, que la vertu formatrice de cet esprit, étant répandue par tous les corps, elle y agissoit diversement, & qu'elle se plaisoit à une admirable variété. Que, selon ce principe, elle aimoit à quitter des corps pour passer dans d'autres, & que cela étoit la cause de la destruction & de la naissance de certains composés, de la mort & de la vie; que ses ouvrages avoient des proportions différentes, puisque, quelquefois, elle formoit des globes entiers, & qu'ensuite elle agissoit dans chacun de ces globes, & s'y peignoit, en racourci, de mille manières. Que, dans la dissolution des corps, il n'y avoit que leur forme qui pérît, pour en prendre une nouvelle, sans qu'il se perdît rien de leur matière. Que l'esprit qui l'abandonnoit ne périssoit point non plus, mais qu'il alloit opérer dans d'autres sujets.

Ce docteur appuyoit son raisonnement de l'autorité de Pythagore, de Platon, & de plusieurs autres grands philosophes, tant Grecs, Arabes, qu'Indiens, qu'il disoit avoir été de son opinion, du moins dans la plus grande partie. Il ajouta que le monde universel étoit composé d'un nombre infini de globes différens dans leur proportion, leur mouvement, leur situation, leur usage & leur fin. Qu'il y avoit aussi des soleils à l'infini, qui étoient comme autant de sources de vie & de lumière pour éclairer & pour animer les globes, que la providence avoit placés dans l'étendue de leur sphère, & qu'ils étoient comme ses lieutenans dans la conduite du grand tout. Que nul de ces globes n'étoit éternel, quoiqu'ils fussent d'une très-longue durée, avec la différence du plus ou du moins, selon le dégré de leur excellence, & de leur solidité, même que tous, sans exception, avoient eu un commencement, & devoient avoir une fin comme les autres corps inférieurs. Que la providence ne souffroit la dissolution des uns & la naissance des autres, que dans les divers tems qu'elle avoit ordonnés, afin que le grand tout ne fît aucune perte, & ne souffrît aucune violence. Enfin, qu'il en étoit de même à l'égard des globes, que des diverses espèces des animaux, dans lesquelles on voit tous les jours périr les individus, sans que, pour cela, l'espèce périsse, parce qu'il en naît d'autres, pour remplir la place de ceux qui meurent.

Après avoir ainsi parlé du monde universel, il tomba sur le discours de notre globe, en particulier, & il dit qu'il avoit eu un commencement comme tous les autres, & que, comme eux, il auroit une fin, mais que les termes de sa durée, n'étoient connus d'aucun homme mortel; que les opinions des hommes étoient partagées, touchant le tems de sa naissance, les uns le faisant plus ancien, & les autres plus nouveau: que les Egyptiens lui avoient donné, de leur tems, jusqu'à quatorze ou quinze mille ans d'antiquité; que les brames des indes orientales lui en donnoient près de trente mille, & que les Chinois comptoient quatorze ou quinze mille ans, dans l'ordre de la succession de leurs rois; mais que, pour lui, il ne croyoit pas que notre globe fût si ancien. Qu'il trouvoit la supputation des Juifs plus plausible, en ce qu'elle s'accordoit mieux avec les progrès des sciences & des arts; & que, bien qu'il y eût fur la terre, des peuples préfentement auffi barbares que leurs ancêtres le pouvoient être il y a quatre mille ans, néanmoins il ne laiffoit pas d'eftimer cette dernière fupputation, comme la plus probable, parce qu'il fembloit que les corps des animaux alloient toujours en diminuant, foit à l'égard de la ftature, foit à l'égard de la force & de la fanté. Il dit que cela fe remarquoit, principalement dans les nations malignes & diffolues, comme étoient la plupart des peuples de l'Afie, de l'Europe & de l'Afrique, qui, à la vérité, étoient des gens fort barbares, quoiqu'ils fe cruffent fort polis, parce qu'ils faifoient confifter la politeffe en des apparences extérieures, en quoi elle ne confifte point en effet ; que la véritable politeffe ne confifte pas dans quelques difcours, affectés, dans quelques modes bizarres, & dans quelques fimagrées extérieures ; mais dans la juftice, dans le bon gouvernement, dans l'innocence des mœurs, dans la tempérance, & dans l'amour & la charité que les hommes doivent avoir les uns pour les autres. Que, le plus fouvent, le plus habile & le plus adroit de tous les hommes, étoit un barbare, s'il n'étoit jufte, bienfaifant, charitable, & modéré, & que les lumières de fon efprit n'étoient qu'une fauffe lueur qui ne fervoit qu'à l'éblouir, & le faire tomber dans le précipice. Que les nations mal gouvernées, étoient aveugles, & que la véritable gloire des princes & des magistrats, consiste dans la bonne conduite & dans le bon gouvernement de leurs sujets, dans une juste distribution des récompenses & des peines.

Pour l'origine des animaux, Scromenas dit qu'elle étoit inconnue aux hommes, aussi bien que le tems de la naissance des globes; que, néanmoins, si l'on pouvoit se fonder sur des conjectures vraisemblables, il y avoit lieu de croire qu'au commencement de chaque globe, la providence avoit créé un couple de tous les animaux parfaits dont elle le vouloit remplir, & que de ce couple, comme d'une source, les espèces s'étoient accrues par les voyes de la génération. Qu'il estimoit beaucoup en cela, l'opinion de Moïse, & qu'il la regardoit comme la plus probable & la mieux fondée en raison. Que, pour les autres globes qui font partie du monde universel, comme le nôtre, personne ne savoit quelle étoit l'économie de la nature, dans ces grands corps, & qu'ainsi on n'en pouvoit parler sans témérité; qu'il nous suffisoit de raisonner sur les choses que nous voyons sur notre terre, & d'y admirer, en mille endroits, les merveilles de la sagesse divine ; que, comme il y avoit diverses espèces d'animaux dans les différens élémens, & dans les divers climats de notre globe, il se pouvoit faire aussi que Dieu eût peuplé les divers globes particuliers d'animaux de différentes espèces, qui n'auroient rien de commun avec ceux que nous voyons parmi nous ; qu'il faisoit toutes choses pour sa gloire, & que ce n'étoit pas à nous à vouloir, témérairement, pénétrer dans les secrets de sa providence. Qu'entre tous les animaux qu'il avoit créés ici bas, il avoit donné à l'homme de grands avantages, qu'il n'avoit pas voulu départir aux autres, & que ces dons & ces graces étoient différens dans leur mesure, & dans leur espèce ; que, néanmoins, l'homme étoit un animal mortel & périssable comme les autres, & qu'il ne devoit pas s'enorgueillir de biens dont la possession est courte & incertaine. Il ajouta, que c'étoit une haute folie, en plusieurs personnes, de s'imaginer que le ciel, la terre & tous les astres lumineux que nous voyons briller sur nos têtes, n'aient été créés que pour l'usage particulier des hommes, comme si la providence n'avoit pas de fin plus noble, ni plus relevée, que celle de plaire à de misérables vers de terre : enfin, il dit, sur la vanité de ces sortes de gens, des choses si mortifiantes, que le plus habile de nos prédicateurs n'en auroit pas pu dire davantage pour humilier un pécheur superbe, qui oseroit s'élever contre Dieu.

De là il passa au discours de l'origine & des progrès des sciences & des arts, sur quoi il dit des choses fort curieuses, en faisant voir historiquement, tout ce que les écrivains, les plus célèbres, de diverses nations, en ont écrit. Il cita plusieurs auteurs Chinois & Brames, comme aussi les Juifs, les Grecs & les Arabes, & fit voir que plusieurs belles connoissances, qu'on avoit autrefois, s'étoient perdues, mais qu'il espéroit qu'elles seroient rétablies, avec le tems, par le soin & par l'industrie des Sévarambes, qui en avoient déja rétabli quelques-unes, & qui pouvoient réussir dans ce dessein, beaucoup mieux qu'aucune autre nation du monde, à cause de leur excellent gouvernement, & du soin qu'on prenoit d'envoyer, de tems en tems, un nombre suffisant de personnes habiles, pour voyager chez les nations les plus polies de notre continent, & pour y apprendre tout ce qu'elles jugeroient digne de la curiosité de leur nation.

Il finit par un discours sur la religion & le culte qu'on doit à la Divinité suprême, & dit beaucoup de choses assez étranges qu'il n'est pas convenable de rapporter ici.

Scromenas finit son discours, qui dura plus d'une heure, & auquel tout le monde prêta une attention très-favorable. J'eus de la joie de voir qu'un païen eût, en tant de choses, une si bonne opinion de Moïse, & de quelques croyances dont les chrétiens font profession, quoique j'approuvasse peu ce qu'il avoit dit touchant la religion. Mais ma joie ne fut pas de longue durée, & elle se convertit bientôt en tristesse, quand, un moment après que ce docteur eut parlé, j'entendis un de mes gens qui dit tout haut, que lui, & cinq ou six de ses compagnons, étant convaincus de la force du raisonnement de Scromenas, ils vouloient embrasser la religion des Sévarambes. Morton l'Anglois, esprit changeant & factieux, fut celui qui me parla de cette manière. Il s'étoit préparé à me faire cet affront, pour se venger de quelque châtiment que je lui avois fait souffrir avec justice; & pour cet effet, il avoit, de longue main, engagé Scromenas à composer ce long discours, pour pouvoir renoncer à la religion chrétienne avec plus d'éclat, & sous une belle apparence de piété. Je m'opposai, tant que je pus, à ce changement; je lui représentai son devoir, à lui & à ses compagnons, avec toute la douceur imaginable ; mais toutes mes raisons & mes remontrances ne purent amolir leur cœur endurci, & infidèle à leur Dieu & à leur religion. Ils renoncèrent publiquement au christianisme, pour embrasser la religion des Sévarambes, & tâchèrent de justifier leur infidélité par beaucoup de vains raisonnemens. Je fis tous mes efforts pour les ramener, & pour empêcher le mauvais effet que leur exemple pourroit produire ; mais, lorsque je vis qu'il n'y avoit rien à espérer de leur part, je ne pus m'empêcher de m'emporter contr'eux, & de leur dire que c'étoit une malédiction de Dieu, tombée sur leur tête, qui leur avoit ôté l'entendement. Que leur opiniâtreté & celle de leurs ancêtres leur avoit attiré ce malheur, & qu'il n'y avoit pas lieu de s'étonner de voir que les enfans de ceux qui s'étoient élevés contre la sainte église catholique, tombassent dans un sens réprouvé, & renonçassent, enfin, au christianisme, que leurs pères avoient partagé en plusieurs sectes, envenimées contre la religion ancienne, orthodoxe, catholique & romaine, hors laquelle il n'y a point de salut. Ils se mocquèrent de mes reproches, comme ils avoient fait de mes exhortations, & je fus enfin, contraint de me taire, & de les laisser vivre à leur mode. Mais je me conservai entièrement, par la grace de Dieu, dans la foi de l'église, & j'espère d'y vivre & d'y mourir, sans que rien soit capable de me détourner de la foi de Jesus-Christ, ni de l'obéissance, que tous les vrais chrétiens doivent à son vicaire.

*De l'Erimbasion ou fête du soleil.*

Cette solemnité se fait tous les ans, & commence au jour que le soleil touche le tropique du cancer, qui fait notre solstice d'été, & notre plus long jour : &, tout au contraire, le plus court, à l'égard des austraux. Trois jours auparavant, on éteint tous les feux de la nation, jusqu'à ce qu'on ait du feu nouveau, tiré des rayons du soleil. Cela seroit fort incommode dans un pays froid, au milieu de l'hiver; mais outre que Sévarambe est un pays chaud, on s'y prépare si long-tems auparavant, que l'incommodité n'en est pas grande.

Les trois premiers jours de cette fête, se passent en sacrifices de parfums, & en cantiques tristes & mélancholiques, par lesquels ces peuples semblent regretter l'éloignement du soleil, & le solliciter de revenir vers eux pour leur rendre sa chaleur & sa lumière, qui semblent les vouloir abandonner, & pour rallumer, de ses nouveaux rayons, les feux qui sont partout éteints. Si le soleil luit clair, & sans nuages, le jour d'après le solstice, ce qui arrive le plus souvent dans ce beau climat, on allume à ses rayons, avec des miroirs ardens, quelques matières combustibles, qu'on fourre à l'un des côtés d'un grand bucher, ou brandon, qui se fait dans la cour du temple. Le feu couve dans cette matière, pendant quelques heures, & puis, sur la nuit, il embrase tout le bucher, ce qui fait une grande flamme, où tout le monde vient allumer des lampes qu'on porte ensuite dans toutes les osmasies; c'est ainsi qu'on recouvre du feu nouveau pour toute cette année, au lieu de celui de la précédente, qu'on avoit éteint par-tout. Mais s'il arrive qu'il pleuve, ou que le soleil soit couvert de nuages, alors le commun peuple, croyant qu'il est en courroux, lui offre des sacrifices, & lui chante des cantiques lugubres. Ils les continuent jusqu'à ce que cet astre dissipant les nuages, paroisse avec tout son éclat, & soit assez fort pour rallumer leurs feux éteints. Ils lui rendent alors des actions de grâces, & l'on fait par-tout des réjouissances publiques, avec des jeux & des spectacles de diverses sortes, jusqu'à la fin de la fête, qui ne dure ordinairement que cinq jours. Je serois trop, long si je voulois rapporter ici toutes les cérémonies de cette solemnité ; c'est pourquoi j'ai préféré de n'en parler que succinctement, & dire, en peu de paroles, ce qu'elle a de plus remarquable.

### Du Sévarifion.

Le sévarifion est une autre grande solemnité qu'on observe tous les ans, à la mémoire de l'arrivée de Sévarias & de ses parsis, à la terre australe. Le vice-roi, & tous les officiers, s'y trouvent, avec leurs habits les plus éclatans. Ils offrent des sacrifices de parfums au soleil, & le remercient de la grace qu'il fit autrefois à leurs ancêtres, de leur envoyer Sévarias, armé de ses foudres, pour vaincre ses ennemis, pour les tirer de leur ignorance grossière, leur donner ses loix, les choisir pour son peuple, & rendre leur nation la plus heureuse du monde. Ils passent ensuite aux éloges de Sévarias & ses successeurs, représentent les batailles qu'il remporta sur les Stroukarambes, parlent des loix & des beaux préceptes que ce prince leur laissa, avant que de mourir, & louent sa bonté, sa prudence & toutes ses vertus. Ensuite, ils passent aux louanges de ses successeurs, & prient enfin le soleil de leur donner toujours des vices-rois, qui tâchent d'imiter, s'il est possible, & même de surpasser leurs prédécesseurs en vertu & en bonheur. Cette fête ne dure que quatre jours, qui se passent tous en réjouissances, sans mélange de rien de triste ou de lugubre.

### De l'Osparenibon, ou solemnité du mariage.

L'osparenibon est une autre fête solemnelle, qu'on célèbre quatre fois l'an, de trois en trois mois. Sévarias l'institua de son tems, & la vit célébrer pendant tout le reste de sa vie. Je ne m'arrêterai pas à la décrire ici, l'ayant déja fait ailleurs, selon la manière que je la vis à Sporounde, qui est la même que celle de Sévarinde, avec cette seule différence, qu'à cause de la grandeur de Sévarinde & de son ressort, elle y dure cinq jours, & qu'elle n'en dure que trois dans les autres villes. La pompe de Sévarinde est aussi plus grande que celle des autres lieux, & tout s'y fait avec beaucoup plus d'éclat & de magnificence, sur-tout, quand le vice-roi épouse quelque femme, ce que j'ai vu faire deux fois. Alors la fête a quelque spectacle & des cérémonies particulières, pour l'honneur du premier magistrat, & tous les grands officiers de l'état sont obligés d'y assister, ce qui produit un merveilleux concours, de peuple à Sévarinde. Il y a cette différence entre le souverain & ses sujets, qu'il choisit lui-même la femme qu'il veut épouser, au lieu que les autres hommes sont choisis par leurs femmes. Pour tout le reste, il n'y a que peu, ou point de différence entre lui & les gens du commun, en ce qui regarde les cérémonies du mariage.

### Du Stricasion.

Le stricasion, ou l'adoption des enfans, se fait aussi de trois en trois mois, & ne dure que trois jours. Dès que les enfans ont atteint l'âge de sept ans, & que la fête est venue, les pères & les mères les mènent au temple, & font savoir à un prêtre, commis pour cela, le jour de leur naissance. Ce prêtre les met tous en ordre, selon leur âge, & en porte la liste au stricasiontas, ou surintendant des écoles, qui est un grand officier dans l'état, & du corps des sévarobastes. Celui-ci les appelle tous par leur nom, selon le tems de leur naissance, & les mène vers l'autel, où il leur fait faire la révérence trois fois au voile noir, deux fois au globe lumineux, & une fois à la patrie. Ensuite il les mène vers le vice-roi, ou celui des sévaborastes qui le représente; & lui dit, au nom des pères & des mères des enfans, qu'ils les viennent consacrer au soleil & à la patrie. Là-dessus le vice-roi descend de son trône, & offre un sacrifice de parfums au soleil, le priant de recevoir, au nombre de ses enfans & de ses sujets, cette tendre jeunesse qu'on lui consacre; de leur accorder sa faveur & sa protection, afin qu'ils le servent, à l'avenir, comme ont fait ceux qui les ont mis au monde; qu'ils le reconnoissent pour le père commun de tous les hommes, & pour leur Dieu & leur roi en particulier.

Après cette prière, on fait avancer les pères & les mères, qui, prenant leurs enfans par les cheveux, & leur tournant le visage vers l'autel, après les avoir baisés au front, coupent, avec des ciseaux, les cheveux qu'ils tiennent de la main gauche, puis, frappant l'enfant doucement sur la tête, ils lui disent: *Erimbas profta phantoi*, c'est-à-dire, que le soleil soit ton père & ta mère. On les mène ensuite en des lieux destinés à leur raser la tête, puis on les ramène au temple, où l'on chante des hymnes à leur sujet, & c'est tout ce qui se fait le premier jour.

Le jour suivant, on leur oint la tête d'une huile aromatique; le troisième, on les lave & on leur donne des robes jaunes; enfin, après quelques sacrifices, cérémonies & réjouissances,

ces, on les distribue en diverses osmasies, pour y être instruits & élevés.

### Du Némarokiston.

Le némarokiston, ou la fête des prémices, est mobile, & commence au printems, dès qu'on a des fruits mûrs, qu'on offre au soleil, en reconnoissance de la nourriture qu'il donne aux hommes & à tous les animaux, en faisant fructifier la terre, & mûrissant tout ce qu'elle produit. Le vice-roi, ou son lieutenant, offre ces premiers fruits en sacrifice, & les fait brûler sur l'autel, devant tout le peuple, durant trois jours consécutifs, auxquels on voit plusieurs danses, & autres réjouissances publiques. On offre, après cela, de tous les fruits, ceux qui sont le plutôt mûrs, pendant six ou sept mois, à mesure qu'on en peut avoir; mais cela se fait par les prêtres seulement à diverses reprises, & le peuple ne s'y trouve pas, à moins que cela n'arrive aux fêtes lunaires, qui sont, comme je l'ai déja dit, les trois premiers jours de la nouvelle lune, & les trois premiers après son plein.

Ce sont là toutes les fêtes & solemnités qu'observent les Sévarambes, & pendant lesquelles ils se réjouissent & se reposent de leur travail ; ainſi, mêlant le labeur, la joie & le repos, ſucceſſivement l'un à l'autre, la vie leur paroît douce & agréable, & n'eſt pas accompagnée de ſoins, d'ennuis & de chagrins, comme elle l'eſt parmi nous. Cela fait qu'ils la paſſent heureuſement, & vivent long-tems en ſanté, dans l'uſage modéré des biens & des plaiſirs, dont l'abus eſt toujours funeſte à ceux qui vivent dans l'intempérance & la fainéantiſe. J'ai ſouvent aſſiſté à la célébration de toutes ces fêtes, plus par un motif de curioſité, que par aucun zèle de religion, m'étant toujours confirmé dans la catholique, nonobſtant l'exemple de quelques-uns des nôtres, qui embraſſèrent le culte du ſoleil, & abandonnèrent malheureuſement le chriſtianiſme, par foibleſſe ou par complaiſance, quoiqu'il n'y eût nulle néceſſité, & qu'il nous fût permis de prier Dieu à notre mode, dans notre oſmaſie, ſans aucun empêchement : car les Sévarambes ont pour principe & pour maxime fondamentale, de n'uſer d'aucune violence en matière de religion, mais d'attirer les hommes à leur culte, par le ſeul exemple & par la ſeule perſuaſion, eſtimant que chacun doit être libre dans ſes ſentimens, & que la force peut bien faire des hypocrites, mais non pas de véritables convertis.

Voilà ce que nous avons cru devoir rapporter de la religion des Sévarambes, de leurs fêtes solemnelles, & de leurs principales cérémonies, en quoi consiste leur culte religieux; sans nous amuser à un détail trop recherché, qui seroit plus ennuyeux qu'utile & agréable.

Maintenant nous dirons quelque chose du langage de ces peuples, sans aussi nous étendre trop sur ce sujet; notre dessein n'étant pas d'en faire une grammaire, mais seulement un petit tableau racourci, qui puisse montrer l'excellence & les avantages qu'il a sur toutes les autres langues de l'Asie ou de l'Europe.

### De la langue des Sévarambes.

La politesse des mœurs produit ordinairement celle des langues, sur-tout quand elles ont des fondemens naturels, sur lesquels on puisse facilement bâtir, sans en changer le premier modèle, quand il est une fois bien établi. C'est ce que Sévarias comprit très-bien au commencement de son règne; car, prévoyant que, par ses loix, il rendroit les mœurs de ses peuples douces & réglées, il crut qu'il leur faudroit une langue conforme à leur génie, & par le moyen de laquelle ils pussent exprimer leurs sentimens & leurs pensées, d'une manière aussi polie que leurs coutumes l'étoient. Il excelloit dans la connoissance des langues; il en possédoit plusieurs, & connoissoit parfaitement leurs beautés & leurs défauts : dans le dessein donc d'en composer une très-parfaite, il tira de toutes celles qu'il savoit, ce qu'elles avoient de beau & d'utile, & rejeta ce qu'elles avoient d'incommode & de vicieux : non qu'il en empruntât des mots, car ce n'est pas ce que je veux dire; mais il en tira des idées & des notions, qu'il tâcha d'imiter & d'introduire dans la sienne, les accommodant à celle des Stroukarambes, qu'il avoit apprise, & dont il fit le fondement de celle qu'il introduisit parmi ses sujets.

Il en retint tous les mots, toutes les phrases & tous les idiômes, qu'il trouva bons, se contentant d'en adoucir la rudesse, d'en retrancher la superfluité, & d'y ajouter ce qu'il y manquoit. Ces additions furent fort grandes; car, comme les Stroukarambes étoient, avant lui, des peuples grossiers, ils avoient peu de termes, parce qu'ils n'avoient que peu de notions; ce qui rendoit leur langue fort bornée, quoique d'ailleurs elle fût douce & méthodique, & capable d'accroissement & de politesse.

Sévarias fit faire un inventaire de tous les mots qu'elle contenoit, & les fit disposer en ordre alphabethique, comme les dictionnaires. Ensuite il en remarqua les phrases & les idiômes, & puis il en retrancha ce qu'il y trouva d'inutile, & y ajouta ce qu'il y crut nécessaire; soit dans les sons simples ou dans les composés, soit dans les dictions, soit enfin dans la syntaxe ou arrangement des mots & des sentences. Avant lui, les Austraux ignoroient tout-à-fait l'art d'écrire, & n'admiroient pas moins, que les Américains, l'usage des lettres & des écrits, ce qui ne servit pas peu aux Parsis, à leur persuader que le soleil leur enseignoit tous les arts, qu'ils avoient apportés de notre continent, & qu'il se communiquoit à eux d'une manière toute particulière.

Sévarias inventa des caractères, pour peindre tous les sons qu'il trouva dans leur langue, & tous ceux qu'il y introduisit. Il leur apprit à écrire par colonnes, commençant, par le haut de la page; & tirant, en bas de la gauche à la droite en bas, à la manière de plusieurs peuples de l'orient. Il distingua, comme nous, les lettres en voyelles & consonnes, après avoir inventé quarante figures, qui expriment presque tous les sons de la parole vocale, & qui ne laissent pas d'être toutes distinctes les unes des autres. Il inventa plusieurs mots, dont il établit l'usage où cette variété de sons se remarque clai-

# HISTOIRE

rement, afin que les enfans appriſſent, de bonne heure à former toutes ſortes d'articulations, & à rendre leur langue flexible & capable de prononcer tous les mots, ſans peine & ſans difficulté. Auſſi cela fait que les Sévarambes d'aujourd'hui, apprennent facilement à prononcer les dictions de toutes les langues qu'ils étudient, & qu'ils en viennent facilement à bout. Ils ont dix voyelles, & trente conſonnes toutes diſtinctes, d'où procède, dans leur langue, une merveilleuſe variété de ſons, qui la rendent la plus agréable du monde. Ils ont accommodé ces ſons à la nature des choſes qu'ils veulent exprimer, & chacun d'eux a ſon uſage & ſon caractère particulier. Les uns ont un air de dignité & de gravité; les autres, ſont doux & mignons. Il y en a qui ſervent à exprimer les choſes baſſes & mépriſables, & d'autres, les grandes & relevées, ſelon leur poſition, leur arrangement & leur quantité.

Dans leur alphabet, ils ont ſuivi l'ordre de la nature, commençant par les voyelles gutturales; puis viennent aux palatiales, & finiſſent par les labiales. Après les voyelles, viennent les conſonnes, qui ſont trente en nombre, qu'ils diviſent en primitives & dérivées. Ils ſubdiviſent encore les dérivées, en sèches & en mouillées; &, à l'égard de l'organe, qui a le plus de part dans leur prononciation, ils les diſtinguent toutes en gutturales, palatiales, naſales, gingivales, dentales & labiales.

La première figure qu'ils mettent après les voyelles, eſt une marque d'aſpiration, qui vaut autant que l'eſprit âpre des Grecs, ou que notre *h*, aſpirée. Enſuite viennent les conſonnes gutturales, les palaltiaes, les dentales; & puis les autres, deſcendant toujours vers les labiales, ſelon l'ordre de la nature.

De ce grand nombre de ſons ſimples, ils en compoſent leurs ſyllabes, qui ſe font par le mélange des voyelles & des conſonnes, en quoi ils ont fort étudié la nature des choſes qu'ils tâchent d'exprimer, par des ſons conformes; ne ſe ſervant jamais de ſyllabes longues & dures, pour exprimer des choſes douces & petites, ni de ſyllabes courtes & mignardes, pour repréſenter des choſes grandes, fortes ou rudes, comme font la plupart des autres nations, qui n'ont preſque point d'égard à cela, quoique l'obſervation de ces règles faſſe la plus grande beauté d'une langue. Ils ont plus de trente diphtongues ou triphtongues, toutes diſtinctes, qui font encore une grande variété de ſons, & qui ſervent ſouvent à la diſtinction des cas dans les noms, & des temps dans les verbes. La plupart de leurs mots finiſſent par des voyelles, ou de consonnes faciles, & lorsqu'on en voit de rudes, ce n'est que pour exprimer quelque rudesse dans la chose signifiée, ce qui se fait souvent tout exprès, sur-tout dans les pièces d'éloquence. Ils ont trois caractères pour chaque voyelle, afin d'en marquer la quantité; & ils les divisent toutes en ouvertes, en directes & en fermées, pour montrer la nature des accens qu'on y doit poser. Jamais ils ne mettent le circonflexe, que sur les lettres longues & ouvertes; ni le grave, que sur celles qui se prononcent en fermant la bouche, & qui suppriment ou abaissent la voix. L'accent aigu se met indifféremment sur toutes, selon la nature du mot. Ils ont des marques pour les divers tons & les différentes inflexions de la voix, comme nous en avons pour l'interrogation & pour l'admiration. Mais ils vont bien plus loin; car ils ont des notes, pour presque tous les tons qu'on donne à la voix dans la prononciation. Les unes servent pour exprimer la joie, les autres la douleur, la colère, le doute, l'assurance & presque toutes les autres passions. Leurs dictions sont la plupart dissillabes & trissillabes, quand elles sont simples; mais, dans la composition, elles sont plus longues, quoique beaucoup moins ennuyeuses que les grecques, qui souvent excèdent les règles de la médiocrité, & qui sont d'une longueur incommode. Sévarias inventa plusieurs adverbes de temps, de lieu, de qualité, & plusieurs prépositions, qui, se joignant aux noms & aux verbes, en expriment merveilleusement bien les différences & les propriétés. La déclinaison des noms se fait par la différence des terminaisons de chaque cas, à la manière des Latins, ou par le moyen de certains articles prépositifs, comme nous faisons, ou par tous les deux ensemble ; mais alors cela est emphatique, & on ne se sert de cette manière de décliner, que pour exprimer fortement quelque chose.

Les genres des noms, sont trois, le masculin, le féminin & le commun. La terminaison *a*, est propre au masculin ; *e*, au féminin ; & *o*, au commun. Dans les augmentatifs, on affecte la lettre *ou*, qui, le plus souvent signifie dédain & mépris, &, dans les diminutifs, on affecte la lettre *u*, qui signifie mépris & dédain ; mais *e* & *i*, signifient gentillesse & mignardise ; ainsi, pour désigner un homme, dans le terme ordinaire, ils disent *amba*, si c'est un grand homme vénérable, ils disent *ambas* ; mais, si c'est un grand vilain, ils disent *ambou* & *ambous*, quand c'est un vilain insigne. Dans la diminution, ils disent *ambu*, s'ils veulent signifier un petit malotru ; mais, s'ils veulent dénoter un joli petit homme, ils difent *ambé*; & quand il eft infigne en bien ou en mal, ils y ajoutent la lettre *s*, ce qui fait *ambus* & *ambés*. De même, ils appellent une femme *embé*, dans le terme ordinaire ; &, felon les diverfes fignifications, que nous venons d'expliquer, ils l'appelleront *embés*, *embou*, *embeou*, *embeous*, *embeu*, *embues*, *embei* & *embeis*. Ces diverfes terminaifons fervent encore à exprimer la haine, la colère, le mépris, l'amour, l'eftime & le refpect, felon l'ufage qu'on en veut faire. Les nombres font deux, le fingulier & le pluriel, qui, ordinairement eft diftingué du fingulier, par l'addition de la lettre *i* ou *n*. Ainfi, *amba* fait au pluriel *ambai* ; *embè*, fait *embei* ; &, dans le commun, *ero*, lumière, fait *eron*, lumières. Mais, quand on veut exprimer le mâle & la femelle, tous deux en un mot, ou qu'on doute du fexe de quelque animal, alors on dit *amboi*, qui fignifie l'homme & la femme, ou *phantoi*, le père & la mère ; car *phànta*, veut dire père, & *phenté*, mère. Dans les verbes, ils obfervent aufi trois genres, qui font voir le fexe de celui, ou de celle qui parle, & ces verbes s'augmentent, ou fe diminuent, comme les noms.

Ainfi, pour fignifier aimer, ils difent, à l'in-

finitif, *ermanai*, quand c'est un homme qui aime;
si c'est une femme, ils disent *ermanéi*; & si ce
n'est ni mâle, ni femelle, ou si c'est tous les
deux ensemble, ils disent *ermanòi*. Dans tous
les temps & les personnes, ils observent aussi
cette différence, & ont toujours égard au genre
de la chose qui parle ou qui agit.

Par exemple, un homme, qui dit qu'il aime,
dit *ermana*; une femme, *ermané*; & une chose
neutre ou commune, dit *ermano*; ce qu'on
pourra voir dans toutes les personnes du temps
présent de l'indicatif, dans l'exemple suivant.

### Au Masculin.

| Ermana', | Ermânach, | Ermanas, |
|---|---|---|
| *J'aime.* | *Tu aimes.* | *Il aime.* |
| Ermanan, | Ermana'chi, | Erman'si, |
| *Nous aimons.* | *Vous aimez.* | *Ils aiment.* |

### Au Feminin.

| Ermané, | Ermânech, | Ermanés, |
|---|---|---|
| *J'aime.* | *Tu aimes.* | *Elle aime.* |
| Ermanen, | Ermênchi, | Ermensi, |
| *Nous aimons.* | *Vous aimez.* | *Elles aiment.* |

### Au Commun.

| E'rmano, | Ermânoch, | Ermanos, |
|---|---|---|
| *J'aime.* | *Tu aimes.* | *Il ou elle aime.* |
| Ermanon, | Ermôn'chi, | Ermôn'si, |
| *Nous aimons.* | *Vous aimez.* | *Ils ou elles aiment.* |

Ils observent cette différence de genres, par les terminaisons, dans tous les temps & les modes des verbes, & se servent aussi de la diminution & de l'augmentation, comme dans les noms. Ainsi *ermanoüi*, signifie aimer grossièrement; *ermanui*, aimer peu & mal; *ermanei*, aimer un peu, mais joliment; & *ermané*, encore plus mignonement. Mais, pour aimer beaucoup & noblement, ils disent *ermanâssai*.

Pour signifier un amateur, ou celui qui aime, ils ajoutent, *da*, *de*, ou *do* à l'infinitif. Ainsi ils diront, pour un homme qui aime, *ermanaida*; pour une femme, *ermaneidé*; &, pour le genre commun, *ermanoido*. Ils ont trois syllabes, dont, par l'addition d'une, on forme aussi des participes dans tous les temps de l'indicatif. Ainsi *ermanada*, que, par abreviation, ils écrivent *erman'da*, signifie une personne, qui aime présentement.

*Ermancha* & *ermansa*, sont de la seconde & de la troisième personne, &, au pluriel, on dit, *ermandi*, *ermanchi*, & *ermansi*. Au féminin, on change l'*a* final en *e*, & au commun en *o*; & ainsi, l'on dit *ermandé*, *ermanché*, *ermansé*; qui font leur pluriel en *ei*; & les neutres en *o*, font le leur en *on*, *ermando*, *ermandon*, & ainsi des autres.

Ils n'ont qu'une conjugaison ainsi variée, par

genres, par modes, par temps, par personnes & par participes; mais, dans cette seule conjugaison, ils ont plus de variété de terminaisons, que nous n'avons dans toutes les nôtres; &, dans toute cette langue, il ne se trouve pas un seul verbe irrégulier, ce qui la rend fort facile à ceux qui veulent l'apprendre. Le nom verbal, qui signifie l'action du verbe, se forme de l'infinitif, par l'addition de la syllabe *psa*, *pse*, ou *pso*: ainsi *ermanaipsa*, signifie l'amour, ou l'acte d'aimer, d'un homme; *ermaneipsé*, celui d'une femme; & *ermanoipso*, celui du neutre, ou commun aux deux sexes.

Tous les verbes actifs se peuvent changer en passifs, en y ajoutant la préposition *ex*, si le verbe commence par une consonne, comme *salbontrai*, commander, où, si vous ajoutez *ex*, vous ferez *exalbontrai*, être commandé; mais, s'il commence par une voyelle, on n'ajoute que l'*x*, comme *ermanai*, aimer; *xermanai*, être aimé, ainsi des autres; ce qui change la signification active en passive, dans tous les modes, dans tous les tems des verbes, & dans tout ce qui en dérive. Presque tous les verbes neutres reçoivent la préposition *dro*, sur-tout quand ils ne sont pas de plusieurs syllabes. Ainsi *stamai*, qui signifie être, fait le plus souvent *dostramai*, qui veut aussi dire, être, exister.

Tous les verbes transitifs reçoivent la préposition *di* ou *dis*, comme *discatai*, courir; *disotirai*, voler rapidement; *dinuserai*, courir vîte; mais ces prépositions signifient un mouvement rapide, au contraire de *dro*, qui signifie un mouvement lent & tardif; comme *drocambai*, venir lentement; *drocatai*, courir lentement; *drosembai*, parler lentement; mais *disemibai*, veut dire parler vîte. Ils ont plus de cent prépositions, qui signifient la diverse manière d'agir, & qui contiennent plus de sens dans un mot, que nous n'en pouvons exprimer en une ligne entière. La langue grecque, toute belle qu'elle est, n'approche pas de celle-ci, en énergie, ni en douceur, & ne représente pas la moitié si bien le mouvement des choses, ni leurs diverses manières & propriétés : ce que je pourrois aisément faire voir, si je voulois m'étendre sur ce sujet, & faire une grammaire de cette langue; comme peut-être je ferai quelque jour, si j'en ai le loisir & la commodité.

Ils ont des verbes *imitatifs*, des *inchoatifs*, de ceux qu'on appelle *remittentia*, & *intendentia*, qui sont tous marqués par des prépositions qui leur sont propres, & par le mouvement lent, rapide ou modéré des syllabes, dont ils sont composés. Cela fait que cette langue est la plus propre du monde, pour la poésie métrique. Elle est encore fort commode pour les poëtes & les orateurs ; car elle a beaucoup de termes synonymes dans les notions communes, si bien que pour dire une même chose, on a souvent cinq ou six mots différens; les uns longs, les autres courts, & les autres d'une longueur médiocre. Les uns sont composés de longues syllabes, les autres de brèves, & chacun a son mouvement différent. Leurs poëmes sont tous en vers métriques, comme les poëmes grecs & latins, qu'ils ont imités; mais leurs vers sont beaucoup plus beaux, & plus capables d'émouvoir les passions. Ils les adaptent toujours au sujet qu'ils traitent, & se moquent des poëtes, qui disent des bagatelles en vers héroïques, & en termes empoulés, & fatiguent l'oreille, avec leurs examètres perpétuels. Je voulus une fois, dans une compagnie de beaux esprits, parler de nos vers rimés, & les comparer aux vers métriques, pour voir ce qu'ils en diroient ; mais ils traitèrent cela de ridicule & de barbare, disant que les rimes ne faisoient que gêner le bon sens & la raison, & qu'elles ne produisoient rien qui pût émouvoir les passions, ni donner de la grace & du mouvement aux vers. En effet, je ne trouve rien de plus ridicule que les rimes, quoique de grandes nations, d'ailleurs assez polies, en soient assez entêtées, pour en faire leurs délices, comme les petits esprits, font les leurs des pointes & des équivoques. Il me semble que ces vers rimés font un certain carrillon, à peu près semblable aux clochettes, qu'on pend à la cage ronde d'un écureuil, qui les fait sonner, en se roulant dans sa prison, & qui, se répondant les unes aux autres, rendent une mélodie qui n'est agréable qu'à l'écureuil, ou aux enfans qui passent. Car quel homme raisonnable voudroit s'y amuser, ou l'écouter plus d'une fois ? Nos rimes, à mon avis, ne sont pas plus agréables dans les vers, & je ne les trouve pas moins grossières que les clochettes dont je viens de parler, qui, du moins, ont cela de commode, que, si elles ne plaisent pas aux gens d'esprit, elles ne choquent pas le bon sens & la raison, comme font les rimes, dans presque tous les poëmes où l'on s'en sert. Y a-t-il rien de plus ridicule, que de faire parler en rime, comme on fait dans diverses comédies, une harangère, un savetier, un paysan, un petit enfant, & telles autres personnes.

Est-il rien de plus absurde, que de vendre, d'acheter, de plaider, de boire, de manger, de se battre, de faire son testament, & de mourir

en

en rimant ? Et ce qui est encore plus ridicule que tout cela, est de vouloir que, sur le théâtre, dans un changement de scène, celui qui étoit absent, & qui n'avoit pas entendu les dernières paroles qu'on avoit dites, avant qu'il arrivât, rime avec le dernier vers qu'on a prononcé, comme s'il l'avoit oui, & qu'on lui eût donné le tems de chercher une rime pour y répondre. Certainement tout homme de bon sens, qui fera réflexion sur ces absurdités, ne pourra qu'admirer l'aveuglement de mille beaux esprits, qui se laissent entraîner à l'estime sotte & vulgaire, que l'on fait des rimes, & dira, avec moi, que c'étoit avec beaucoup de raison, que les Sévarambes, à qui j'en parlai, les traitèrent d'invention grossière & barbare. On pourra dire que, dans les vers métriques, on représente toutes sortes de gens & de caractères, aussi bien que dans les vers rimés, qui même ne sont pas si difficiles à composer; à quoi je réponds que, pourvu qu'on sache varier le genre des vers, selon la nature du sujet qu'on traite, il est difficile de remarquer, que ce soient des vers métriques, & qu'on les prend plutôt pour une prose harmonieuse, qui émeut & qui touche les passions, que pour un vain arrangement de mots qui ne font que choquer les oreilles délicates, comme font les vers rimés avec leurs chûtes & leurs retours, sans force & sans mouvement. Aussi, l'on ne voit guère que nos poëmes fassent beaucoup d'effet sur le cœur, &, si quelquefois ils en font, cela ne vient que de la beauté des pensées & de l'élégance des expressions, & non pas, du mouvement des pieds. Au contraire, j'ai vu des poëmes à Sévarinde, qui, quoique fort médiocres, pour ce qui est de l'esprit, ne laissoient pas de sembler merveilleux, quand ils étoient récités ou chantés. J'y ai oui chanter une ode sur les victoires que Sévarias obtint sur les Stroukarambes, qui est, à la vérité, pleine d'esprit & de belles pensees; mais qui n'a pas la moitié tant de force, quand on la lit tacitement, que quand on l'entend réciter ou chanter. Alors elle ravit & transporte l'ame, & touche si bien les passions, qu'on n'est pas maître de soi-même. On y représente si bien le combat, le bruit des foudres de Sévarias, l'étonnement des barbares, les cris & les hurlemens des mourans & des blessés, & la fuite des vaincus, qu'il semble qu'on voie une bataille réelle. Mais ce qu'il y a de plus admirable, c'est que le seul mouvement des pieds, sans les paroles, avec les notes de la musique, sur lesquelles on les chante, produisent dans le cœur, presque tous les mouvemens qu'y produit le poëme entier.

C'est une chose ordinaire aux musiciens de ce pays-là, de faire des effets tout différens dans un même chant. Quelquefois ils excitent la joie, la colère, la haine, le mépris & même la fureur; &, incontinent après, ils calment ces passions, & leur font succéder la pitié, l'amour, la tristesse, la crainte, la douceur & enfin le sommeil : & tout cela vient principalement, de la force des vers métriques. Je crois qu'on n'aura pas de peine à croire cette vérité, puisqu'autrefois les grecs faisoient tout cela, bien que leur langue n'y fût pas, de beaucoup, si propre que celle des Sévarambes, qui ont enchéri sur eux, & sur tous ceux qui les ont précédés.

Dans les langues grossières, comme sont celles qu'on parle aujourd'hui en Europe, & presque par-tout ailleurs, on a une certaine manière scrupuleuse d'arranger les mots, en mettant le nominatif devant le verbe, & l'accusatif après, d'où dépend souvent le sens des phrases & des sentences, parce qu'on n'a pas une distinction claire & nette dans les déclinaisons & dans les conjugaisons. Au commencement, les latins en usoient de même, parce que leur langue étoit grossière, comme le sont, encore aujourd'hui, celles de la plupart des nations; mais ensuite, comme ils se polirent, ils changèrent la disposition de leurs mots, & la rendirent plus libre dans les vers & dans la prose; bien que cela portât quelque obscurité dans le discours, à cause de la ressemblance de quelques-uns de leurs cas, dans les rimes, & de quelques personnes des tems, dans les modes des verbes. Néanmoins, ils préférèrent la douceur & la cadence, à la clarté de l'oraison, & consultèrent plutôt l'oreille que les règles de la grammaire naturelle. Les Sévarambes en font autant, mais c'est avec beaucoup plus de succès, car ils arrangent leurs mots comme il leur plaît, sans apporter de l'obscurité dans leurs ouvrages, parce que dans leur langue tous les cas des noms, & les personnes des verbes, ont de différentes terminaisons, & ne font point d'équivoque, comme dans le grec & dans le latin, ce qui la rend très-claire & très-facile. Il ont même plus de cas & plus de modes que ces nations anciennes, & leur langage est beaucoup plus distinct, non-seulement à cause des termes qui dérivent les uns des autres, & des prépositions qui marquent précisément, & sans confusion, les diverses actions, & les qualités des choses.

Toutes ces raisons, & le soin qu'ils prennent tous d'apprendre les principes de la grammaire, font qu'ils parlent mieux, & s'expriment plus nettement qu'aucune nation du monde, d'où l'on peut conclure, qu'ils nous passent autant en beauté de langage, qu'en innocence & en politesse de mœurs, & qu'ils sont, à la religion près, les plus heureux peuples de la terre. Mais, outre les avantages naturels de leur langue sur celle des autres nations, les beaux esprits qui l'ont cultivée, ont extrêmement contribué à son embellissement, &, sur-tout un poëte auquel, à cause de son grand génie, ils ont donné le nom de Khodamias, c'est-à-dire, esprit divin. C'est lui qui a composé la belle ode dont nous avons déja parlé, & qui, tant par cet ouvrage incomparable, que par plusieurs autres pièces excellentes, s'est acquis parmi les Sévarambes, une réputation égale à celle qu'Homere & Virgile s'acquirent, autrefois, parmi les Grecs & les Romains. Son style est pur, clair & naturel, ses pensées justes & spirituelles, & le mouvement de ses vers si merveilleux, qu'il est impossible de les entendre, & de ne pas sentir la passion qu'il veut émouvoir. On peut dire de lui, qu'il étoit véritablement né poëte, puisque dès sa plus tendre jeunesse, il faisoit des vers qui surprenoient les meilleurs esprits de son tems. A l'âge de vingt ans, il fit une pièce de théâtre, qui fut admirée de toute la nation, & qui ne lui acquit pas seulement la réputation de grand génie, mais qui lui fit aussi remporter, sur ses rivaux, une victoire signalée, qui fut suivie de la possession d'une belle personne, qu'il aimoit éperdûment. Je crois que le récit de cette aventure ne sera pas désagréable au lecteur, puisqu'elle est assez singulière pour mériter son attention.

## HISTOIRE DE BALSIMÉ.

Sous le règne de Sévarkhémas, il y avoit à Sévarinde une jeune fille nommée Balsimé, qui, par sa beauté, se faisoit admirer de tous ceux qui la connoissoient. Elle avoit toutes les graces que la nature peut donner à une femme. Avec la beauté du corps, elle possédoit toutes celles de l'ame & de l'esprit, & il sembloit que le ciel ne l'eût formée que pour faire voir en elle son chef-d'œuvre le plus achevé. Si la naissance eût pu ajouter quelque chose à tous ces grands avantages, dans un pays où l'on n'en fait point de cas, Balsimé auroit autant surpassé toutes les filles de Sévarinde par la noblesse de son extraction, qu'elle les surpassoit en mérite & en beauté, car elle étoit du sang de Sévarias du côté de sa mère, & avant qu'elle eût atteint sa dix-huitième année, son père fut élevé à la charge de vice-roi du soleil, sous le nom de Sévarkimpsas, qui, sur ses vieux ans, résigna l'empire à Sévarminas, aujourd'hui règnant. Bien que l'élévation de ce prince donnât un nouveau lustre à toute sa famille, néanmoins elle arrêta tout court la fortune de Balsimé qui, possédant tant de charmes, n'auroit pas manqué d'être donnée au vice-roi, s'il n'eût pas été son père. Elle se vit donc privée, pour jamais, de l'espérance de monter sur le trône, & réduite à la nécessité de se contenter d'un sujet. Il est vrai que, si, d'un côté, la fortune de son père fut un obstacle à la sienne, de l'autre elle lui procura une autre espèce de bonheur, qui fut cause du grand éclat que son mérite & ses aventures firent, & font encore aujourd'hui parmi les Sévarambes, qui représentent souvent sur le théâtre les amours de cette belle personne avec Khodamias. Avant que ce poëte eût, par ses ouvrages, mérité ce nom glorieux, il s'appelloit Franoscar : il étoit né dans Sévarinde & dans la même osmasie, où Balsimé avoit commencé de voir le jour ; si bien qu'ils s'étoient vus, dès leur plus tendre enfance, & quoique l'amour n'eût point encore de part à leurs jeux & à leur familiarité, on remarqua pourtant que Franoscar, avant l'âge de sept ans, avoit un penchant naturel pour la petite Balsimé, qui n'avoit que deux ans moins que lui. L'absence ni l'éloignement ne purent changer cette inclination ; car après son Stricasion, & qu'il eût été mis dans une autre osmasie que celle où il étoit né, pour y être élevé parmi les autres jeunes garçons de son âge, toutes les fois qu'il lui étoit permis d'aller rendre ses respects à son père & à sa mère, il ne manquoit pas de visiter Balsimé, & de lui apporter quelque présent de fleurs ou de fruits. Il y avoit, dans une autre osmasie, un jeune garçon nommé Néfrida, qui étoit à-peu-près de son âge. Ce Néfrida avoit, comme Franoscar, de l'inclination pour Balsimé, avec qui on le faisoit souvent chanter ; car il avoit une voix admirable, & elle l'avoit presque aussi belle que lui. Il étoit mieux fait de sa personne que Franoscar, quoique l'un & l'autre n'eussent rien d'extraordinaire dans leur mine, & qu'ils fussent tous deux d'une taille assez médiocre. Mais dans leur tendre enfance, Néfrida sembloit être le plus aimable des deux, à cause des charmes de sa voix, qui lui attiroient l'amour de toute son osmasie. Dès qu'il eut atteint l'âge de sept ans, il fut adopté par l'état, comme tous les autres enfans ; mais à cause des avantages de sa voix, il fut élevé parmi ceux qui étoient destinés à chanter au temple du soleil, les hymnes qu'on fait à la louange de ce bel astre. Balsimé changea, comme lui, d'osmasie, quand son Stricasion fut arrivé, si bien qu'ils ne se voyoient que rarement, & Néfrida n'ayant pas pour elle une aussi forte inclination qu'avoit Franoscar, il ne s'empressoit pas tant pour lui aller rendre visite, & pour lui apporter des présens. Les premières années de leur enfance se passèrent ainsi innocemment, sans que l'amour se mît de la partie; mais quand Balsimé fut parvenue à sa quatorzième année, & que sa beauté, qui croissoit tous les jours, l'eût fait admirer de tout le monde, mille cœurs commencèrent à soupirer pour elle, & Franoscar & Néfrida ne furent pas seuls à la rechercher. Personne n'osa se déclarer ouvertement jusqu'à ce qu'elle eût quinze ans accomplis; parce qu'avant cet âge on ne permet pas aux filles d'écouter les déclarations d'amour, ni aux garçons de leur en faire; mais malgré la sévérité des loix, l'amoureux Franoscar crut qu'il ne falloit pas perdre de tems, ni souffrir qu'un autre se déclarât avant lui. Pour cet effet, il songea aux moyens de parler de sa passion à sa belle maîtresse, de la meilleure grace qu'il pourroit, pour prévenir tous ses rivaux, & s'établir dans son cœur, avant aucun autre, sachant bien que les premières impressions sont ordinairement les plus fortes,

& que l'honneur de se dire le premier de ses amans, lui donneroit un grand avantage par-dessus tous ses concurrens. Il avoit remarqué, depuis long-tems, qu'avec une beauté merveilleuse & des sentimens généreux, Balsimé avoit l'esprit délicat, & qu'elle aimoit fort la politesse; & comme ces qualités sont d'elles-mêmes fort aimables, elles avoient autant contribué à l'estime & à l'amour qu'il avoit pour elle, que tous les autres charmes de sa personne. Il avoit même prévu qu'il l'emporteroit sur ses rivaux, par le moyen de ses discours polis & de ses beaux ouvrages, & cette considération fit qu'il s'attacha avec beaucoup plus d'application, qu'il n'auroit peut-être fait, à l'étude des belles-lettres. Mais quand il sut que sa charmante maîtresse avoit une passion extrême pour la belle poésie, qu'elle y avoit du naturel, & que même elle se mêloit quelquefois de faire des vers, il ne douta plus de la victoire, & il s'appliqua seulement aux moyens de la remporter avec éclat.

C'est la coutume des jeunes gens de toute la nation des Sévarambes, de faire souvent des assemblées publiques, pour le divertissement, & sur-tout aux jours qu'on célèbre l'osparenibon, ou les solemnités du mariage. On s'y exerce à divers jeux, & principalement à la danse, parce qu'elle est plus propre aux desseins galans qu'aucun autre exercice, & que, contribuant beaucoup à la santé & à la bonne disposition du corps, les loix ne l'ont pas seulement permise, mais l'ont même commandée. On y tient donc souvent le bal, soit dans les champs d'autour des villes, ou dans les grandes salles des osmasies, destinées à cet usage. C'est-là qu'on fait souvent des assemblées de toutes sortes de gens, mais sur-tout des filles & des garçons à marier, qui peuvent ouvertement y parler d'amour, & ceux qui s'en acquitttent le mieux, sont ordinairement les plus loués, parce que ces assemblées se font plus pour cela, que pour aucun autre dessein. Si quelque jeune amant a le don de bien danser ou de bien chanter, ou s'il a l'esprit de composer quelque bel ouvrage à la louange de sa maîtresse, il le peut faire paroître dans ces occasions; & bien que cette liberté donne souvent de la jalousie aux intéressés, ils n'oseroient la témoigner publiquement, parce qu'on y agit sans malice, & avec une franchise & une simplicité, qu'on ne voit nulle part ailleurs. Franclcar avoit un cousin, qui, ayant passé sa dix-huitième année, se trouvoit souvent, dans ces assemblées, pour y faire une maîtresse, & tâcher d'acquérir les bonnes graces de celle qu'il trouveroit la plus à son gré. Il étoit bien fait de sa personne, il avoit de la franchise & du courage autant que tout autre, mais un esprit médiocre. C'étoit là le partage du parent de Franoscar; c'est pourquoi il l'employoit quelquefois pour faire des vers & des chansons à la louange des filles dont il vouloit acquérir les bonnes graces, ce qui ne lui réussissoit pas; car bien que ces vers fussent fort jolis, qu'on fît semblant de croire qu'ils étoient de sa façon, & qu'on prît plaisir à les lui faire réciter, néanmoins personne ne le croyoit assez habile pour les avoir composés, parce que ses discours n'en soutenoient nullement le caractère. On fit long-tems des recherches pour en découvrir le véritable auteur, mais ce fut en vain; car Franoscar se cachoit si bien, & tenoit le commerce qu'il avoit avec son cousin, si secret, qu'on ne put jamais s'en appercevoir. Comme il étoit fort jeune, & que les marques qu'il avoit données de son esprit n'avoient paru qu'à ses précepteurs, on ne pensa jamais qu'il fût l'auteur de tous ces petits ouvrages, où brilloit une pointe & une netteté d'esprit, qu'on ne pouvoit jamais attribuer à son cousin, quoiqu'il s'en fît honneur, & se vantât de les avoir faits. Un jour de solemnité, & dans une osmasie où devoient se trouver beaucoup de jeunes gens, entr'autres la sœur aînée de Balſimé, Franoſcar donna le portrait en vers de cette jeune beauté, à ſon couſin, pour le lire devant la compagnie, quand il verroit l'occaſion favorable. Celui-ci prit aſſez bien ſon tems, & lut cet ouvrage devant l'aſſemblée, avec un ſuccès merveilleux. Tout ce qu'il avoit fait voir auparavant n'étoit rien, en comparaiſon de ce portrait. On y voyoit briller tant d'eſprit & de politeſſe, & la charmante Balſimé y étoit ſi naïvement dépeinte, ſous le nom de Labſinemis, que ceux qui la connoiſſoient s'écrièrent tous à-la-fois, c'eſt la vive peinture de la jeune Balſimé. Cet ouvrage fut admiré de tout le monde, & l'on tâcha, plus que jamais, d'en découvrir le véritable auteur, mais on ne put reuſſir dans cette recherche. La charmante perſonne qui étoit l'original de ce portrait, ne manqua pas d'être avertie de ce qui s'étoit paſſé dans cette aſſemblée, &, comme elle étoit fort ſenſible à la gloire, elle ſe ſentit agréablement flattée de celle que lui avoit procuré cette aventure. Elle ſouhaita paſſionnément de connoître l'auteur d'un ouvrage, qui faiſoit ſi publiquement éclater les charmes de ſa beauté, avant même qu'elle fût parvenue à ſa perfection. Franoſcar, qui ne manquoit pas d'eſpions, ſut dans peu de tems tout ce qui ſe paſſoit dans ſon ame, & voyant que l'occaſion étoit telle qu'il avoit souhaitée, il lui envoya, dans un bouquet de fleurs, un ouvrage en vers, qui représentoit si bien l'état de son cœur & de sa passion, & lui déclaroit son amour en des termes si tendres & des paroles si touchantes, que la jeune Balsimé ne put s'empêcher d'en être touchée, & de concevoir une estime toute particulière pour un amant, qui lui faisoit sa déclaration d'une manière si délicate & si glorieuse pour elle. Mais, parce qu'elle n'étoit pas d'un âge à recevoir ses soins, elle se contenta de savoir qu'il l'aimoit, & qu'il étoit le véritable auteur de son portrait en vers, sans qu'elle le déclarât à personne, & sans même témoigner à Franoscar qu'elle en eût aucune connoissance. Cependant Néfridas, son autre amant, se sentit touché d'une espèce de jalousie, de voir qu'un autre que lui eût si publiquement obligé Balsimé, & fait voir l'estime & la passion qu'il avoit pour elle, avant qu'il lui fût permis de se déclarer. Il vit, par cette conduite, qu'il avoit un rival redoutable, & qui, selon toutes les apparences, lui disputeroit fortement le cœur du bel objet qui les enflammoit tous deux. Mais comme ce rival ne paroissoit pas, & qu'il s'imagina que personne n'étoit si avant que lui dans l'estime de Balsimé, à cause de leur longue familiarité, il se flatta de cet espoir, qu'elle ne lui préféreroit perſonne, quand il lui auroit dit ouvertement la tendre paſſion qu'il avoit pour elle. Et pour faire voir qu'il prenoit beaucoup de part à ſa gloire, & qu'il n'avoit point de plus forte envie, que celle d'y contribuer de toute ſa puiſſance, il mit le portrait que ſon rival avoit fait d'elle, en muſique, & le chanta d'une manière ſi raviſſante, dans une aſſemblée, où l'on diſputoit de la gloire de bien chanter, qu'il gagna hautement le prix qu'on y deſtinoit au vainqueur. Après cette victoire, où les muſiciens les plus fameux de Sévarinde furent vaincus par ce jeune homme; il fut porté ſur un char de triomphe, de l'amphithéâtre, au temple du ſoleil auquel il offrit un ſacrifice de parfums, ſelon la coutume, puis il ſe fit porter à l'oſmaſie, où demeuroit Balſimé, & mit à ſes pieds le prix qu'il avoit gagné, pour lui témoigner publiquement ſon eſtime & ſon amour. Ce ſacrifice éclatant remplit toute la ville, & dans peu de tems toute la nation de la renommée de Balſimé : tout le monde y parloit de ſon bonheur, de ſa beauté, & avant ſa quinzième année, elle effaçoit déjà toutes les belles de ſon tems. Le vice-roi même la voulut voir, tout âgé qu'il étoit, & ſouhaita, vraiſemblablement d'être plus jeune pour la pouvoir poſſéder.

Peu de tems après elle entra dans ſa quinzième année, & se vit dans la liberté de souffrir tous ceux qui lui rendroient des soins, & de choisir entr'eux celui qui se rendroit le plus digne de son estime. Franoscar & Nefrida, comme ses premiers amans, crurent que personne ne pouvoit raisonnablement leur disputer le cœur de leur belle maîtresse, mais ils se trompèrent tous deux dans leurs conjectures; car après avoir vu rejetter un grand nombre de pretendans, enfin il en vint un qui pensa les perdre tous deux. C'étoit un jeune-homme le mieux fait de sa personne qu'il y eût dans toute la nation, & qui, par les avantages du corps, sembloit être le seul digne de l'incomparable Balsimé. Dès le moment qu'il parut à ses yeux, elle fut surprise de sa bonne mine, & ne put s'empêcher de l'aimer; si bien que dans un instant il fit plus de progrés dans son jeune cœur, que les deux autres n'en avoient fait dans deux années de recherche & de service. Ils s'en apperçurent bientôt l'un & l'autre, & ce fut alors que le poëte & le musicien commencèrent à sentir les épines d'un amour, dont ils n'avoient encore vu que les roses. Cela fit qu'ils s'unirent fortement tous deux pour ruiner leur rival; mais tant que leur maîtresse ne le connut que de vue, tous leurs efforts furent inutiles. Pendant quelque tems elle ne songeoit

qu'à

qu'à lui, elle ne parloit que de lui, & rien ne lui plaisoit que lui; & voyant qu'il ne s'empressoit pas assez pour lui rendre des soins, elle en soupira, elle en gémit, & si la pudeur ne l'eût retenue, elle l'auroit été trouver elle-même, pour lui découvrir son amour. Tels furent les commencemens de sa passion, à laquelle son nouvel amant ne répondoit que froidement; ce qui la mettoit au désespoir, & lui fit d'abord croire qu'il aimoit ailleurs, ou qu'il ne l'estimoit pas assez. Dans cette pensée, elle fit tous ses efforts pour découvrir ses intrigues: mais, après une exacte recherche, elle reconnut enfin que ce bel homme, qu'elle & plusieurs autres filles aimoient éperdument, n'étoit qu'un beau corps sans ame, qui aimoit toutes celles qui lui témoignoient de l'amitié, & qui étoit toujours pour la dernière qui lui parloit.

Balsimé, qui faisoit beaucoup de cas de l'esprit & qui en avoit infiniment, fut extrêmement mortifiée, quand elle connut que son nouvel amant en avoit si peu, & cette connoissance contribua beaucoup à modérer l'ardeur qu'elle avoit pour lui: mais elle ne fut pas capable d'effacer de son ame toutes les impressions que sa bonne mine y avoit faites.

Dans cet état, elle se voioit également partagée entre ses trois amans : l'un la captivoit par sa bonne mine, l'autre par les charmes de sa voix, & le troisième par la douceur de ses paroles pleines d'esprit & de politesse. Quelquefois les plaisirs qu'elle prenoit avec tous les trois succèdoient l'un à l'autre, & il arrivoit qu'après qu'elle avoit satisfait ses yeux sur le visage du premier, elle se laissoit ravir l'oreille aux divins concerts du second, & enfin, lorsqu'elle commençoit à se lasser de ces deux, elle soupiroit pour la conversation ingénieuse de Franoscar, en qui elle trouvoit des charmes dont son esprit ne se lassoit jamais. Elle étoit d'autant plus sensible à ces plaisirs, qu'elle unissoit en sa personne les trois grands avantages qui les rendoient considérables, & ce n'étoit pas sans chagrin qu'elle voyoit partagées en trois hommes différens, les qualités qu'elle auroit bien voulu trouver en un seul amant.

Cependant le vice-roi, venant à mourir, toute la nation fut occupée du choix d'un successeur ; & le sort étant tombé sur le Sévarobaste Kimpsas, père de Balsimé, il se vit élevé sur le trône du soleil, & fut nommé, Sévarkimpsas.

Cette haute dignité donna un nouvel éclat à toute sa famille, &, dans un autre païs que dans Sévarambe, elle auroit pu détruire les espérances des trois amans de Balsimé : mais, quoique cette élection inspirât à nos trois amans un nouveau respect pour leur maîtresse, bien loin de les éloigner du doux espoir de la posséder, elle les délivroit de la crainte que la mort du dernier vice-roi leur avoit donnée ; car ne sachant pas qui lui devoit succéder, ils avoient eu tous trois, & sur-tout l'amoureux Franoscar, une juste appréhension que le nouveau lieutenant du soleil, usant de son droit & de son autorité, ne leur ravît pour jamais le bel objet de leur amour. Mais quand il virent que le père de Balsimé devoit régner, toutes leurs craintes se dissipèrent de ce côté-là, & ils n'eurent plus rien à vaincre que l'irrésolution de leur aimable maîtresse. Franoscar & Néfrida, quoique rivaux, se connoissant depuis leur enfance, ayant tous deux du mérite & s'étant vus presque ruinés par le troisième amant de Balsimé, s'étoient fortement unis, & vivoient dans une étroite amitié, sans se porter aucune envie, chacun des deux souhaitant de voir heureux son ami par la jouissance de sa maîtresse, s'il ne la pouvoit posséder lui-même. Ils agissoient tous deux de concert en diverses rencontres ; &, lorsque le poëte avoit composé quelque bel ouvrage, le musicien ne manquoit pas d'y ajouter les charmes de la musique. Et comme ils étoient tous deux, chacun dans son art, les plus excellens de toute la nation, ils remportoient toujours les prix destinés au plus habile poëte, & au plus excellent musicien. Cela flattoit agréablement la belle Balsimé, dont les louanges voloient de toutes parts avec éclat dans les beaux ouvrages de ces deux génies extraordinaires. Ils convinrent tous deux d'en composer un à la louange du nouveau vice-roi, & d'acquerir par là son estime & sa faveur; ce qu'ils firent d'une manière fort éclatante : car, comme dans ces occasions, tous ceux qui excellent dans les belles-lettres, & dans les beaux arts, ont accoutumé de se surmonter eux-mêmes, pour s'acquerir l'estime du souverain & de toute la nation, & pour gagner, par quelque beau chef-d'œuvre, la récompense qu'on donne au mérite, ces deux illustres rivaux vainquirent hautement tous ceux qui osèrent leur disputer le prix de la gloire. Franoscar mit en beaux vers l'oraison du soleil, que Sévarias avoit autrefois faite en prose, & Néfrida la chanta si mélodieusement, que tous ceux qui l'ouïrent en furent ravis. Ils ajoutèrent à cette oraison l'éloge du nouveau vice-roi, & le louèrent de si bonne grace, qu'ils acquirent, l'un & l'autre, son estime & sa faveur. Après cela, ils furent menés de l'amphitheatre au temple sur un char de triomphe, & quand ils eurent, selon la coutume, offert au soleil un sacrifice de parfums, ils se firent porter chez Balsimé, & tous deux lui offrirent les prix qu'ils avoient remportés.

Ces témoignages éclatans de leur passion la flattoient agréablement, & lui inspirant quelque mépris pour son autre amant, qu'elle voyoit vivre sans gloire, la faisoient pencher peu-à-peu vers ces deux-ici, bien que de tems en tems la bonne mine du premier, fît le principal objet de ses désirs. Elle flotta de cette manière, sans pouvoir se déterminer, jusques au tems ordonné par les loix, pour se déclarer en faveur d'un seul amant, à l'exclusion de tous les autres. Franoscar & Néfrida, qui regardoient ce jour comme celui qui devoit décider de leur bonne ou mauvaise fortune, s'unirent plus fortement que jamais, pour faire exclure leur rival, & pour faire déclarer l'irrésolue Balsimé en faveur du poëte ou du musicien. Franoscar composa dans cette vue un poëme qu'il appella le prix du mérite, &, par la faveur de ses amis, il obtint un ordre du vice-roi pour faire représenter cette pièce par les personnes intéressées. Balsimé devoit être la récompense du vainqueur & devoit-elle-même juger du mérite des acteurs. Toute la pièce rouloit sur les avantages de la musique & sur la gloire de la poésie & du bel esprit; les trois amans y jouèrent chacun son rôle, & Franoscar leur fournit, de bonne foi, tout ce qu'on pouvoit dire, à l'avantage de leur sujet. Le premier, qui étoit aussi bien fait qu'un jeune homme le puisse être, parla avant les deux autres, & dit de si belles choses à sa maîtresse, que, s'il eût eu le don de les prononcer de bonne grace, & d'animer ses paroles, par les gestes & par le ton de la voix, on croit qu'il auroit emporté, dès la première attaque, un cœur qui étoit déja tout disposé à le choisir : mais comme il avoit peu d'esprit, il dit les choses d'une manière si fade & si peu animée, qu'elles perdirent toute leur force dans sa bouche, & donnèrent à son juge le désir d'écouter son second amant. Celui-ci prenant ce tems favorable, chanta devant sa maîtresse, avec tant de grace & fit si bien éclater les avantages de son art par ses paroles, par ses gestes & par les charmes de sa voix, qu'il effaça de l'esprit de Balsimé presque toutes les impressions que son rival y avoit faites.

Au musicien succèda le poëte, qui dit des choses si spirituelles à la louange de la poésie, qu'il ravit tous les assistans. Il fit ensuite un discours à sa maîtresse pour lui représenter son amour, sa constance & sa fidélité, & lui peignit si bien la grandeur de sa passion, que se laissant enfin toucher à ses prières & persuader à ses raisons, & voyant que le vice-roi, & tout le peuple faisoit des acclamations en faveur de Franoscar, elle lui donna la main en signe de préférence. Ensuite elle monta avec lui sur le char de triomphe, alla de l'amphithéatre au temple, d'où, après qu'ils eurent fait leur sacrifice à l'astre de la lumière, ils se firent porter dans tous les principaux endroits de la ville, où, de tous côtés, ils entendirent les acclamations & les applaudissemens du peuple.

Peu de tems après, le jour de leur osparenibon étant arrivé, ils furent tous deux unis par les liens d'un légitime mariage. Franoscar, après avoir gagné pendant dix ans tous les prix de la poésie, composa la belle ode dont nous avons parlé à la louange de Sévarias, & mérita, par cet ouvrage incomparable, le nom glorieux de Khodamias, c'est-à-dire, esprit divin ; il monta dans la suite de degré en degré, jusqu'à la dignité de Sévarobaste, & quand la belle Balsimé eut perdu le premier éclat de sa jeunesse & de sa beauté, & les charmes de sa voix, elle reconnut mieux que jamais que les avantages de l'esprit étant plus solides & plus durables que ceux du corps, méritent aussi de leur être préférés.

Voila l'histoire des amours du poëte Khodamias, si fameux parmi les Sévarambes & de la belle Balsimé, dont la mémoire ne se perdra jamais, & qui vraisemblablement passera de père en fils dans toute la postérité, tant que la langue des Sévarambes & le prix du mérite fait par Franoscar dureront. On représente cette pièce de cinq en cinq ans, & je l'ai vue moi-même représenter deux fois avec un plaisir extrême.

Après avoir rendu compte de ce que j'ai jugé le plus digne de remarque dans cette heureuse nation, il ne me reste qu'à dire quelque chose de la manière dont nous vécûmes dans notre osmasie, pendant tout le tems que je demeurai à Sévarinde; & des moyens dont je me servis ensuite pour quitter ce pays & pour passer en Asie. J'ai déja dit qu'on nous avoit logés tous ensemble dans une osmasie, & qu'on m'en avoit fait Osmasionte, que la plupart de mes gens étoient employés aux bâtimens, que quelques-uns avoient des offices dans le logis qui les occupoient, & qu'ainsi chacun travailloit à des heures réglées dans l'emploi qu'on lui avoit donné. Nous avions aussi des femmes esclaves, car pour les libres il ne nous étoit pas permis d'en avoir, excepté celles que nous avions amenées de Hollande. Nous eûmes plusieurs enfans d'elles, & nous les élevâmes jusqu'à l'âge de sept ans; après quoi, par une grace spéciale, ils furent adoptés par l'état comme ceux des Sévarambes.

Mais cela ne se fit pas sans difficulté; Sévarminas assembla son conseil sur cette matière, & la chose fut débattue de part & d'autre. Les uns disoient que nous étions étrangers & une génération maligne; que nous étions petits de stature & d'une foible constitution, & qu'il n'étoit nullement convenable de nous mêler avec les Sévarambes, de peur que ce mélange de notre sang avec le leur, n'y apportât du changement & de la corruption. Ceux qui étoient pour nous, disoient au contraire que, bien que nous fussions étrangers, nos enfans ne l'étoient pas, puisqu'ils étoient nés dans le pays & sous la protection des loix; & que ce seroit faire une injustice à ces pauvres innocens, & les priver de leur droit naturel, que de les séparer des autres. Ils ajoutoient que nos mœurs avoient été passablement bonnes, depuis que nous avions vécu parmi eux, & que nous nous étions fort bien accommodés aux coutumes du pays; que véritablement nous étions foibles & petits, mais que la plupart de nos enfans étant nés dans Sévarinde, de mères fortes & robustes, ils sembloient déja promettre qu'ils deviendroient un jour grands, puissans & vigoureux comme elles. On disoit d'ailleurs que, puisqu'ils étoient élevés parmi les jeunes gens de la ville, il y avoit lieu d'espérer qu'ils recevroient comme eux les mœurs & les habitudes honnêtes du pays. Qu'on avoit heureusement fait cette expérience dans les Parsis, lors même que l'Etat étoit encore tout nouveau & peu assuré, quoiqu'ils fussent plus considérables que nous en nombre & en autorité. Qu'ainsi il n'y avoit rien à craindre du côté de nos enfans ni de notre sang, parce que la plupart des hommes n'étoient méchans qu'à cause du mauvais gouvernement de leur pays, & des mauvais exemples qu'ils y voyoient dès leur enfance. Sermodas plaida fortement notre cause, & la gagna; si bien que nos enfans furent reçus & adoptés par l'état, comme les autres, sans aucune différence.

Il est presque incroyable combien la constitution de nos corps changea dans trois ou quatre ans de tems, par la sobriété, par l'exercice modéré, par les divertissemens que nous mêlions à notre travail, ou par le peu de souci que nous avions des choses de la vie. Nos hommes & nos femmes rajeûnirent presque tous, & devinrent beaucoup plus forts & plus vigoureux qu'ils n'étoient auparavant. Quelques-unes de nos Hollandoises qui n'avoient jamais pu avoir des enfans en Hollande, devinrent fertiles à Sévarinde. Nous vivions sans chagrin & sans souci, & ne songions qu'à nous divertir, quand nous avions fini notre travail. La danse, la musique, la promenade, les spectacles publics que nous voyions de tems en tems, & tous les autres divertissemens qui sont en grand nombre en ce pays-là, nous occupoient agréablement & rendoient joyeux & sociables les plus mélancoliques d'entre-nous. Au commencement nous eûmes presque tous la fièvre, & même quelques-uns en moururent; mais après cela nous nous portâmes le mieux du monde, & il sembloit que cette maladie eût consommé toutes les mauvaises humeurs de notre corps.

Nous conversions familièrement avec les Sévarindiens, qui, au commencement, ne pouvoient se tenir de rire, quand ils voyoient quelques petites gens que nous avions parmi nous, & quand ils leur entendoient prononcer leur langue Hollandoise, qu'ils comparoient au langage des chats & des chiens. Ils nous faisoient plusieurs questions touchant notre continent, nous demandoient si notre pays étoit aussi beau que le leur, si les hommes & les femmes y étoient tous bâtis comme nous, à quoi ils ajoutoient plusieurs autres questions de cette nature. Après cela, ils exaltoient les loix & les coutumes que Sévarias leur avoit laissées, & concluoient que toutes les autres nations étoient misérables & aveugles auprès de la leur; en quoi ils avoient sans doute raison. Ils nous traitoient avec beaucoup de douceur, & pour moi j'étois fort civilement reçu parmi les plus grands, & je conversois familièrement avec eux. J'étois même quelquefois introduit chez le vice-roi avec qui j'ai eu trois ou quatre conversations, ce qui me faisoit beaucoup considérer & me donnoit entrée chez tous les magistrats. Quelquefois j'allois à la chasse avec eux, & j'y menois quelques-uns de mes gens, entr'autres Van-de-Nuits, qui s'étant malheureusement trouvé devant un ours qu'on avoit blessé, fut déchiré par cet animal furieux avant que de pouvoir être secouru. Cet accident nous causa une grande affliction à tous, & principalement à moi, qui l'aimois beaucoup, & qui le regardois comme le plus fidèle de tous mes amis, & le plus digne de mon amitié. Il laissa deux femmes & cinq enfans, qui, à ce que je crois, sont encore en vie.

Il y avoit un certain Sévarobaste, nommé Calsimas, qui me prit en amitié, & qui me faisoit souvent aller chez lui, où il me faisoit même manger à sa table. Il avoit voyagé en Perse, dans les Indes & dans la Chine, mais il n'avoit jamais été vers l'occident de notre continent; & comme il étoit fort curieux d'en savoir des nouvelles, & que j'étois plus capable de lui en dire que pas un de notre compagnie, il se plaisoit fort à s'entretenir avec moi, & me contoit à son tour ce qu'il avoit remarqué dans ses voyages, & les aventures qu'il avoit eues. Quelquefois il nous venoit voir à notre osmasie, & souvent il me menoit à la campagne pour prendre le divertissement de la chasse, de la pêche, & des autres plaisirs des champs. Cette familiarité fréquente me fit acquérir son amitié, de sorte que j'étois un de ses plus grands favoris.

Ce fut aussi par son moyen que j'obtins permission de retourner en Europe, ce qui nous avoit déja été refusé. Car après avoir demeuré près de quinze ans dans ce pays-là, un violent desir de revoir ma patrie s'empara de mon cœur, malgré toute ma raison. J'y résistai fort long-tems, mais voyant qu'on alloit envoyer un vaisseau en Perse, où l'un des enfans de Calsimas devoit s'embarquer, je ne pus plus arrêter l'impétuosité de mes desirs, & je ne songeai qu'aux moyens de les satisfaire. Le conflit qu'il y avoit eu long-tems entre mon cœur & ma raison, avoit fait impression sur mon corps, j'en avois maigri, & mon humeur assez gaie, étoit devenue sombre & mélancolique. Calsimas s'en apperçut, & m'en demanda la cause. Je tâchai quelque tems de la lui cacher, mais enfin je fus contraint de la lui dire ingénument sur la promesse qu'il me fit de me servir dans mon dessein. Quand il sut le sujet de mon chagrin, il tâcha de l'adoucir par plusieurs bonnes raisons : mais ayant appris que je m'en étois objecté de semblables, à moi-même, sans pouvoir vaincre ma passion, & que mon esprit s'opposoit vainement aux mouvemens de mon cœur; il me promit de faire pour moi ce qu'il pourroit, afin d'obtenir du conseil la liberté de m'en retourner, sous promesse de revenir avec la femme & les enfans que j'avois laissés en Hollande, comme je le lui faisois accroire, pour avoir un juste prétexte de revenir en Europe. Il est bien vrai que c'étoit mon véritable dessein, & que, depuis que je suis en Asie, je sens croître en moi le desir de retourner à Sevarinde, pour y passer le reste de mes jours, quand j'aurai satisfait au violent desir que j'ai de revoir ma patrie, & d'y prendre avec moi une personne qui m'est fort chère, si je la trouve encore en vie. Et mon desir est d'autant plus juste & raisonnable, qu'outre les avantages de ce pays, j'y ai laissé trois femmes & seize enfans, qui, à ce que je crois, vivent tous encore, & que je n'aurois pas laissé pour un moment, si l'envie de joindre à leur nombre le premier fruit de mes amours ne m'y eût fortement sollicité.

Cependant Calsimas voyant les apprêts qu'on faisoit pour envoyer des gens en Perse, & sachant que la passion de faire ce voyage s'augmentoit tous les jours en moi, fit tous ses efforts pour obtenir du vice-roi la permission que je demandois. Il y trouva beaucoup de difficultés, & la chose n'auroit jamais réussi, comme il me le fit comprendre depuis, si on l'eût mise en délibération dans le conseil. Mais il para ce coup, & sut si bien toucher le cœur de Sévarminas, qu'à sa prière & par un mouvement de pitié qu'il eut pour moi, il me permit de m'embarquer secrètement avec le fils de Calsimas & ses compagnons, après m'avoir fait promettre de revenir & de ne point parler de leur nation aux peuples de notre continent.

Dans le même tems que nous devions partir,

il y avoit des vaisseaux prêts pour aller faire de nouvelles découvertes dans la mer intérieure, dont nous avons déja parlé. Je fis accroire à mes gens que je voulois aller faire un voyage dans cette mer par pure curiosité, & laissant mon lieutenant Devese à ma place, je pris congé d'eux, non sans beaucoup de larmes & de soupirs. Mes femmes s'opposèrent tant qu'elles purent à mon dessein, mais voyant que j'étois inébranlable, elles se consolèrent dans l'espérance de mon retour.

Je partis donc de Sévarinde l'an 1671, & avant que de passer les montagnes, j'allai voir le vallon de Stroukaras dont j'ai déja fait la description. Ensuite ayant repassé les montagnes par où nous étions venus, j'arrivai à Sporounde avec ma compagnie, où j'avois pour principal ami le fils de Calsimas, nommé Bakinda, jeune homme d'environ trente ans, fort sage & fort prudent.

A Sporounde je vis quelques-unes de mes anciennes connoissances, comme Carchida qui s'appelloit alors Carchidas, à cause de la nouvelle dignité de Derosmasiontas, qu'il avoit acquise dans Sporounde. Albicormas étoit mort deux ans auparavant, après avoir résigné son gouvernement au Sévarobaste Galokimbas, que le vice-roi avoit envoyé pour gouverner à sa place.

place. Bénoscar demeuroit encore dans les îles, & avoit l'emploi qu'avoit Carchida lorsque nous y passâmes la première fois.

Quand nous eûmes demeuré quelques jours à Sporounde, nous descendîmes par eau jusqu'au lac de Sporaskompso, où nous trouvâmes un vaisseau d'environ trois cens tonneaux qui nous attendoit. Nous y montâmes, moi vingt-cinquième, outre l'équipage; & notre navire fut remorqué par trois galiotes jusqu'à la mer; car il faisoit un si grand calme que nous ne pouvions nous servir de nos voiles. Nous ne sortîmes pas par la baye où Maurice étoit entré, mais par un autre canal tirant sur l'orient, qui mène tout droit du lac à la mer. L'océan étoit fort calme quand nous y entrâmes, & nos galiotes furent obligées de nous remorquer plus de vingt lieues en mer avant que nous pussions trouver du vent. J'appris qu'elle étoit toujours calme dans cette saison pendant un mois ou deux, mais que tout le reste de l'année elle étoit pleine d'orages & de tempêtes tout le long de ces côtes. Deux jours après le départ de nos galiotes, il se leva un petit vent de sud-ouest, qui, se rafraîchissant peu-à-peu, nous poussa vers la haute mer sans aucune violence, quoiqu'avec assez de force & de vîtesse, durant l'espace de cinq jours. Au sixième, il cessa de souffler, & nous fûmes obligés de prendre un autre vent de côté, qui nous poussa pendant sept ou huit jours vers le lieu où nous tendions. Alors nous nous servîmes encore d'un autre vent, & ainsi changeant de tems en tems, nous arrivâmes enfin sur les côtes de la Perse, soixante-huit jours après notre départ de Sporounde.

Là nos voyageurs se distribuèrent de deux en deux & prirent tous des routes diverses, après être convenus du tems de leur retour. Par bonheur Bakinda & son camarade, nommé Foniscar, après avoir changé de nom, & pris des noms Persans, tirèrent du côté d'occident, & je les accompagnai jusqu'à Hispahan, ville capitale de la Perse. Après y avoir demeuré quelque tems avec eux, je leur demandai congé pour faire mon voyage d'Europe. Je l'obtins sans peine, si bien que profitant de l'occasion de la caravane, je me mis en chemin pour continuer mon voyage. Je vis en passant toutes les villes qui étoient sur notre route, dont je ne parlerai point ici, parce que plusieurs en ayant fait la description depuis long-tems, elles sont connues de tous les curieux.

Pour abréger donc un discours qui pourroit être ennuyeux, je me contenterai de dire qu'enfin j'arrivai à la ville de Smyrne en bonne santé, où j'espère de m'embarquer bientôt dans la flotte de Hollande qui doit partir au premier jour.

Voilà ce que nous avons tiré des mémoires du capitaine Siden, que nous avons mis dans le meilleur ordre qu'il nous a été possible, sans y rien ajouter que ce qui étoit nécessaire pour lier les matières & leur donner une forme d'histoire, que l'on pût lire sans peine dans un livre entier, & non pas en fragmens comme nous les avons trouvés. Il y a quelque lieu de croire que l'auteur étoit incertain s'il la publieroit ou non, parce que ses papiers étoient plus écrits en forme de mémoires pour son usage particulier, que pour un usage public. Et cela paroît d'autant plus, qu'il n'y a pas spécifié toutes choses comme une histoire le demanderoit, & qu'il a abrégé certains endroits où il semble qu'il auroit dû s'étendre davantage, & passé sous silence plusieurs choses qu'il auroit fallu décrire dans une histoire exacte & complette. Il promet même en certains endroits d'expliquer des choses dont il ne parle plus ensuite, comme des épithètes du soleil, & quelques autres matières. Néanmoins il en dit assez pour en faire un corps d'histoire tel que nous le donnons au public.

Nous espérons que le lecteur en fera content, puisque c'est tout ce que nous lui avons pu donner, & que peut-être il y trouvera du plaisir & de l'utilité.

*Fin du cinquième volume.*

# TABLE
## DES VOYAGES IMAGINAIRES.
### TOME CINQUIEME.

HISTOIRE DES SÉVARAMBES.

| | |
|---|---:|
| *Avertissement de l'Editeur,* | page |
| *Introduction,* | xj |
| *Histoire des Sévarambes, première partie,* | 1 |
| *Seconde partie,* | 80 |
| *Troisième partie, histoire de Sévarias,* | 171 |
| *Oraison de Sévarias,* | 219 |
| *Khomédas, deuxième vice-roi du soleil,* | 245 |
| *Brontas, troisième vice-roi du soleil,* | 255 |
| *Dumistas, quatrième vice-roi du soleil,* | 256 |
| *Sévaristas, cinquième vice-roi du soleil,* | 258 |
| *Khémas, sixième vice-roi du soleil,* | 260 |
| *Kimpsas, septième vice-roi du soleil,* | ib. |
| *Minas, huitième vice-roi du soleil,* | 262 |
| *Des loix, mœurs & coutumes des Sévarambes d'aujourd'hui,* | ib. |
| *De l'éducation des Sévarambes,* | 277 |
| *Quatrième partie : des mœurs & coutumes particulières des Sévarambes,* | 280 |

| | |
|---|---|
| De la manière dont on exerce la justice parmi les Sévarambes, | 318 |
| De la milice des Sévarambes, | 329 |
| De la cour du vice-roi du soleil, | 339 |
| Description du temple du soleil, & de la religion des Sévarambes, | 354 |
| De la religion des Sévarambes d'aujourd'hui, | 378 |
| Cinquième partie, | 405 |
| Histoire d'Ahinomé & de Dionistar, | 409 |
| De la fête appellée Khodimbasion, | 443 |
| Oraison du grand dieu, | 445 |
| De l'érimbasion, ou fête du soleil, | 459 |
| Du sévarision, | 461 |
| De l'osparénibon, ou solemnité du mariage, | 462 |
| Du stricasion, | 463 |
| Du némarokiston, | 465 |
| De la langue des Sévarambes, | 467 |
| Histoire de Balsimé, | 486 |

Fin du tome cinquième.